中国名镇志文化工程
Culture Project of Local Records of China's Famous Towns

张谷英镇志

LOCAL RECORDS OF ZHANGGUYING

湖南省岳阳县张谷英镇志编纂委员会　编

方志出版社
Publishing House of Local Records

图书在版编目（CIP）数据

张谷英镇志 / 湖南省岳阳县张谷英镇志编纂委员会编. -- 北京 : 方志出版社，2020.10

（中国名镇志丛书）

ISBN 978-7-5144-4268-7

Ⅰ.①张… Ⅱ.①湖… Ⅲ.①乡镇—地方志—岳阳县 Ⅳ.①K296.45

中国版本图书馆 CIP 数据核字（2020）第 150538 号

·中国名镇志丛书·

张谷英镇志

编　　者：湖南省岳阳县张谷英镇志编纂委员会
责任编辑：高孟君

出 版 者：方志出版社
地址　北京市朝阳区潘家园东里 9 号（国家方志馆 4 层）
邮编　100021
网址　http://www.zgfzcb.cn
发　　行：方志出版社图书经销中心
电话　（010）67110500
经　　销：各地新华书店
排　　版：北京纺印图文设计制作有限公司
印　　刷：北京中科印刷有限公司

开　　本：787 × 1092　　1/16
印　　张：17.75
字　　数：332 千字
版　　次：2020 年 10 月第 1 版　　2020 年 10 月第 1 次印刷

ISBN 978-7-5144-4268-7　　**定价**：141.00 元

序一

习近平总书记指出："不忘历史才能开辟未来，善于继承才能善于创新……只有坚持从历史走向未来，从延续民族文化血脉中开拓前进，我们才能做好今天的事业。"中国优秀传统文化是在漫长的历史长河中历经无数次涤荡和沉淀而形成的思想精髓，蕴藏着无穷的宝藏和无尽的力量。发掘和继承优秀传统文化，是延续中华文明"根"与"魂"的必由之路。与时俱进，推动传统文化不断开拓创新，是中华文明常葆勃勃生机的重要保证。

"国有史，邑有志。"编修地方志是中国特有的文化现象，是中华民族的优秀文化传统。数千年来，连绵不断的志书编修为保护中华民族根脉，传承中华文明发挥了不可替代的作用。中国现存古志有8000余种，占现存古籍的十分之一。中华人民共和国成立以来，编修完成数万种省、市、县三级综合性行政区域志、部门志、行业志、专志等，编纂数万种地方综合年鉴、行业年鉴和专门年鉴等，整理出版数千种历代方志及相关研究成果，发表相当数量的方志理论与年鉴理论研究成果。这既是对我国国情、地情持续开展的大规模普遍调查，也是对各地自然与社会发展状况进行的综合研究，其成果构成了一座丰富的文化资源宝藏，为各级领导科学决策提供了重要参考，为推动经济社会发展和文化建设发挥了重要作用。

当前，中国特色社会主义进入新时代，全国地方志事业也进入新时代。如今的地方志事业围绕党和国家利益、经济社会发展，以人民为中心开拓创新，志、鉴、馆、史"四驾马车"并驾齐驱，志、鉴、馆、网、库、用、会、刊、研、史"十业并举"，加快实现在全国范围内全面推进地方志从一项工作向一项事业转型升级。在党中央、国务院的亲切关怀和各级地方志工作者的共同努力下，一批紧密结合社会发展需求、具有独特创造性的工作逐步开展，涵盖中国名镇志、中国名村志、中国名山志、中国名水志、中国名街志等"名志"系列文化工程是其中代表。作为首个"名志"系列文化工程的中国名镇志文化工程，启动于2015年，至今已是第三个年头。中国名镇志丛书在记述主体上，选择中国历史文化名镇、经济强镇、特色镇等在全国具有影响力和代表性的乡镇，旨在全面展示中国名镇的文化精髓；在内容题材选择上，重在突出不同名镇的“名”和“特”，力求集中体现不同名镇最精彩的部分，增强可读性；在志书编纂程序设置方面，志书申报、篇目设计、专家审读、专家组验收等流程环环相扣，紧密结合，力争把每一部志书都打造成精品佳志。

习近平总书记指出：“历史和现实都表明，一个抛弃了或者背叛了自己历史文化的民族，不仅不可能发展起来，而且很可能上演一场历史悲剧。”2018 年是改革开放 40 周年，40 年来中华大地发生了翻天覆地的变化，乡镇发生了极为深刻的改变，从粗茶淡饭到有机食品，从粗布衣裙到精美时装，从土屋平房到高楼大厦，人民生活水平大大提高，城乡差距不断缩小。然而，在感受辉煌成就的同时，我们也应该看到，许多精巧的古建、精湛的工艺、亲切的乡音、独特的乡俗也在快节奏的发展中与我们渐行渐远，曾经的家乡正逐渐变为记忆中的故园。

党的十九大报告提出乡村振兴战略，此后党中央、国务院又推出一系列重大举措。实施乡村振兴战略，必须全面加强乡村文化建设，培养乡村文化自信，培植文化之“根”，铸牢文化之“魂”。没有乡村文化的高度自信，没有乡村文化的繁荣发展，就难以实现乡村振兴的伟大使命。振兴乡村文化，既要塑形，更要铸魂，必须遵循乡村发展的客观规律，在发展中把文化的精髓保留下来，把乡土味道、乡村风貌的“魂”传承下去。在保留优秀乡村文化内核的基础上，用现代表现方式，把反映时代精神、先进理念的内容通过群众喜闻乐见的文化产品表达出来，才能够让乡土文化具有更强大的生命力。用创新性的模式书写乡镇志，传承和抢救乡土历史文化，激发爱国爱乡情怀，为探索中国特色新型城镇化发展经验、发展模式、发展道路提供历史智慧和现实借鉴，正是实施中国名镇志文化工程的目的和意义所在。

“月是故乡明”。中国人素有“家国情怀”，家乡的山水是最为美丽的，家乡的风俗是充满温暖的，一声亲切的乡音，一口熟悉的家乡菜，都能拨动游子的心弦，让其魂牵梦萦。中国名镇志丛书是一套全面梳理中国名镇历史人文，挖掘文化特色，突出“名”和“特”的镇志。它能让人民群众深刻感受到本土本乡自然的优美、历史的醇厚、人物的杰出、艺文的风雅等，有助于培养人民群众对家乡文化的自信，激发起人民群众浓烈的爱乡爱国情怀，助力国家新型城镇化建设和乡村振兴战略的实施。

是为序。

中国社会科学院院长
中国地方志指导小组组长　谢伏瞻

序二

连绵不断地编修地方志是我国特有的文化传统，为传承中华文明作出了巨大的贡献。在党中央、国务院的高度重视和支持下，这一古老的文化传统焕发勃勃生机，展现新的活力，成为保存、继承、发扬光大中华优秀传统文化的重要依托，培育和践行社会主义核心价值观的重要媒介，社会主义先进文化建设的重要组成部分，发展中国特色社会主义，增强道路自信、制度自信、理论自信的重要载体，在实现“两个一百年”奋斗目标和中华民族伟大复兴中国梦进程中具有不可替代的地位和作用。

事物总是在不断发展中前进。经过改革开放以来30余年的发展，中国特色地方志事业与传统的编修地方志已不可同日而语，形成了志（志书）、鉴（年鉴）、库（地情数据库）、馆（方志馆）、网（地情网站）、刊（期刊）、会（学会）、研（理论研究）、用（开发利用）等多业并举的新格局。截至2015年10月底，全国编纂完成首轮、二轮省、市、县志书8000多种，编修部门志、行业志、专业志、乡镇村志27000多种，编纂地方综合年鉴2300多种，累计整理旧志2500多种，还编纂出版了大量的地情书，字数以百亿计，形成以反映国情、地情为主要内容，全面系统、持续不断、卷帙浩繁的社会科学成果群。另外，还开通了27个省级网站、230个市级网站、816个县级网站；建成国家方志馆1个、省级方志馆16个、市级方志馆86个、县级方志馆近300个。这些成果，成为国家极为重要的文化资源，是国家文化软实力和公共文化服务体系的重要组成部分。

最近几年，地方志工作的触角在不断延伸，部门志、行业志、专业志、特色志、乡镇村志编纂方兴未艾，成为当前地方志事业发展新的增长点和亮点。特别是乡镇志，兴起了编纂热潮，从自发的民间行为逐渐过渡为政府组织的文化行为，有的省份以政府令形式将其纳入地方志编修范畴，像河南省还以省政府办公厅名义要求全省普修乡镇志。乡镇志并不是一个新生事物，据现有资料可考，宋代常棠所撰《澉水志》是现存最早的一部乡镇志。与省、市、县三级志书相比，乡镇志虽属小志，但意义却不小，特别是在当前国家全力推进新型城镇化建设的背景下，乡镇志的作用更显重要。

启动中国名镇志文化工程，是适应当前新型城镇化建设形势发展需要、地方志事业发展形势需要的重要举措，也是充分发挥地方志存史、资政、育人功能的重要手段。作为最基层行政组织的志书，镇志是最接近中国社会发展变迁的国情、地情记录文本，具有重要的历史文献价值。而作为充分反映本区域自然、政治、经济、文化和社会的历史与现状的资料性文献，镇志又能全面展示发展脉络，摸索发展经验，为探索中国乡镇未来发展方向提供借鉴和参考。当然，对于祖祖辈辈生于斯长于斯的中国人来说，故乡就是一个魂牵梦萦的地方，故乡的情怀终生难忘。留得住乡愁，记得住乡思，充分展示名镇文化魅力，激发爱乡、爱国情怀，正是中国名镇志文化工程题中应有之义。

是为序。

中国社会科学院原院长
中国地方志指导小组原组长　王伟光

序三

“国有史，邑有志”，中国自古就有注重编史修志的传统。按照我国目前地方志行政法规，国家各级地方志机构的法定职责是编纂省、市、县三级志书，并不包括县以下的乡镇志和村志。这种规定，一方面可能因为全国有数百万自然村落和数万乡镇，全部实行官修很难实现；另一方面可能因为我国历史上就有“皇权止于县”的说法，县以下的民间社会历来是一个以自治为主的领域。然而，改革开放几十年来，我国社会正在发生巨变，这种巨变在基层社会的乡镇、村落、家庭领域更为深刻。作为“乡之首，城之尾”的镇，逐渐被日益崛起的大都市淹没了光彩，村落在快速的城镇化过程中每天都在大量消失，农村家庭的小型化、空巢化趋势非常突出。在这种情况下，我一直在思考，如何留得住历史文化记忆和乡愁，如何把修志的工作向基层社会延伸？

中国人的“家国情怀”，是从“诚意、正心、修身”开始，到实现“齐家、治国、平天下”。所以从国家一统志，省、市、县三级志，到乡镇志、村志、家谱，也是一个完整的系统。

正是在这种背景下，我们决定启动中国名镇志文化工程。乡镇是无数中国人生命的底色和成长的摇篮。如何在城镇化进程中，留得住乡愁，记得住乡音，忘不了乡思，事关城镇化进程的人文关怀和文化保护，事关文化血脉的传承。同时，科学记录城镇化进程，反映城镇化成就，也为今后探索城镇化发展规律、积累经验提供了基本素材。作为全面系统记述一定行政区域的自然、政治、经济、文化和社会的资料性文献，志书是以上功能最好的载体。

我国目前有 4 万多个乡镇，全部修乡镇志还不具备条件。中国名镇志丛书选择的是传统文化名镇、历史军事重镇、革命历史名镇、民族特色名镇、特色经济名镇、旅游景观名镇等类型的乡镇，应该是最具代表性的，在中国乡镇文化传承和社会发展中具有标杆意义。

编纂中国名镇志丛书是对乡土历史文化的保护。随着城镇化进程加快，有不少乡镇被撤并，有些还是在历史上有重要意义的历史文化名镇、特色镇等。如不及时对其历史进行整理、记录，这些重要的历史资料将散佚殆尽。因此，中国名镇志丛书的编纂是对宝贵历史资料的抢救。

编纂中国名镇志丛书是对乡土意识的传承。什么东西有魅力？故乡的山水，乡音乡情的记忆，乡土的气息和家乡菜的味道，不管走到哪里，总是触动心弦。中国名镇志丛书记录的是家乡的山山水水，家乡的历史文化，家乡的风土人情，留住的是乡愁。这些最能激发远方游子和本地民众的爱乡情怀、爱国情怀。

编纂中国名镇志丛书是一种学术探索。镇志的编纂，实质也是一次深入的社会调查研究。“麻雀虽小五脏俱全”，相比省、市、县，乡镇第一手资料的获得需要付出更大的努力。我们也希望在志书编纂上有所创新，使中国名镇志丛书成为一套图文并茂、雅俗共赏的新型志书。

中 国 社 会 科 学 院 原 副 院 长
中国地方志指导小组原常务副组长　李培林

中国名镇志文化工程专家委员会

中国名镇志文化工程学术委员会

中国名镇志丛书编纂委员会

中国名镇志丛书编纂委员会办公室

湖南省岳阳县张谷英镇志编纂委员会

顾　　问　田文静

主　　任　肖湘晖

副 主 任　吴光文　易新岳

委　　员　王　靖　任新庆　何　勇　曹　瑜　黄　洋

　　　　　张文毅　毛绍波　黄　静

湖南省岳阳县张谷英镇志编辑人员

特约审稿　邓建平　隆清华　陈念军　易　林　刘兴汉

主　　编　曹　瑜

副 主 编　费淑荷

编　　辑　毛向阳

统　　稿　李桂龙

摄　　影　李斌斌　王根良

张谷英镇俯瞰　　李斌斌　摄

中国名镇志丛书凡例

一、以马克思列宁主义、毛泽东思想、邓小平理论、“三个代表”重要思想、科学发展观、习近平新时代中国特色社会主义思想为指导，坚持辩证唯物主义和历史唯物主义的立场、观点和方法，存真求实，全面、客观、系统记述中国名镇城镇化进程和改革开放成果，传承和抢救乡土历史文化，激发爱国爱乡情怀，留住乡愁，为探索中国特色新型城镇化建设、服务乡村振兴战略提供历史智慧和现实借鉴。

二、为全面反映入志事物发展脉络，各志上限追溯至事物发端，下限一般断至各镇志启动编修年份，个别重大事项可延至搁笔。详今明古，着重反映时代特色和地方特点，重点体现各镇的“名”与“特”。

三、记述地域范围以下限年份的行政辖区为主。为体现名镇在更大区域内的意义，可以从更开阔的区域视野记述与该镇相关的内容。

四、统一采用纲目体，设类目、分目、条目三个层次。横排门类，纵述史实，述而不论。

五、综合运用述、记、志、传、图、表、录等各种体裁，以志体为主。体裁运用适当创新，篇目设置不求面面俱到，一般意义上的乡镇级内容略去不载。

六、除引用文字和附录文献资料外，统一使用规范的现代语体文记述，行文力求朴实、严谨、简洁、流畅、优美，具有较强可读性。

七、人物部类遵循“生不立传”原则，人物传主按生年排序，只选录对本镇发展有重大影响的人物，不面面俱到。

八、各项数据一般采用国家统计部门数据。数据缺乏的，采用主管部门或主办单位正式提供的数据。

九、数字用法、标点符号、计量单位分别执行国家标准《出版物上数字用法》（GB/T 15835—2011）、《标点符号用法》（GB/T 15834—2011）、《国际单位制及其应用》（GB 3100—1993）和《有关量、单位、符号的一般原则》（GB 3101—1993）。历史上使用的计量单位，如斗、石、里、尺、磅、华氏度等，在引文时可照录。考虑到社会使用习惯，全书中亩不统一换算。

十、中华民国成立前的纪年，使用朝代年号纪年，括注公元年份；中华民国成立后的纪年，均使用公元纪年。志中所称“解放前（后）”，以该镇解放日为界；“新中国成立前（后）”，以中华人民共和国成立日 1949 年 10 月 1 日为界；“改革开放前（后）”，以 1978 年 12 月中共十一届三中全会召开为界。本志“×× 年代”，凡未加世纪者，均指 20 世纪。

十一、为节省篇幅，避免重复，本志采用条目互见法。参见条目的表示形式为：参见本志“×× 类目 · ×× 分目 · ×× 条目”。

十二、对旧志、古籍中的繁体字、冷僻字一般用简化字或通用字替换，易引起误解的则保留。

十三、记述各个历史时期的党派、机构、职务、地名等，均以当时的名称为准。对频繁使用的名称，首次用全称并括注简称，其后用简称。

十四、各镇志需要单独说明的事项，均在各自编纂始末中记述。

张谷英镇在中国的位置

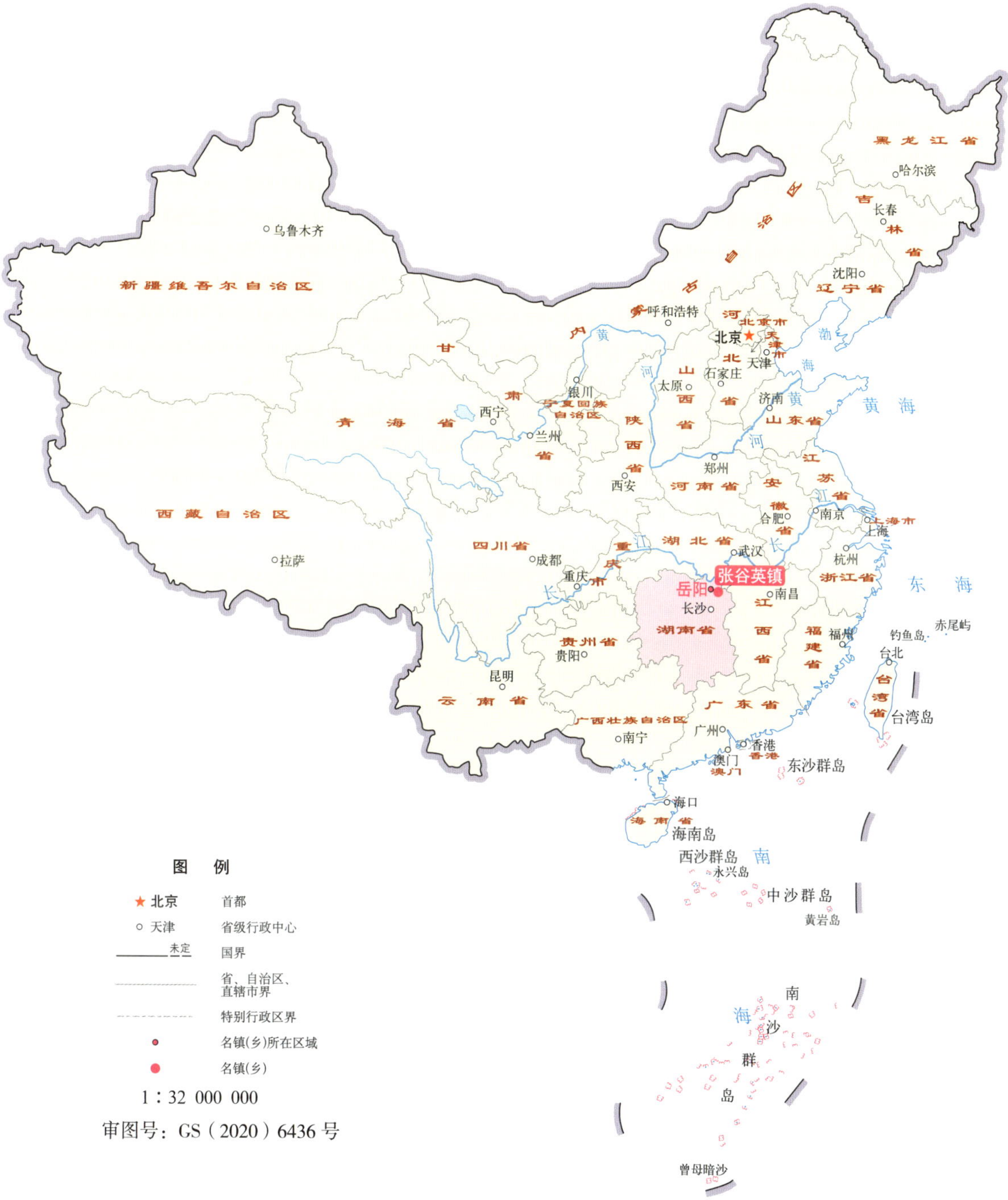

黑龙江省
哈尔滨
吉林省
长春
辽宁省
沈阳
内蒙古自治区
呼和浩特
北京
北京市
天津市
天津
河北省
石家庄
山西省
太原
新疆维吾尔自治区
乌鲁木齐
甘肃省
兰州
宁夏回族自治区
银川
青海省
西宁
陕西省
西安
河南省
郑州
山东省
济南
江苏省
南京
上海市
上海
安徽省
合肥
湖北省
武汉
张谷英镇
岳阳
长沙
湖南省
江西省
南昌
浙江省
杭州
福建省
福州
台湾省
台北
台湾岛
钓鱼岛
赤尾屿
西藏自治区
拉萨
四川省
成都
重庆市
重庆
贵州省
贵阳
云南省
昆明
广西壮族自治区
南宁
广东省
广州
香港
澳门
海南省
海口
海南岛
东沙群岛
西沙群岛
永兴岛
中沙群岛
黄岩岛
南沙群岛
曾母暗沙
黄河
长江
渤海
黄海
东海
南海
图例
北京 首都
天津 省级行政中心
未定 国界
省、自治区、直辖市界
特别行政区界
名镇(乡)所在区域
名镇(乡)
1∶32 000 000
审图号：GS（2020）6436 号

张谷英镇在湖南省的位置图

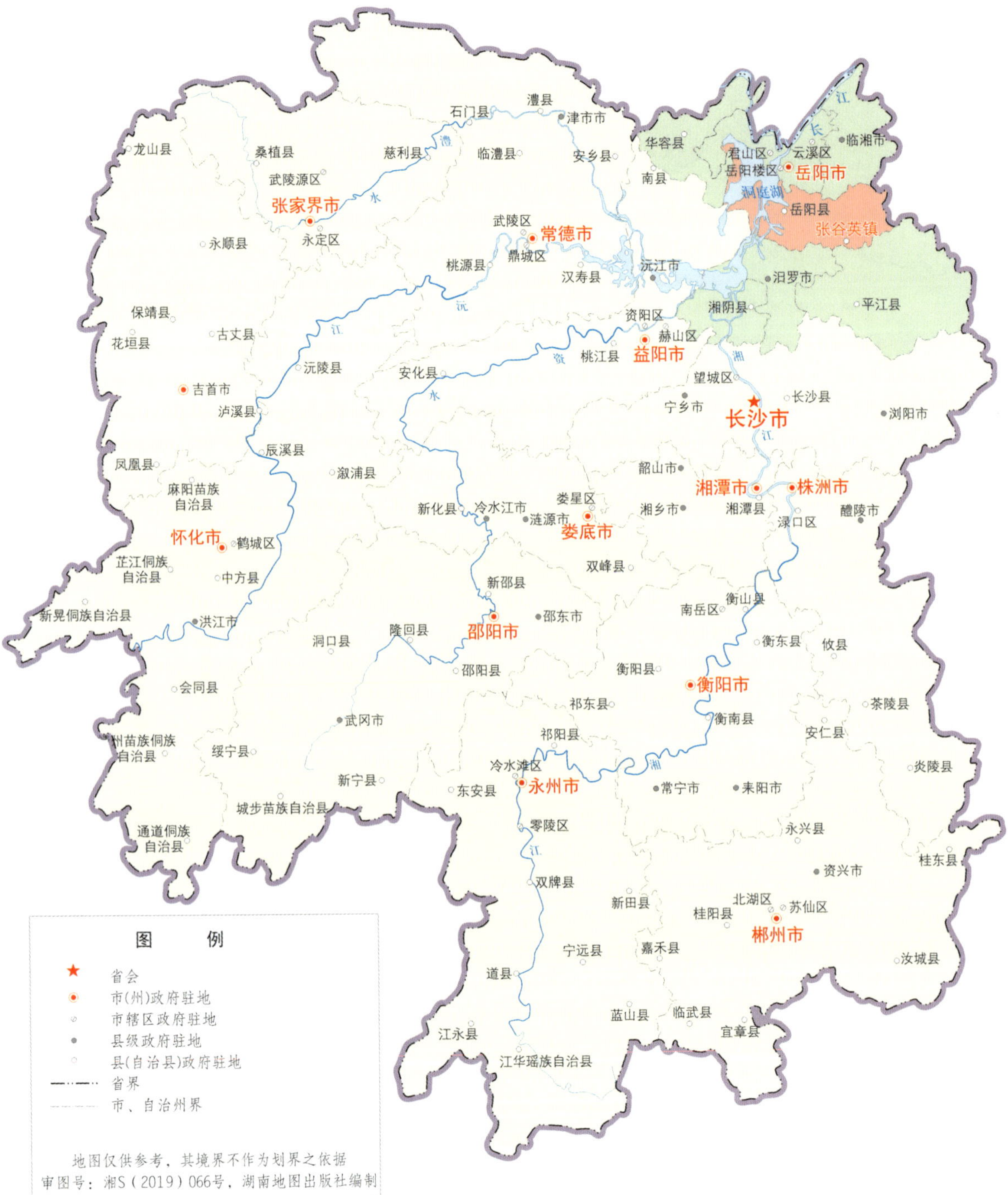

张谷英镇
行政区划图
公田镇
月田镇
铁山水库
步仙镇
平江县
张谷英镇
张谷英
渭洞
饶村
大峰
莲花湖
倒溪
朱公桥
风水
芭蕉
松树
五洋
天龙
大明山
图例
乡（镇）政府驻地
社区居委会、行政村
自然村
县（市、区）界
乡（镇）、街道界
村界
省道
县道
乡村道
河流、水库、湖泊
比例尺：1:100 000
审图号：湘S(2019)066号
仅供参考，不可作为划界之依据

晨曦中的张谷英镇

王根良　摄

当大门　　　　李斌斌　摄

夜幕下的百步三桥　　　　王根良　摄

纺纱　　王根良　摄

晒红椒　　王根良　摄

张谷英村舞龙表演　　　　李斌斌　许伟军　摄

张谷英天井　　　　李斌斌　摄

张谷英晒秋文化旅游节　　王根良　摄

张谷英油豆腐　　李斌斌　摄

张谷英村景区入口　　　　李斌斌　摄

目录

湘北大山深处的绿色明珠

湖南省岳阳市岳阳县的张谷英镇地处湘北山区，境内峰峦秀丽，溪洞纵横。“湘北十万亩南竹基地”犹如连绵的画卷徐徐展开。境内的张谷英村是四面环山、流水潺潺的宜居乐土。刘备洞峡谷景区丛山重叠，是避暑的休闲胜地。张谷英镇有优美的山乡环境、丰富的物产资源，以及深厚的文化积淀。先后被评为国家级生态镇、湖南省旅游强镇、湖南省特色名镇、湖南省美丽乡镇示范镇。

明清大屋——张谷英村　　李斌斌　摄

千百年来，奔腾不息的长江水、烟波浩渺的洞庭湖，孕育了博大精深的湖湘文化，滋养了一颗镶嵌在湘北大山深处的绿色明珠——张谷英镇。

张谷英镇位于洞庭湖平原东南部，岳阳、平江两县交界处，距离107国道38千米、京珠高速公路35千米、岳阳市区71千米，地理位置优越，水陆交通便捷。2017年，下辖13个行政村、1个居民委员会、416个村民小组，共10573户45862人，总面积167.34平方千米。

张谷英镇境内群山环抱，茂林修竹，流水淙淙，人文荟萃。镇内有张谷英村，张谷英大屋名满天下，张氏世家享誉巴陵。镇内有全国重点文物保护单位、国家AAAA级旅游景区张谷英古建筑群，有红色爱国教育基地湘北特委旧址，有风景秀丽的刘备洞峡谷景区，有重点企业芭蕉扇业有限责任公司和大力神电磁，有"湘北十万亩楠竹基地"。主要地方特色产品有竹木制品、板栗、油茶、黑山羊、土鸡等。张谷英镇先后被评为国家级生态名镇、湖南省旅游强镇、湖南省特色名镇、湖南省美丽乡镇示范镇。

2017年，张谷英镇实现地区总产值11.21亿元，公共财政收入2599万元，全社会固定资产8.09亿元。农村居民人均可支配收入13581元，城镇居民人均可支配收入18012元。

张谷英镇自然环境优越，形胜天成。境内峰峦秀丽，有几百个大小山头。山之高者

绿色明珠——张谷英镇　　李斌斌　摄

称为尖，境内最高峰为小水尖，海拔 641.2 米；山之峡谷或小盆地者称为洞，如柘港洞、大水洞；低矮小山之间者称为冲，如贺家冲、张家冲；两山于低洼之处相绕、相错者称为坳，如芭蕉坳、大墩坳。山、尖、洞、冲、坳，异彩纷呈，交相辉映，形成了境内丰富多样的地质景观。

渭洞、饶村岩体，基本形成于四五亿年前的加里东期。那时，境内还是一片汪洋，被海水淹没。芭蕉与柘港洞一带的山体主要为页岩沉积岩，其中可发现一些远古的化石。渭洞与饶村一带的低矮之山，其岩体主要为花岗岩沉积岩。山间土壤大部分为页岩风化形成，土壤厚度 30 ~ 120 厘米，腐殖质厚度 20 ~ 40 厘米，pH 值 5.5 ~ 6.5。肥沃的土质、温暖的气候、充沛的雨量，大自然造就了张谷英镇得天独厚的地理条件。

张谷英镇山林面积 13599.97 公顷，占全镇总面积的 70.8%。森林覆盖率高达 86%，森林资源总蓄积量达 25.7223 万立方米。森林资源极为丰富，境内记录到的木本类植物 829 种，其中乡土树种 655 种，属国家及省级保护树种 24 种。

张谷英镇境内山峦星罗棋布，溪涧纵横，形成了 10 多条较大的河流。发源于坳背里，流经桂峰、竹坪、天龙、杉桥、长坪等村落的柘港河，贯流柘港一洞，汇集了柘港大小 48 个岔洞之水，长达 15 千米，流域面积 50 余平方千米，为汨罗江罗水的源头。台湾诗人余光中称汨罗江为“蓝墨水的上游”，该处则为“蓝墨水的上游”之源。

境内最长的河流为大洞港。它源于大明山，流经新改、文艺、下庄、陈坪，汇集大

渭溪河上的桥　　李斌斌　摄

水、小水的两条支流后，过金鸡、松树、向阳、红卫等村，再汇入杨和、一心等村之水，最终注入大坳水库，再经饶港入新墙河。大洞港汇集的支流有 10 多条，干流长约 15 千米，流域面积 70 余平方千米。20 世纪 50—60 年代，河中尚可放成串竹排，出大坳，穿饶港，入新墙河而达洞庭湖。

境内修建的大坳水库是一个美不胜收的山间湖泊。始建于 1963 年，集雨面积 83.6 平方千米，总库容 1162 万立方米，防汛运行水位 109.8 米，灌溉着张谷英、杨林、柏祥、步仙 4 个乡镇、72 个村，共 3666.67 公顷的农田。

库区是湖南省林业厅重点保护生态区，具有近乎原始的生态环境，每年有大量的白天鹅和珍禽动物在库区内栖息繁衍。常态水面积近百公顷，湖水清澈明净，湖内青山郁郁，回湾曲曲，湖中小岛美不胜收。

张谷英镇属亚热带季风湿润区，境内平均气温为 17℃，年均降水量为 1295.4 毫米。温和的气候、充沛的降雨，使张谷英镇成为一个以农业与林业为主的山乡小镇。

境内耕地面积 1577.3 公顷。水田种植以栽种水稻为主，主要集中在饶村与渭洞盆地。芭蕉洞与柘港洞一带只有少量的水田，旱地主要种植红薯。进入 21 世纪后，张谷英镇大力发展生态农业，境内长恒有机蔬菜基地生产的黄瓜、丝瓜、苦瓜、茄子等绿色食品获得“有机产品转换”认证，镇内种植的绿色食品走上了长沙、深圳等城市居民的餐桌。张谷英镇生产的油豆腐历史悠久，远近闻名。用张谷英镇产的黄豆、渭洞茶油

张谷英村一角 李斌斌 摄

大坳水库 李斌斌 摄

和山间清泉，采取传统工艺加工制作而成。色泽金黄，空心酥软，内含丰富的蛋白质、维生素等，味道鲜美可口。

截至 2017 年，张谷英镇全年楠竹总产量 300 多万株，年采伐量 60 万株。张谷英镇楠竹产业年投资额在 4000 万元以上，年总产值 1 亿元，3200 多名农户从事竹制品加工生产，吸纳就业人员 8600 多人，直接或间接带动周边 1.5 万名农民就业。境内有竹制品加工企业 26 家，主要生产竹扇、竹帘、竹筷、竹地板条、竹拉丝等，初步形成了集楠竹种植、楠竹加工、生产服务、商贸物流于一体的产业链和“山上有资源，山下有工厂，国内外有市场”的一体化格局。其中，芭蕉扇业有限责任公司以“公司 + 基地 + 农户”的经营模式，开发了特色鲜明、品种齐全的系列工艺扇产品。芭蕉扇业有限责任公司自主研发的 3D 扇、个性定制扇、数码打印扇等品种，年出口创汇 900 余万元。产品有 13 大系列、3000 多个花色品种，远销全国 27 个省市和欧美、东南亚等 30 多个国家和地区。2017 年，“岳州扇”被国家质检总局评为国家地理标志保护产品。芭蕉洞、倒溪洞、柘港洞一带的山民主要的手工副业是楠竹加工。

在农副产业发展的同时，旅游产业也同步发展。在绿色经济的理念下，张谷英镇大力发展乡村旅游，已成为湖南省第一批以古村、文化创意为主导要素的旅游新镇。2013 年，境内的张谷英古建筑群被评为国家 AAAA 级旅游景区。以张谷英村为龙头，周边旅游景点及农家乐等迅速发展起来。2017 年，境内接待游客 30 万人次，旅游收入 5000 多万元，带动当地 6400 多名农民就业，增收 9600 多万元。

境内素有“湘北十万亩楠竹基地”之称，面积达 6894.8 公顷，占全镇山地总面积的 65%，占岳阳县竹林面积的 56.2%。境内的竹子传说有 5000 多年的历史。清末至民国初年，楠竹已遍布全境。时人有诗赞“山南山北竹婵娟，翠涌青围别有天”“岳州楠竹数渭洞，渭洞楠竹数杨和”。自杨和蛇岭盘旋而上，然而再下倒溪，沿途近 10 千米，上万亩楠竹林连成一片，中无杂树，极少人烟，茫茫竹海，蔚为壮观。“山山皆翠色，竹海接连天”“雨洗娟娟净，风吹细细香”形成了湘北地区独一无二的“万亩竹海”自然景观。生长在张谷英镇的楠竹通体修长，亭亭玉立，高达十五六米，直径可达 20 厘米，竹节之间可达 40 厘米，材质优良。

设计别致的张谷英村入口　　许伟军　摄

中国历史文化名村——张谷英村　　李斌斌　摄

在发展旅游经济的同时，境内的劳务经济也同步发展。境内最先南下的一批人是缺少田地的芭蕉洞、柘港洞、倒溪洞一带的村民，随后是原渭洞乡、饶村乡等地的村民。劳务输出地点最先是在广东沿海、上海浦东开发区，之后部分奔赴上海、江浙。2017 年，劳务经济带动农民增收 1 亿元以上。

张谷英村长寿走廊　　李斌斌　摄

张谷英镇内有被誉为湘楚民居的“活化石”、“民间故宫”之誉的张谷英古建筑群。相传张谷英出生于元末明初，行伍出身，于明洪武四年（1371），由吴入楚归隐于笔架山麓 600 余年，繁衍 26 代，子孙达 8000 余人，聚居在原渭洞乡的有

2600余人。张氏子孙为了缅怀先祖功德，于是地袭人名，称张谷英村。张谷英大屋历经几个朝代变迁，幸存古建筑面积5万多平方米，有房屋1732间、天井206个、厅堂237个、巷道62条，由当大门、王家塅、东头岸、西头岸、聚龙湾、西大门、大园里、下新屋、长沙塅、和风塅、枫树屋等十几个门头组成，属明清时期的古建筑。张谷英大屋依托自然，借地势、地形、地貌之优长，设计营造既体现了传统居民的诸多特点，又具有自身的独特风格。其布局之妙、巷道之幽、排水之奇、空间之活、雕饰之美、用材之雅、石桥之玄、制作之精，堪称“八绝”。

张谷英镇既以明清时期居民、古建筑群闻名于世，又有众多的优美风景和故事奇特的名胜古迹。已开发的景点有狮象把门、文塔、天灯、仙人石、龙珠石、当大门、青云楼、王家塅、上新屋、百步三桥、龟蛇出洞、龙涎井、长寿井、龙形山、谷英公墓、孝子坟、聚龙湾、垫公墓、石屋、仙人下棋、童子拜观音、皇帝桥、皇帽山、佛印石、接官厅、民俗陈列馆、王震将军办公旧址等48个。比较完整的门庭有上新屋、石大门、潘家冲3栋，3栋门庭各自分东、西、南方向设置，主庭高壁厚檐，分则自成系统，合则浑然一体，总建筑面积1.08万平方米。规格不等而又相连的每栋门庭都由过厅、会客堂、祖宗堂屋、后厅“四进”及其与厢房、耳房等形成的3个天井组成。张谷英古建筑由无数个“井”字组成。厅堂里廊栉比，天井棋布，工整严谨，格局对称，形式、尺度和粉饰色调都趋于和谐统一，体现出高超的建筑技艺。

2001年5月，张谷英古建筑群被湖南省人民政府公布为全省第七批文物保护单位。同年6月25日，张谷英古建筑群被国务院定为全国第五批重点文物保护单位。2003年，张谷英村被建设部、国家文物局授予首批全国“历史文化名村”称号。

张谷英镇文化底蕴深厚，张氏世家影响颇大。至今还是同族同宗人聚居，和谐共处，绵延不断，聚而不散。后世子孙总结出了“耕读继世，孝友传家”的治家格言，其中张氏家训16条，族戒5条涉及家庭家族、子女教育、道德修养、个人言行等诸多方面，儒家思想贯穿其中，家国情怀跃然纸上。张氏家训、族戒被录入《中国家规》。

张谷英镇历史文化和民俗风情相互融合，具有浓郁的地方特色。皮影戏是群众喜闻乐见的群众文化艺术形式之一，流传历史悠久。演出内容以传统的《封神榜》，唐、宋、明时期的传记为主，还自编《说打牌、买码》等类针砭时弊的短小节目作为梅花、耍戏加演，乐趣横生，受群众欢迎。境内的花鼓戏剧团能表演传统古装剧目36个、海戏剧目20多个，逢红白喜事、重大节日，花鼓戏剧团便活跃在村镇、社区，并培养出张志雄、李昌辞、兰大朋、周群罗、罗志刚、李国保等50余人。

受历史和人文传统影响，张谷英镇教育、文化事业繁荣。2010年后，教育事业快速发展，黄亚飞、丁群芳等人多次获奖，张谷英小学被评为全国科学调查体验活动优秀示范单位。2017年，全镇有中学2所、小学10所（含6个教学点）、公办幼儿园2所、民办幼儿园11所。张谷英村图书阅览室藏有图书8000册，还有书画作品等，有专人管理，长期开放。

秀美的山乡环境、丰富的物产资源、深厚的文化积淀、光荣的革命传统滋养着勤劳智慧的张谷英镇人民，传统古镇创造了社会主义建设的辉煌历史。新时期的张谷英镇，在中国共产党的领导下，奋发求为，埋头苦干，在建设新时代中国特色社会主义的新征程上，阔步前行，焕发出勃勃生机，谱写着更加绚丽的篇章。

基本镇情

张谷英镇位于岳阳、平江两县交界处，区域面积 167.34 平方千米。境内地形多样，东南为中低山，西北为丘陵、平原，中部为山间小盆地。属亚热带季风气候，气候温暖，光照充足，四季分明，季节性强，适于多种植被和农作物生长。境内植被丰富，野生动物较多，是生态宜居小镇。山塘、堰坝数量较多，地下水资源品质优良，由页岩风化而成的土壤比较肥沃，是湘北重要的楠竹基地。张谷英镇是湖南省第一批以古村、文化创意为主导要素的旅游小镇，同时融合了现代农业、工艺扇加工的现代产业体系。境内教育、文化、医疗等事业欣欣向荣。2017 年，农民人均年收入达 13581 元。

建置区划

建置沿革 张谷英镇，旧称渭洞，居岳阳东部。清初顾祖禹《读史方舆纪要》卷七十七“岳州府黄茅山”条下，引县志称：“府东百五十里又有渭洞，广袤百里，周围如城。”作为岳州东陵的渭洞，历史悠久。古为三苗之地，西周、东周属楚。秦时创郡县制，置长沙郡罗县，即罗子国故地。两汉隶属长沙郡国，三国时属吴之巴丘。

西晋太康元年（280），始建巴陵县。元嘉十七年（440），置巴陵郡。唐武德六年（623），改巴陵为岳州。至明清时期，渭洞均隶属岳州府或巴陵县未变。

明洪武二年（1369），岳州府划分为3乡，编户2厢、46里、3村（村为特设行政区域）。隆庆年间（1567—1572），岳州辖3乡、2厢、24都、52村，其中45个村有名可考，3个乡分别为延寿乡、石潭乡、永宁乡。渭洞一带大部分隶属永宁乡第二十四都、一小部分隶属石潭乡。清朝，行政建制名称基本依旧。清光绪十七年（1891），巴陵县下辖3乡、2厢、45村、5河泊所。宣统二年（1910），实行地方自治。

1912年，废岳州府，复巴陵县，并改称岳阳县。全县行政境域划分为东、南、西、北、中5区，区下设团，数目无考。渭洞、柘港洞一带隶属珍珠团。1929年，废区改镇，全县划为21镇、108团。1931年，废镇改乡，全县划为9区、143乡、1镇。1938年，废区并乡，实行保甲制。今张谷英镇（师堂、泉水除外）隶属大峰乡，辖20保、282甲，师堂、泉水两村隶属三庆乡（今月田镇）。大峰乡之名，是因境内有海拔500～600米的大峰山而得名。

1949年7月，岳阳县和平解放。1950年6月，废除保甲制，建立乡村政权。1952年，岳阳县划为16区、452乡、2个镇。渭洞隶属十二区。1958年，实行人民公社化。1984年，恢复区、乡、村建制，渭洞区下辖芭蕉、渭洞、饶村3个乡。芭蕉乡下辖17个村，人口约12000人；原渭洞乡下辖14个村，人口约14000人；饶村乡下辖16个村，人口约 15000 人。

1995 年，撤区并镇，芭蕉、渭洞两乡合并为张谷英镇。2016 年，湖南省启动乡村合并计划，饶村乡并入张谷英镇。至此，张谷英镇与原古渭洞的区域基本合一。同时，张谷英镇将原辖区的 47 个村落合并为 13 个行政村，村级区划再一次实现大变革。

行政区划 1995 年，张谷英镇（渭洞区）包括渭洞乡、芭蕉乡、饶村乡。渭洞乡包括桂峰村、竹坪村、天龙村、杉桥村、长坪村、刘家嘴村、四维村、大王村、延寿村、大桥村、十美村、寺湾村、兰陵村、张谷英村。芭蕉乡包括龙硐村、豪坑村、孔定村、新改村、下庄村、大水村、小水村、陈坪村、金鸡哙树村、向阳村、芭蕉村、红卫村、泉水村、师堂村、一心村、杨和村。饶村乡包括悯港村、大坳村、莲花村、饶村村、李汉村、振兴村、中留村、东山村、金西村、伍相村、江南村、大峰村、双石村、清水村、居公村、花园村。

2014 年，张谷英镇辖桂峰村、竹坪村、天龙村、杉桥村、长坪村、刘家村、泉水村、兰陵村、十美村、寺湾村、龙洞村、豪坑村、新改村、文艺村、下庄村、陈坪村、松树村、向阳村、大王村、芭蕉村、红卫村、一心村、杨和村、师堂村、四维村、延寿村、大桥村、大水村、小水村、金鸡村、张谷英村 31 个行政村和张谷英居民委员会，共 261 个村民小组。

2017 年，张谷英镇辖 13 个行政村、416 个村民小组、1 个居民委员会。行政村和居民委员会分别为天龙村、渭洞村、张谷英村、风水村、大明山村、五洋村、松树村、芭蕉村、倒溪村、莲花湖村、饶村村、大峰村、朱公桥村和渭洞居民委员会。

2017 年张谷英镇行政区划表

表 1

村名	村部驻地	辖村民小组数（个）	所辖原村名称
天龙村	天龙	48	桂峰村、竹坪村、天龙村、杉桥村、长坪村
渭洞村	四维	32	四维村、刘家村、延寿村
张谷英村	张谷英	19	张谷英村
风水村	寺湾	46	大桥村、十美村、寺湾村、兰陵村
大明山村	豪坑	23	龙洞村、新改村、豪坑村、文艺村
五洋村	陈坪	17	大水村、小水村、陈坪村、下庄村
松树村	向阳	28	松树村、向阳村、金鸡村、大王村
芭蕉村	芭蕉坳	29	泉水村、师堂村

续表 1

村名	村部驻地	辖村民小组数（个）	所辖原村名称
倒溪村	泉水	15	泉水村、师堂村
莲花湖村	莲花	24	莲花村、大坳村、悯港村
饶村村	饶村	49	饶村村、李汉村、振兴村、中留村、东山村
大峰村	江南	49	金西村、伍相村、江南村、大峰村、双石村
朱公桥村	朱公桥	37	朱公村、青水村、花园村

自然地理

地理位置 张谷英镇位于湖南省岳阳市岳阳县东南部，岳阳、平江两县交界处，区域面积 167.34 平方千米。东邻月田镇，西接步仙镇，南与平江县大州乡、余坪乡相连，北与杨林乡及公田镇毗邻。距离岳阳市区 71 千米、岳阳县城 50 千米。地理坐标为北纬 28° 57′ 30″ ～ 29° 5′ 20″ 、东经 113° 26′ 10″ ～ 113° 37′ 20″ 。

镇政府设在原渭洞乡的笔架山下。1951 年，岳阳县政府成立十二区，区政府设在张谷英村的老祠堂、学校与全福社。地表建筑虽已面目全非，但地址一直延续至今。岳阳县西北为洞庭平原，东南则为幕阜余脉。张谷英镇为岳阳县境的边陲山区，是大平原到大山区的过渡地带。从经济发展角度上看，区位上并无优势，但每逢战乱，则为县政府首迁之地。

地质地貌

地质 元古代震旦系前（约8亿年前），雪峰运动形成了江南古褶皱带。古生代（约 5.7 亿年～ 2.5 亿年前），江南一带被海水淹没。中生代（约 2.5 亿年～ 6500 万年前）初期，湖南造山运动，海水全部退出。中生代末期，燕山运动，江南古褶皱带中段发生断裂，岳州东、北部隆起。作为岳州东陵的原渭洞乡山区，属于该次地质隆起，并接受岁月的剥蚀。同时，岳州中、南、西部下陷为洼地，形成古洞庭湖。雪峰山脉与幕阜山脉

环镇公路　　李斌斌　摄

因湖区断陷而相隔离，形成新华夏系。

新生代（约6500万年前）喜马拉雅运动，岳州境内中、南断陷盆地相继上升，而西部继续下陷。此时，长期活动的北东东向构造体系压扭性断裂中，有一组断裂称桂峰—王龙断裂，对原渭洞乡山区的地形格局起了很大的作用。

境内东南为中低山，千百个山头峰峦秀丽，海拔200～600米。山体由玄武纪页岩沉积岩运动构成，地面土壤为页岩风化土壤以及森林腐殖质覆盖土壤。西北主要为丘陵与平原，中部为山间小盆地。地质构造主要由花岗岩沉积组成。花岗岩风化成颗粒状，随洪水冲刷流入河床与坡谷。表层有深厚的冲击物，在有水渍的地方形成陷泥、沼泽。土地肥沃，适合农作物水稻种植。

地形　张谷英镇（渭洞区）在历来的行政区划中分为3部分：芭蕉乡、渭洞乡与饶村乡。芭蕉乡居东南，饶村乡居西北，渭洞乡居中部。民间素有“渭洞像面鼓，饶村像面锣，芭蕉像面扇”的形象概括。

渭洞不是一个洞，而是一个四面环山的小盆地，有渭溪贯流其中。东北有小水尖，东南有旭峰山，西南有笔架山，西北有大峰山。四山环扣如围城，中部低陷为盆地，像一面竖立着的大鼓。鼓面方圆几千米，鼓身高达 400 余米。

饶村自古为富饶之乡，平均海拔只有 100 多米。四沿是低矮的小山丘，中央是坦荡的平地，像一面卧着的铜锣。

芭蕉乡据说因该地盛产芭蕉而得名。就像一页厚厚的扇面，海拔 300 ~ 600 米，呈半圆形占据境内东南。它分出 3 条大筋脉，分别为倒溪洞、芭蕉洞、柘港洞，这 3 条筋脉几乎等分扇面，并且长达 10 多千米。倒溪洞与芭蕉洞在小水尖山系的坳背相连，芭蕉洞与柘港洞在两洞末梢处的葛藤尖相合。每一条大洞之上又分出许多岔洞，宛若血管分支，如小水洞、玄珠洞、丰胜洞等。

山坳、洞 张谷英镇内峰峦秀丽，山、尖、洞、坳交相辉映。

桂峰山 桂峰山位于张谷英镇最南端的桂峰村，离集镇约 15 千米，与平江山系紧密相连。四周群峰林立，桂峰山秀丽清奇，前有溪涧环绕，来脉气势巍峨，中部形成较

柘港洞 李斌斌 摄

为开阔的山间平地。山中有许多野生的桂花树，桂花开时，清香溢满山坡，因此得名桂峰山。山上有历史悠久的佛教寺院。

大峰山　大峰山横亘于原渭洞乡与饶村乡之间，面阔 10 平方千米，是幕阜山脉西去洞庭湖的最后一座高山，海拔 554.1 米。立于峰巅，可远眺新墙河流域的丘陵平地，视野辽阔，风光旖旎。山顶有一座古庙，庙里供奉着陈公朝显真人。

送香山　送香山位于张谷英镇大明山村，路转峰回，茂林修竹，又有清澈激流映带左右。该山兼备幽、静、秀、雅，颇有名山气度。该山面向红花尖，红花尖有两座山峰，山花遍野，香风飘送，故名送香山。

大明山　大明山位于岳阳和平江交界处，南接梧桐山，北望洞庭湖。据传，唐朝名将张巡元帅曾扎营大明山，张巡为国殉难后，其妻登临该山，日思月念，因“日”“月”为“明”，故名大明山。山上建有纪念张巡的张大元帅庙宇，始建于清咸丰十年（1860）。1990 年，湖南省委宣传部将大明山寺确定为佛教研究示范基地。

天龙山　天龙山位于桐木坳以南 4 千米处，海拔不足 300 米，但山体极为秀丽。它由 9 个小山峰相互连接，形状如一条龙自天上来，头朝下，尾朝上，故名天龙山。

旗形山　旗形山位于饶村东山湾。该地是饶村陈姓人氏的祖居地。据《陈氏族谱》记载：陈姓祖籍江宁府，于元朝末年迁至巴陵城南穆家塘，其后五世陈广平迁居饶村东山湾。他见该地山山连接，不断升高，而连接的小山脊都像一面旗帜，故名旗形山。

鸡冠山　鸡冠山位于大明山村豪坑片西南向上。该处人口较为密集，人们开门便可见到山峰，因像一只在打鸣的公鸡，故名鸡冠山。

打剑山　打剑山位于大王洞境内，山道迂回，树林荫翳。山上曾有数户人家。传说清康熙年间（1662—1722），有一个名匠隐居在山中铸造宝剑，故名打剑山。打剑山又称打箭山，山中盛产造箭时制作箭杆的小竹子，战乱时期，官府曾于该地造箭。

大安山　大安山位于张谷英镇五洋村。清道光二十年（1840），山上曾修建安岭寺，相传寺内有金银宝器埋于锣鼓窖，为镇寺之宝，故名大安山。

笔架山　位于张谷英集镇西南，形似读书笔架。清朝末年，张谷英村秀才张锦山曾于笔架山设馆课读，影响深远。全国重点文物保护单位、国家 AAAA 级旅游景区张谷英古建筑群位于笔架山下。

小水尖　小水尖位于松树村，地处张谷英镇东北，是境内海拔最高的山。因小水尖北面有一个村叫小水洞，故名小水尖。一说因该峰峭立高耸，山越高峻则其上部的水量越小，

的引水工程也通过桐木坳隧道引流入张谷英集镇周边 5 个村庄，用于人们饮水和灌溉。大革命时期，桐木坳为白区与苏区的分界地。

李斌斌　摄

芭蕉坳　芭蕉坳位于渭洞小盆地的东部，由旭峰山与小水尖之豪州坝屏障山体相让、相错而形成的隘口，城山舟至平江梅仙的省道由该地通过。因该地多种芭蕉树而得名。过芭蕉坳便是长达20多千米的芭蕉洞，抗日战争时期，国民党县政府驻扎在芭蕉坳下的周家屋里4年。

大坳　大坳是由境内西北走向的大峰山与东北走向的小水尖在北部交错迎合而形成的一个陕长的坳口。海拔110米，是全境最低洼处。除柘港洞的水为汨罗江罗水之源而流入岳坊水库外，境内河流基本统归大坳，80%的地表水由大坳出饶港而入新墙河，再入洞庭湖。20世纪70年代，境内在该地修筑了大坳水库。

消息坳　消息坳位于大明山村新改片。抗日战争时期，为躲避日本侵略者的侵犯，该坳经常作为传递消息之坳，故名消息坳。

渭洞　渭洞不是一个洞，而是一个四面环山的小盆地，有一条称渭溪的小河穿盆地而过。张谷英村即在原渭洞乡境内。

柘港洞　柘港洞位于张谷英镇南部，穿过桐木坳，南抵平江县余坪乡，长约15千米。洞中每隔一段距离便有一片较为开阔之地，有如葫芦藤上结着一串大小不等的葫芦，形成了长坪、杉桥、天龙、竹坪、桂峰等自然村落。洞中河流名为柘港，是汨罗江中罗水的源头。柘港洞因柘港而得名。据说，柘港洞中有大小48个小岔洞，如邹家洞、玄珠洞、三岔洞、文安洞、引水洞、金尺洞、马嘶洞等。一般来说，岔洞的海拔高于主洞，其水均汇入柘港。

芭蕉洞　芭蕉洞位于张谷英镇东南部，穿过芭蕉坳，东南连平江梅仙镇，长约20千米，由自平江而来的幕阜山余脉形成。芭蕉洞地形复杂，洞中曾有12个村落，呈无规则状分布。如大水、小水居其北，金鸡、文艺处其南，豪坑、龙洞居其东，不像柘港洞的村落几乎呈线形分布。

倒溪洞　倒溪洞位于张谷英镇东北部，由小水尖以及东北部山系错落形成，因溪水倒流而得名。自杨和蛇岭上翻山越岭而进入倒溪洞，沿途近10千米，均是一片“山山皆翠色，竹海接连天”的自然美景。山中楠竹高大挺拔，青翠欲滴，中无杂树，竹海连云。境内的自然景观和人文景观交相辉映。倒溪洞以前有泉水、师堂两个行政村，2016年，两个村合并为倒溪村。

大王洞　大王洞位于旭峰山东部，是一条长约3千米的山沟，打剑山居其南，猫爪尖居其北。约有500人居住洞中。据传，屈原被楚王放逐时，曾沿汨罗江上溯。原渭洞乡境内的柘港即为罗水源头。一日，屈原漂泊至该地，仍念念不忘江山社稷，他常常立在打剑山上，面向楚都郢城疾声呼喊“大王”，当地之人虽不解其意，但把该地称为大王洞。

峰胜洞　峰胜洞位于松树村境内，以山峰胜景而得名。洞中山谷长约 3 千米，蜿蜒而徐徐上升，海拔 300 ～ 600 米。洞中双溪交汇，三峰并排，道分两岔。往左而入，路渐升高，长约 3 千米，斗折蛇行；往右而入，道路平坦，曲径通幽。峰胜洞不但自然景色宜人，而且有着深厚的人文底蕴。岳州八大尚书之一的明代户部尚书方钝，幼年时曾在该地求学，至今留有方竹的传说。

玄珠洞　玄珠洞是柘港洞中段南面的一条小岔洞，海拔 300 ～ 500 米，与平江山系相连。洞中的拦石坡曾是中共湘北特委旧址。1930—1931 年，特委曾在该地建立了一个武装独立团与一个石印局，领导岳阳、平江、湘阴、临湘 4 个县的革命斗争。

小水洞　小水洞位于小水尖北部，是一个四面环山、形如锅底的小盆地。数百人居住于该地，屋宇相连，炊烟相逐。以前该地是一个行政村，村民都姓万。2016 年，该村合并至五洋村。

张公洞　张公洞位于饶村李汉村南侧偏东，洞长约 1.5 千米。从前，洞里居住着张、陈、袁、史、王姓数百人。张姓强盛之后，其他姓氏自然散迁，仅剩张姓一门，遂立碑张公洞。新中国成立后，张姓人也全部搬迁，独剩洞中的青松翠竹与溪涧流泉。

文安洞　文安洞位于柘港洞与峰胜洞之间，清幽静美。据传，该地曾是岳州佛门佳地，上有和尚居住的寺庙，下有尼姑修行的庵堂。寺庙兴隆时，曾有僧尼数百人。在文安洞周边，发现有自清康熙至嘉庆年间的高僧禅师墓塔群。

河流　张谷英镇境内河流大多先汇于大坳水库，经饶港流入新墙河；有一条河流先注入岳坊水库，再入汨罗江；境内龙洞村之水流入平江。

柘港　柘港属南洞庭湖系、汨罗江支流罗水的上游，发源于境内大明山村文艺片坳背里，流经桂峰、竹坪、天龙、杉桥、长坪等村落，在长坪村袁家里注入步仙镇的岳坊水库，再流入汨罗江。汇集了柘港洞大小 48 个岔洞的水，干流全长约 15 千米，流域面积 50 平方千米。

大洞港　大洞港发源于境内大明山村豪坑片的大安岭，流经新改、文艺、下庄、陈坪等村落，汇集大水、小水的两条支流后，过金鸡、松树、向阳、红卫等村，再汇入杨和、一心村的水后，注入大坳水库，再经饶港入新墙河。大洞港汇集的支流有 10 多条，

大洞港　　李斌斌　摄

干流长约 15 千米，流域面积 70 余平方千米，是境内最大的一条河流。

渭溪河　渭溪河发源于张谷英村后山的甲板桥，流经张谷英村、集镇、刘家、四维、延寿、大桥、兰陵、寺湾、十美等自然村落，在大桥村流入大坳水库。全长约 8.8 千米，流域面积 20.6 平方千米。

芭蕉港　芭蕉港发源于旭峰山下的王家垅，经芭蕉村流入大坳水库，长约 1.5 千米，流域面积 5 平方千米，是大坳水库最小的一支水系。

朱公港　朱公港又称朱公河，由双石、清水、朱公 3 条支流至花园汇成小河，经杨林乡汇入新墙河。因朱公桥地名历史悠久，所以取名朱公港。朱公港发源于大峰山脉，支流较多。1958 年开始，多次改造并维修护坡，沿途灌溉良田 66.67 公顷。2015 年，被列入国家重点河道治理项目。

贺家湾港　贺家湾港发源于肖家冲，流经茶田、东山、金溪等村，长 6.3 千米，流域面积 9.4 平方千米。

饶村河　饶村河又称饶村港，上游大坳水库的水经其而入新墙河。新中国成立前称饶河，两岸常常洪水泛滥成灾。1972 年，原饶村乡人民公社组织全公社群众开挖河道，修建防水大堤数千米，建造桥梁 4 座，并改名为饶村河。

小水港　小水港发源于小水尖北部山坡，经小水村流向五洋桥，汇入大洞港。

徐洞港　徐洞港发源于月田镇红花尖，经大水村流入五洋桥，汇入大洞港。

小饶港　小饶港发源于小水尖与月田交界处的挖龙坳，流经泉水、师堂、东淇、大塅后，注入饶港水库。河流全长 20 千米，流域面积 30.60 平方千米。小饶港在泉水、师堂境内称为倒溪。

气候物候

气候　张谷英镇属亚热带季风湿润区，气候温暖，光照充足，四季分明，季节性强。春温多变，雨季明显，暑热期长，夏秋多旱，严寒期短，无霜期长。宋人范致民《岳阳风土记》载："十月犹单衣或摇扇，蛙鸣似夏，鸟鸣似春，浓运疏星，振雷暴雨。"千百年过去了，境内情况依然，只是洞中气候与小盆地气候略有差异。山洞里夏季凉爽，如柘港洞、芭蕉洞一带，七八月间也有凉意，有时晚上要盖棉被。2000 年后，镇境气候常有异常，有时春节期间突然升温，可着单衣。

气温　据 1952 年以来的科学测量，张谷英镇平均气温为 17℃，有 9 个月的平均气温在 10℃以上。年极端最高气温为 39.3℃（1971 年 7 月 21 日），但近来的最高气温在 7 月下旬至 8 月上旬高达 40℃；年极端最低气温为 −11.8℃（1956 年 1 月 23 日）。年内平均气温以 1 月最低，多年平均值为 4.4℃；年平均气温以 7 月最高，多年平均值为 29.2℃。大于或等于 10℃的年积温 5300℃。

日照　据 1952—1990 年气象观测资料统计，张谷英镇境内的年平均日照时间为 1813.8 小时，年均日照率为 40%。其中，以 7 月的平均日照时间最多，2 月的平均日照时间最少。据资料记载，境内日照率最多年为 47%（1956 年、1959 年），最少年为 31%（1983 年）。但在 1998 年和 2012 年，连续阴雨绵绵，晴天日数未超过 100 天，这两年日照率约为 28%。

霜期　据 1952—1990 年气象观测资料统计，张谷英镇境内的初霜日一般为 12 月 2 日，终霜日一般在清明节。最早初霜日 10 月 29 日（1978 年），最迟初霜日 1 月 14 日（1988 年）；最早终霜日 2 月 1 日（1976 年），最迟终霜日 4 月 3 日（1957 年）。年平均无霜期为 278 天，最长为 314 天（1988 年），最短为 245 天（1957 年）。

境内一般为冬、春两季下雪，降雪日 5 ~ 6 天，年均降雪量为 987 毫米。1998 年与 2008 年，境内大雪数日不化，冰成灾冻。2010 年来，境内出现连续两三年未曾下雪的情况，冬季气候竟然温暖如春，偶尔形同夏暑。

降水　张谷英镇境内年均降水量为 1295.4 毫米。据 1951—1990 年气象观测资料统计，境内降水量最多的年份为 1954 年，降水量达 2336.5 毫米；降水量最少的年份为

1968年，仅787毫米。一年当中，春、夏两季降水量占全年降水量的71%，秋、冬两季降水量占全年降水量的29%。1978年，境内曾连续降水18天。1966年，连续42天无降水。

日最大降水量为1954年6月16日，降水量达256毫米。2017年8月12日，降雨量为255毫米，其中7：30—10：00降雨量达187毫米。境内山洪暴发，水库、山塘水位迅速上涨，大坳水库超历史最高水位，达到110.6米。洪水所到之处，渠道倒塌，道路毁损，桥梁破坏，农田冲毁，集镇被淹。洪水退去后，街道、河道、乡道一片狼藉，淤泥遍地，满目疮痍。受灾群众38040人，直接经济损失达3.6亿元。

物候 张谷英镇属亚热带季风湿润区，四季分明，动植物及非生物变化清晰。

张谷英镇物候现象表

表2

时间	动物表现	植物表现	非生物表现
1月	雁北乡，鹊始巢	迎春花、杏梅等花卉开放	1月、12月（即农历立春之前和冬至以后），偶有冰雪
2月	青蛙始鸣	万象复苏，树木发芽	水温回升，偶有霜冻
3月	燕子归来，喜鹊筑窝，蛇类出洞，鱼类上钓	树木叶茂，桃、李花开，杜鹃花开，水稻开始播种	进入无霜期
4月	草长莺飞，百鸟歌唱，出现萤火虫	大地一片葱绿，油菜收获	河流雨水丰沛
5月	生猪出栏，鱼类产卵	红薯开始栽种，蚕豆收获，石榴花开	水温与气温同步
6月	上旬，蚊、蝇开始繁殖；中旬，蝉类始鸣；下旬，燕子孵卵	上旬，大蒜、杏成熟；中旬，西瓜、马铃薯成熟；下旬，李子成熟，荷花始开	—
7月	下旬，知了鸣叫，以示秋天将到	扁豆、葫芦等开花，玉米收获	偶有伏旱
8月	自上旬始，老蝉疲而坠地，俗称“不秋不落”	收获早稻，栽培晚稻	偶有伏旱
9月	上旬，黄鹂、伯劳、杜鹃等候鸟南迁，蟋蟀始鸣；中旬，鸟类停止孵卵	上旬，谷子、梨成熟；中旬，大豆、夏玉米成熟；下旬，大枣、芝麻成熟	露珠带白
10月	上旬，蝉类息鸣；下旬，大雁南飞过境，禽类换羽，青蛙潜藏	树叶飘落，野草变黄	秋高气爽，天体星座及银河系清晰；出现初霜
11月	冬眠动物自上旬起渐渐入蛰	上旬，萝卜、芹菜、大葱等晚秋蔬菜成熟；中旬，树叶落光，草木凋零；下旬，大白菜成熟	—
12月	越冬动物停止生长	—	—

自然资源

植物资源 张谷英镇森林资源极为丰富，境内记录到的木本类植物829种，其中乡土树种655种，属国家及省级保护树种24种，森林覆盖率达75.2%。

山间土壤大部分为页岩风化所形成，土壤厚度30～120厘米，腐殖质厚度10～40厘米，pH值5.5～6.5，年平均气温17℃，年均降雨量1294.4毫米。肥沃的土质、温暖的气候、充沛的雨量，适宜多种林木和竹类生长，这是张谷英镇得天独厚的自然条件。

竹林 楠竹林是张谷英镇最具特色的林木资源，分布面积达6984.8公顷，占全镇山地总面积的65%，占全县竹林面积的56.2%。因此，张谷英镇有“湘北十万亩楠竹基地”之称。境内的楠竹高达10米，直径可达20厘米。境内柘港洞、倒溪洞、新改港、峰胜洞的楠竹最为优良。尤其是杨和、泉水、师堂的楠竹林，高大挺拔，中无杂树。自杨和蛇岭上入泉水、师堂，沿途10千米，均是一片“山山皆翠色，竹海接连天”的自然美景。

森林 境内森林主要是由松、杉、樟、檫等组成的天然次生林，以及其他多种常绿阔叶树和灌木。一级保护树种有水杉，三级保护树种有桢楠、花榈木、天竺桂等。林中有多种木本和草本花卉观赏植物，如映山红、芭蕉、棕榈、水柳、方竹、美人蕉；有多种中草药材，如射干、白术、黄金、延胡术；有多种经济作物，如油茶、绿茶、板栗、野山椒；有多种菌类，如蘑菇、香菇、青山菌、毛菌。

境内的林木具体分为以下类型：

常绿阔叶林：为天然次生林，主要建群树种有石栎、青冈、樟树、泡花楠、椤木、石楠、冬青等树种。群落外貌层次分明，终年常绿。

落叶阔叶林：为天然次生林，建群树种有小叶栎、白栎、锥栗，茅栗、枫香等，群落外貌季相变化明显，表现为春夏绿叶，秋冬变黄或变红而落叶。

针阔叶混交林：为天然次生林，有马尾松、杉、苦楮、枫香、化香及落叶栎等混合成林。

杉木人工纯林：以人工栽植的杉树为主，以及由伐后杉蔸萌芽形成的萌芽杉，为终年常绿的经济林木。

境内除农田、农地与山塘、水库外，鲜有裸露的地表。树木未延及者，多种野草覆之。野古草、芒草、蒲公英、小山菊遍地都是。

古树　张谷英镇原本位于岳州的偏远山区，鲜经战火焚毁，自然植被良好。至新中国成立初期，境内古木参天，浓荫蔽日。后因社会变迁，能幸存下来而免遭斧钺者，不过十之一二。

镇中最古老的树是师堂村口的一株古株树，围径丈余，高达20余米，其根穿过百米之外的房屋。该树有近700年的历史，至今枝繁叶茂，四季常青。最大的树是向阳蒋家桥旁边的一株枫香树，高20余米，胸径达1.5米，树冠荫地数亩，根茎已跨过前面的大洞港而盘踞于农田与旱地之间，被称为张谷英镇的“树王”。

杜英　　李斌斌　摄

境内数百年的古树中，最为珍贵的有竹坪村的桢楠、长坪村的闽楠和天竺桂，属于国家三级保护树种。但价格最贵的树是师堂的一株桂树，被誉为“千年神桂”。古树中以枫杨树最多，有16株，其次是枫香树，有14株。以杉桥、新改、松树等地保存最多。

这些古树能幸存下来，大致原因如下：

一是这些树木是迁居到该地的始迁祖亲手栽种的，后人以此为念，族人不敢砍伐。这可由该姓氏的谱牒或家族传说证明。如四维潘家冲的两株樟树，立在屋场的小河旁边已有300余年。

二是一些树木是在某些族姓承袭过程中，由于一个祖先有多个子孙，继承权存在着争议，谁也不敢动，故侥幸保存下来。如向阳下庵里的古杉树，胸径达60厘米，树龄300多年。种植在祠堂或祖坟旁边的树木是公立的，私人不得乱伐，也同样得到保存。如寺湾陈家女贞及柞树、新改袁祠组的枫杨树。新改袁氏宗祠旁边有6株枫杨树，胸径均达1米左右，树龄300余年。

三是大部分树木得益于土地庙的庇护。每个村落均有一处或多处土地庙，庙必居于大树之下。庙存则树亦存，树、庙休戚与共，唇齿相依。如向阳蛇嘴里的苦槠树，树龄

樟树　　李斌斌　摄

有 300 多年。另外，寺庙周围的景观树也得以很好的保存，如桂峰山寺右侧的两株大椆树，树龄有 400 多年。

四是一些树木保存得益于政府的宣传和保护。如向阳村的枫香、杉树，兰陵村的枫香，文艺村的苦槠，红卫村的枫杨等被作为航标树，任何人不得损坏。

五是一些古树保存至今，得益于当地村民的自觉保护意识。如兰陵村有株树龄 200 多年的枫香树，树身通直，胸径达 1.2 米。多年以前，由于架桥的需要，村民们想把这株树砍掉，但当时的一名老妇人严词拒绝，并以死相抗，终得该树保存于世。新改村的白果组、黄家组，陈坪村的赵家组，师堂村的村民都对当地的古树制订了保护措施。

张谷英境内既是汨罗江罗水的发源之地，又是新墙河的重要支流，区位生态功能十分突出。2000 年后，国家与地方政府极为重视生态的保护与建设。2003 年，全镇退耕还林面积 233.33 公顷。2008 年，全镇植树造林面积达 1280 公顷。2017 年，新一轮退耕还林 17.33 公顷，血防造林累计 600 多公顷、世行造林 800 公顷。森林覆盖率达到 75.2%，森林资源总蓄积量达 25.7223 万立方米。

2003 年，国家将汨罗江水系的桂峰、竹坪、天龙等 10 个村规范为国家公益林保护区，湖南省将新墙河水系的 18 个村划为省级公益林保护区，分别由国家和省财政拨专款补助林农，以维护森林植被覆盖，确保生态不受破坏。至 2017 年，全镇有国家公益林 3813.6 公顷、省级公益林 6579.73 公顷，共达 10393.33 公顷，占全镇山林总面积的 75%。

2000 年张谷英镇古树调查情况表

表 3　　　　　　　　　　　　　　　　　　　　　　　　单位：年、株

科名	树名	树龄	数量	分布地	科名	树名	树龄	数量	分布地
大戟科	乌桕树	130	1	四维付家冲	壳斗科	米槠	130	1	松树万家组
胡桃科	枫杨	510	1	新改白果组	壳斗科	石栎	130	1	松树万家组
胡桃科	枫杨	310	6	新改袁祠组	壳斗科	柞树	130	1	四维 1 组
胡桃科	枫杨	300	1	红卫	壳斗科	椆木	200	1	新改新屋组
金缕梅科	枫香	160	1	新改黄家组	壳斗科	椆木	200	1	金鸡张家组
金缕梅科	枫香	160	1	小水	壳斗科	椆木	300	2	桂峰寺
金缕梅科	枫香	160	1	桂峰戴家组	木樨科	女贞	300	2	陈坪赵家组
壳斗科	椰树	270	3	四维付家冲	木樨科	女贞	200	1	寺湾丁家里
壳斗科	椰树	310	1	四维潘家冲	木樨科	女贞	160	2	寺湾陈家里
壳斗科	苦槠	150	1	下庄坡屋组	木樨科	女贞	160	1	桂峰万磅组
壳斗科	苦槠	200	2	松树龙形组	樟科	樟树	300	3	四维潘家冲
壳斗科	柞树	160	1	寺湾陈家里	樟科	樟树	160	1	兰陵下洞

说明：共有 6 科、11 种、37 株，尚未录全

2017 年张谷英镇古树调查情况表

表 4　　单位：年、株

科名	树名	树龄	数量	分布地	科名	树名	树龄	数量	分布地
大戟科	株树	620	1	师堂	壳斗科	白栎	200	3	杉桥
蝶形花科	黄檀	250	2	金鸡	壳斗科	苦槠	240	2	竹坪
禾本科	方竹	—	多株	桂峰	木樨科	女贞	230	1	松树
禾本科	紫竹	—	多株	竹坪	木樨科	桂花	220	1	师堂
胡桃科	枫杨	150	5	小水	蔷薇科	大叶石灰树	170	1	寺湾
胡桃科	枫杨	230	2	豪坑	三尖杉科	三尖杉	300	2	金鸡
胡桃科	枫杨	180	1	松树	三尖杉科	三尖杉	280	1	小水
金缕梅科	枫香	270	3	下庄	杉科	杉木	300	1	杨和
金缕梅科	枫香	320	1	向阳	杉科	杉木	300	1	向阳
金缕梅科	枫香	280	2	松树	柿树科	柿树	200	1	竹坪
金缕梅科	枫香	250	3	杉桥	松科	马尾松	120	1	金鸡
金缕梅科	枫香	110	1	兰陵	无患子科	栾树	210	1	大桥
金缕梅科	枫香	250	1	杉桥	杨柳科	柳树	200	1	松树
壳斗科	苦槠	420	1	向阳	樟科	狭叶润楠	150	1	长坪
壳斗科	苦槠	250	1	小水	樟科	檫木	130	1	天龙
壳斗科	苦槠	300	2	文艺	樟科	香桂	170	1	桂峰
壳斗科	苦槠	220	1	金鸡	樟科	桢楠	110	1	竹坪
壳斗科	青冈栎	280	2	泉水	樟科	闽楠	150	1	长坪
壳斗科	苦槠	170	1	大桥	樟科	天竺桂	140	1	长坪
壳斗科	椆木	210	3	杉桥	樟科	樟树	130	1	谷英

说明：上表内容为张谷英镇林业站提供，共有 15 科、26 种、57 株。有些树木在该次调查中可能没有被发现，属人为砍伐或自然死亡，情况不明

动物资源　据《岳阳县志》记载：县境内记录在册的野生动物有 614 种。其中，兽类 22 种，鱼类 114 种，飞禽 266 种，虫类 195 种，其他 17 种。张谷英镇森林茂盛，生态良好。抗日战争时期，境内大峰山曾有老虎出没。20 世纪 70 年代，曾有村民在松树村夜行时，遭遇金钱豹袭击。镇境有如下野生动物：

野猪　野猪又称山猪，为杂食性动物，常以山间竹茎、旱地红薯、树木籽球等为食。20 世纪，红薯为山民的主粮之一，野猪常与人争食，故村村皆有猎户集体猎杀野猪。野猪的生存空间急剧缩减，数量接近濒危。近 20 年，生态环境改善，山坡旱地大多退耕还林，野猪又逐渐活跃起来。

黄麂　黄麂俗称麂子，哺乳纲，偶蹄目，鹿科。成年麂子的体重 16 ~ 25 公斤，体长 75 ~ 115 厘米。黄麂腿细而有力，善于跳跃。境内黄麂曾经数量庞大，繁殖较快。

但这种食草性动物性情温和，易被猎犬追杀。

香狸　香狸俗称狸花，属于灵猫科。体长约 48 ~ 58 厘米，尾长 33 ~ 41 厘米，体重 2 ~ 4 公斤。香狸全身灰黄或浅棕色，背部有棕褐色条纹。多在晚上或清晨活动，白天则躲在树洞或墓穴中休息。除了吃老鼠、昆虫、青蛙、鸟类外，偶尔也吃水果。属国家二级重点保护动物。

山鸡　山鸡又称野鸡、雉鸡。喜食昆虫、小型两栖动物、谷类、豆类、草籽、绿叶嫩枝等。山鸡食量小，食性杂。奔跑速度虽快，但高飞能力差，因此易被猎户捕捉。境内山鸡众多，芭蕉洞与柘港洞一带分布广泛。

山斑鸠　山斑鸠头颈灰褐，脚短而强壮，体长 27 ~ 35 厘米，觅食高粱、稻谷以及果实等，有时也吃昆虫的幼虫，冬天常吃樟树的籽核。山斑鸠一般是集数只小群活动，在树上巢筑。境内林木众多，山斑鸠分布也十分广泛。

野兔　野兔是境内百姓最为熟悉的一种野生动物，数量众多，繁殖极快。有时为了保持生态平衡，山中猎户常捕捉野兔。野兔喜欢生活在有水源、有树木的混交林内，尤其喜欢栖于多刺的杨槐幼林中。生性机警，听觉和视觉灵敏，逃跑迅速，隐藏严密，但喜欢走多次重复走过的固定老路。因此，山中猎户常置铁夹子捕捉野兔。

穿山甲　穿山甲是国家一级保护动物，境内数量不多。穿山甲是地栖性哺乳动物，体形狭长，全身有鳞甲，四肢粗短，尾扁平而长。常生活在境内的落叶森林之中，昼伏夜出。白天常匿居洞中，并用泥土堵塞，晚间出外觅食。

除上述常见的动物之外，境内鸟类有黄莺、画眉、鸿雁、苍鹰、白鹭、草鸮、啄木鸟、杜鹃、山雀等。蛇类有黄泥蛇、乌梢蛇、青竹蛇、银环蛇、响尾蛇、眼镜蛇等。

水资源　张谷英镇山多田少，居全县地势的高位，水资源较为丰富。在未修筑大坳水库之前，山上竹木、油茶等资源，趁雨水丰沛季节，扎竹筏顺水而下洞庭。大致线路为自大洞港顺流而下，过大坳，出饶港，入新墙河，再船载入洞庭湖，而下汉口。但 20 世纪 60 年代大坳水库建成之后，这种季节性、小规模的水路交通已成绝响。1950—1959 年，蓄水工程以修复和新建塘坝为主。20 世纪 70 年代后，境内中、小型水利工程发展迅速。2017 年，镇内有中型水库 1 座，小（1）型水库 1 座、小（2）型水库 19 座，有山塘 230 口，排灌机埠 6 处，大小堰坝 58 处，干、支放水渠道 26.5 千米，基本实现农田灌溉自流化。

中型水库　境内的中型水库为大坳水库，始建于 1963 年，建成于 1966 年，是一座以灌溉为主，兼防洪、发电、水产养殖等多种效益的中型水库。集雨面积 83.6 平方千米，总库容 1162 万立方米，防汛运行水位 109.8 米。水库坝型为浆砌石重力坝。大坝位于原大坳村境内，坝高 37 米，坝长 128.75 米，面宽 5.5 米。大坳水库属岳阳县水务局直辖管理，主要用于农田灌溉和水力发电。水库辖电站 2 座，装机 1040 千瓦。有干渠 1 条，总长 30 千米，担负着张谷英、杨林、柏祥、步仙 4 个乡镇、72 个村、3666.67 公顷农田的灌溉用水。是一座高山湖泊水库，具有近乎原始的生态环境，是省林业厅重点保护生态区，每年有大量的白天鹅和珍禽动物在库区内栖息繁衍。大坳水库 2000 年更名为莲花湖。

小（1）型水库　境内的小（1）型水库为桐木水库。位于刘家村与长坪村交界处，因桐木坳而得名。1966 年，由原渭洞人民公社组织 5000 多人修建而成。1970 年，因水库土坝常出现险情，由岳阳县水利部门采取加固措施，并高工程配套，扩建成为一座小（1）型水库。集雨面积 4.3 平方千米，总库容 160 万立方米。水库坝型为心墙土坝。水库大堤内坡全部用块石护砌，建筑长 140 米、高 1 米的防浪石堤。外坡筑成 3 级台阶，两条梯级连接。坡面用麻石条间成棱角形块状，中间铺碎石，以防止雨水冲刷。坡面上有用碎石相嵌而成的“桐木水库”4 个大字。大坝东边有 1 栋水库管理所楼房，西边有 1 座烈士纪念亭。溢洪道宽大坚固，涵洞出口处有发电站机房。东、西干渠长 3.8 千米，全部用石块护砌。桐木水库主要用于农田灌溉与集镇饮用水工程。2007 年，桐木水库东、

桐木水库　李斌斌 摄

西干渠道水泥硬化4000米，长坪村农田水沟硬化3000米，新建中干渠。2010年，岳阳县水利局组织人力，投资500万元进行维修加固。

小（2）型水库　境内有小（2）型水库19座，主要分布大峰山附近村落。

金星垅水库位于芭蕉村旭峰山下，因地名叫金星垅，故名金星垅水库。水库修建于1968年，集雨面积0.75平方千米，库容13.5万立方米。

红东水库位于朱公桥村朱公片，集雨面积0.3平方千米，库容13万立方米，由原饶村乡全乡劳力代表及该村村民参与修建而成。因红日从东方升起，故名红东水库。

群力水库位于朱公桥村清水片。1972年原饶村乡全乡人民修建，1974年竣工。集雨面积0.3平方千米，库容12.5万立方米，用于农田灌溉和水力发电。

钓鱼洞水库位于朱公桥村朱公片。1960年，由原饶村乡全体劳动力修建而成。1964年，毁于洪涝灾害。1969年，朱公桥村全体民众集资修建恢复。集雨面积6.3平方千米，库容18万立方米。因境内的钓鱼洞是水库的主要水源，故名钓鱼洞水库。

后峦水库位于张谷英村的后山。1958—1960年，由原渭洞公社桐木大队集资筹劳，历时两年修建而成。集雨面积0.9平方千米，库容48万立方米，平均水深9.5米。2012年，为解决集镇饮水及景观用水等问题，由国家投资300余万元扩建加堤。

杨家洞水库位于大明山村新改片。因该水库处于杨家洞地段，故名杨家洞水库。1970年以前，该地没有水库，后为改变地方面貌，确保农田灌溉，由当时的新改大队修建。1971年后，芭蕉公社给予援建。水库集雨面积0.9平方千米，库容14.5万立方米。2016年，升级为小（2）型水库。

新开水库位于张谷英镇杉桥村。1972年，由原长坪大队开修，为山塘。后经过多次维修、扩建。2016年，升级为小（2）型水库。

陷冲垅水库位于风水村大桥片。1974年修建，因原地名为陷冲垅，故名陷冲垅水库。集雨面积0.8平方千米，库容13万立方米。1974年，原渭洞乡为解决大桥村郭房塝水田灌溉问题，集资投力修建。2014年，政府又投资对陷冲垅水库进行维修。

谢洞水库位于风水村十美片。1958年，由原渭洞人民公社统一指挥修建，直至1975年加高加固，方告竣工。集雨面积0.9平方千米，库容14万立方米。

彭家洞水库位于风水村兰陵片。1972年，由原渭洞公社修建而成。2012年，由国家投资120万元处险加固。集雨面积1.5平方千米，库容20万立方米。

佛坳水库位于风水村寺湾片。1977年，由原寺湾大队选址在佛坳岭拦坝筑堤而建。

2013年扩建，国家和省、县财政拨款处险加固。集雨面积1.7平方千米，库容10万立方米。

凤形水库位于风水村寺湾片。1959年，由原渭洞公社寺湾大队修建。1970年，寺湾大队进行第二次扩建，由原岳阳地区水利部门验收确定为小（2）型水库。2011年，由国家和县财政投资400余万元处险加固。集雨面积1.5平方千米，库容22万立方米。

肖冲水库位于大峰村金西片。1964年，由原饶村乡人民公社集体筹劳历时两年修建而成。集雨面积0.9平方千米，库容12万立方米。

西湖水库位于饶村片。修建于1958年，因该片贺家冲有一座西湖庙，故名西湖水库。集雨面积0.5平方千米，库容13万立方米。

千工水库位于饶村村东山片。始建于宋朝，有上、下两口山塘。因建山塘耗劳工千余人，故名千工水库。1964年被洪水冲毁，后又重建。1988年扩建。2012年，国家投资120万元进行处险加固。水库集雨面积0.6平方千米，库容11万立方米。

玄珠洞水库位于天龙村竹坪片。心墙土坝。集雨面积0.95平方千米，库容14.5万立方米。

山塘和堰塘　堰塘，是由人工修建，具有简易堤坝，用来储存雨水或少量山水、沟水等，用于农业灌溉、养殖、洗衣、洗澡的水塘。在没有河流的农村田野，堰塘就是农业灌溉的重要设施，一般由农民以村、队的集体形式组织修建，应用于农业生产所需。新中国成立前，境内的山塘、堰坝数量较多。1979年以后，随着中、小型水利工程组成的灌区陆续竣工、配套，农业生产逐步实现自流灌溉，原有塘坝随之废减。2017年，境内的主要山塘有25座、堰坝3座。

堰坝主要有万冲堰，位于饶村村东山片；莲花堰，位于莲花湖村莲花片；沙园堰，位于朱公桥村花园片。山塘主要分布在田地较为集中的饶村一带，其中以大峰村最多。山塘主要有：风水村兰陵片烟冲山塘、鸦雀尖塘；寺湾片山里冲塘；大桥片冲上塘。倒溪村泉水片庵洞山塘。大明山村龙洞片烟竹山塘、佛坳山塘。天龙村竹坪片烟竹坡山塘。莲花湖村大坳片杏子塘。朱公桥村花园片楠木塘、五里严塘；朱公片七塘冲塘。饶村村李汉片肖冲大塘；饶村片七家冲塘；振兴片周家冲塘。大峰村大峰片付家洞山塘、张家洞山塘、塘泥洞山塘；江南片猪头冲塘；金溪片龟形塘、婆四塘、金西新塘；双石片黑塘冲塘、双石新塘；伍相片海家塘。

地下水资源　张谷英镇境内的地下水资源十分丰富，品质优良。根据地下埋藏条件的不同，地下水可分为上层滞水、潜水和承压水三大类。境内的潜水与承压水情况不明，上层滞水为下渗的大气降水停留在浅层的岩石裂缝或沉积层中所形成。上层滞水主要有松散岩类孔隙水、碎屑岩类裂隙孔隙水、基岩裂隙水三大类型。

境内的地下水主要为基岩裂隙水，水埋深度随地形变化，高处深，低处浅，一般0～30米。水质优良，均为弱酸性极软淡水，矿化度小于0.40克/升，多为碳酸钙型水，符合饮用水标准。这些地下水主要靠大气降水补给。

井水为浅层地下水。随着社会经济的发展，境内90%的人口都用上了自来水，一些古井渐渐被废弃，一些古井成了自来水的水源。在张谷英镇境内，较为有名的古井如下：

龙涎井是张谷英村村民的一口饮用水井。井深不足2米，周围仅1米，平时水不满井，但取之不尽、用之不竭。井水甘醇清冽，凉爽可口。因位于龙形山的龙头附近，水出岩层，就像从龙口涌出了阵阵清泉，故名龙涎井。

长寿井位于张谷英村的渭溪河边。井水总高出河水水位2米，河水涨落不影响井水水位。井水冬温夏凉，清澈见底。用井水酿酒，甘醇清香；制作豆腐，味纯白嫩。数百年来，生活在长寿井周围的人身强体健、耳聪目明，因长寿者多，故名长寿井。

凉亭神井位于刘备洞陡石口凉亭右侧，有一个人造的麻石桶，搁置石桶的上端是一面巨大的岩石。泉水从岩石壁上渗出来形成微流，然后导入麻石桶，再从石桶外溢。古往今来，泉流不绝。该处曾为平江至岳州的古驿道，过往之人常饮该水解渴消暑。

饶村神井位于饶村贺家湾、贺家冲、铁炉嘴及茶田冲入口处的田野中间。该井是一个没底的石碓臼，内径45厘米，圈厚16厘米，高40厘米。圈上边有4个小缺口让水外溢。任何干旱年份，该井从不干涸，总有水从圈上边流出。该井可供贺家冲、贺家湾、铁炉嘴及周边200～300人饮用。饶村神井水量不大，但舀得快，水就来得快，总舀不干。但是搬掉石碓臼，就没有水了。即便有水，也无外溢，随舀随干，不过几天水就要脏，水面结锈，有泥臭味。但把石碓臼放下去，立即有沁水，而且很快变清，并从小缺口潺潺流出。井水冬天温热，可以洗脸；夏天凉爽，味道津甜。附近的村民专门到神井取水，以井水代茶。

土地资源　张谷英镇属幕阜山西延余脉，海拔110～650米，属低山、中低山山地地貌，最高海拔641.2米，最低海拔110米（大坳水库），一般相对高度100～300米。全镇总面积167.34平方千米。

张谷英镇土壤主要由页岩与花岗岩这两种母岩发育而成，大体属于红壤。土层厚度 30 ~ 100 厘米，腐殖质厚度 10 ~ 30 厘米，pH 值 4.7 ~ 5.4。第一种成土母质为页岩，约占总面积的 70%，主要分布在柘港洞、芭蕉洞、倒溪洞一带，发育的土壤有页岩红壤、黄泥土、黄泥田等土属。由页岩风化而成的土壤土质比较肥沃，腐殖质较厚，植被相对较为丰富，楠竹生长茂盛。第二种成土母质为花岗岩，约占总面积的 30%，主要分布在饶村与渭洞小盆地，发育的土壤有花岗岩红壤、麻沙土、麻沙泥田、冷浸田等土属。由花岗岩逐渐风化而成的土壤多为砾质砂土，含钾丰富，缺磷严重，黏力小，结构疏松，容易水土流失。饶村一带地势较低，有不少土壤属于潮土类。

张谷英镇东南为中低山，中部为山间小盆地，西北为丘陵。西北部与中部盆地是农作物水稻的主要种植区，主要分布在饶村村、大峰村、居公村、渭洞村、凤水村、张谷英村，集中了全镇 80%以上的可耕地与 90%的基本农田。东南部一带，除天龙村拥有较多耕地外，其他地区多为旱地，先前的粮食作物以栽种红薯为主。

人口

人口数量 1990 年全国第四次人口普查时，境内 3 个乡共辖 49 个行政村，共 11345 户 43676 人。其中，芭蕉乡 3090 户 11766 人，渭洞乡 4088 户 15871 人，饶村乡 4167 户 16038 人。2017 年，全镇辖 13 个行政村（合村前 47 个）、1 个居委会，共有 416 个村民小组，共 10573 户 45862 人。其中，天龙村、饶村村的人口达 5000 人以上；人口最少的村为倒溪村，为 2054 人。截至 2017 年年底，镇区建成区面积 2.01 平方千米，集镇常住人口 5386 人，全镇就业人口 27705 人。随着社会和经济的迅速发展以及国家计划生育政策的执行，境内的人口总量得以控制，增长速度较为缓慢。

人口密度 据史料记载，境内属岳州府之东陵，早期便有先民居住。因境内森林茂密，耕地相对较少，故人口较为稀疏。据《元史·地理志》记载：元至元十二年（1275），岳州路被元军占领时，有“户一十三万七千五百八，口七十八万七千七百四十三。领司一、县三、州一”。岳阳路所管辖总面积 1.5 万平千米，平均每平方千米约 52.5 人。而境内属于岳州治下的偏远山区，故元末明初之际，每平方千米的人数远少于 52.5 人。

据族谱所载，境内居民大多为元末明初自江西迁徙而来。如境内大族张氏家族，其始迁祖张谷英明于洪武四年（1371）由吴入楚，迁入笔架山的石桥冲而定居。丁姓也是该时期自江西南昌府迁入，然后发脉各地，人丁逾万。

民国末期，大峰乡（今张谷英镇，包括杨林乡 3 个村、公田镇 2 个村）有 6392 户 31109 人，人口密度低于全县平均水平。1990 年全国第四次人口普查时，全县每平方千米人口数平均为 247 人，境内原芭蕉乡每平方千米人口数为 172 人，比全县平均人口密度低 30.36%。2017 年，境内人口密度为每平方千米 192 人。

2017 年张谷英镇人口与村落情况表

表 5　　单位：人、平方千米

村名	所辖原村	人口	户	组	党员	村干部	面积
天龙村	桂峰村、竹坪村、天龙村、杉桥村、长坪村	5658	1261	48	119	15	33.38
渭洞村	四维村、刘家村、延寿村	3633	952	32	76	8	7.30
风水村	大桥村、十美村、寺湾村、兰陵村	4677	1086	46	95	12	12.73
张谷英村	张谷英村	2460	596	19	50	5	3.92
大明山村	龙洞村、新改村、豪坑村、文艺村	2607	567	23	56	11	16.59
五洋村	大水村、小水村、陈坪村、下庄村	2573	539	17	64	12	14.02
松树村	松树村、向阳村、金鸡村、大王村	3042	690	28	70	11	16.53
芭蕉村	芭蕉村、红卫村、一心村、杨和村	3358	668	29	77	12	9.74
倒溪村	泉水村、师堂村	2054	448	15	49	6	8.97
莲花湖村	莲花村、大坳村、惘港村	2288	466	24	64	9	7.79
饶村村	饶村村、李汉村、振兴村、中留村、东山村	5054	1123	49	136	17	14.52
大峰村	金西村、伍相村、江南村、大峰村、双石村	4862	1246	49	137	15	13.38
朱公桥村	朱公村、青水村、花园村	3596	931	37	96	11	8.47
合计	—	45862	10573	416	1089	144	167.34

人口构成

民族构成　境内人口基本为汉族。20 世纪 90 年代的“打工潮”后，有云南、贵州等地的苗族、彝族、布依族、傣族等少数民族女子嫁至张谷英镇，但汉族人口仍占全镇人口的99%。随着时代的发展和社会的进步，少数民族人口逐渐在居住、饮食、服饰、婚姻、节庆、丧葬、禁忌和信仰等方面逐渐汉化。散居在汉族聚居区的少数民族青年一代使用汉语。

性别构成 1914年，全县性别比为112.6。1938年，性别比为124.44。1949年，性别比为125.03。新中国成立后，第一次人口普查时性别比为114.20，第二次人口普查时性别比为112.45，第三次人口普查时性别比为109.96。至1990年全国第四次人口普查时，性别比为108.02，接近自然概率。

文化构成 新中国成立前，境内人口的文化素质很低。能断文识字者大多出自地主士绅或殷实之家。1932年，县境有文化者的比例为1.94%。新中国成立后，境内文盲逐渐减少。至1982年，扫盲率达71.74%。1984年，开始普及小学教育。1994年，开始普及九年义务教育。国家实行大学扩招政策之后，境内大学及大学以上文化者逐年增加，一家有几个大学生的情况也很普遍。

姓氏分布 境内姓氏繁多，既有刘、张、李、陈、万、兰等人口众多的姓氏，也有胥、温、冉、殷、涂、潘等人口较少的姓氏。

据各姓氏的族谱统计分析，殷姓为当地土著姓氏，居住境内历史最长。境内刘姓人口最多，有8000余人。分布在刘家、十美、一心、杨和、红卫、文艺、天龙等村落，不少为聚村而居。据《刘氏家谱》记载，其始迁祖刘万辅于南宋绍兴四年（1134）迁居原渭洞乡开基立业，至2017年，繁衍30余代，历经700多年。

其他姓氏大多源于明洪武年间（1368—1398）的移民浪潮，族谱记载多自江西南昌府迁入。如张谷英村的张氏家族，其始迁祖张谷英为“明洪武年间，由吴入楚”。至2017年，已传26代，繁衍8000余人，仍有2600余人同居于一片屋檐之下，聚而不散，属国内罕见。饶村黄氏于明洪武三十一年（1398）由江西南昌府迁入。延寿丁氏于明洪武年间（1368—1398）自江西南昌铁树观迁入，继而发脉县域各地。东山湾陈氏祖籍江宁府，于元末迁巴陵城南穆家塘，后五世陈广平迁居饶村东山湾。

张谷英镇地接平江，山连幕阜，与平江有着千丝万缕的联系。如龙洞、桂峰邹氏，与平江邹氏同气连枝。原渭洞乡胡家坳李氏，源于平江天岳李氏，自清康熙年间（1662—1722）迁入。饶村徐氏，元末明初自平江迁至饶溪石庙山开基，传20余代，繁衍3000余人。

经济发展

张谷英镇是湖南省第一批以古村、文化创意为主导要素的旅游小镇。21世纪初，形成以文化旅游为主，融合现代农业、工艺扇加工的现代产业体系。2017年，楠竹与旅游业两大支柱产业占地区生产总值的40%。劳务输出是许多家庭的重要经济来源，特色农业发展迅速，物流贸易方兴未艾。

2017年，全镇地区生产总值11.21亿元，公共财政收入2599万元，社会固定资产8.09亿元，农村居民人均可支配收入13581元，城镇居民人均可支配收入18012元。张谷英镇先后被评为全国文明村镇、湖南省特色镇、省级环境优美乡镇、湖南特色旅游小镇。

传统产业

种植业 张谷英镇共有耕地面积1577.33公顷，其中水田面积1069.33公顷、旱地面积506.67公顷。境内的种植业历史悠久。

水稻 水田种植以栽种水稻为主。1957年以前，水稻生产主要是单季稻（即中稻）。自1958年大面积推广双季稻起，单季稻面积逐年压缩。自1976年起，杂交水稻的种植面积不断扩大，其品种已成为双季稻的主要组合品种。水稻种植区主要集中在饶村与渭洞盆地。进入21世纪后，随着农村劳动力的转移，原渭洞乡一带又流行种植单季稻，自给自足。

红薯 新中国成立前，红薯是渭洞乡、芭蕉乡一带农民的主要粮食。芭蕉洞一带水田极少，大部分是山间旱地，适合红薯生长。随着经济的发展与粮食的丰盈，红薯已成为许多山民的宝贵记忆。直到20世纪80年代中期，红薯才逐渐退出。红薯种植面积大规模缩减，20世纪开垦出来的山坡旱地基本退耕还林。

蔬菜 农村种植蔬菜多为自给自足。随着集镇的兴起，集镇周边出现了零星的菜农挑担叫卖，但未成规模。境内蔬菜品种较多，有小白菜、包心菜、芥菜、芹菜、菠菜、苋菜、萝卜、胡萝卜、茄子、辣椒、冬瓜、丝瓜、南瓜、黄瓜、豌豆、马铃薯、大蒜、大葱等。

手工业 境内的手工业又称副业，曾是芭蕉洞、倒溪洞、柘港洞一带山民的主要生存依靠。这些手工业主要是围绕山上的竹木资源展开。境内村民对林木的利用一方面是采伐竹木，对外直接销售原竹、原木。常年楠竹销售量约 1100 万株，松、杉、杂木约 2000 万立方米。另一方面，是加工竹木半成品。以楠竹加工为例，主要制作扇骨、晒垫、蛋篓、竹篮、苑箕、竹筷等。推行家庭联产承包责任制后，加工竹木的家庭小作坊一度兴起，有些村落曾出现“家家副业，户户手工”的局面，如伍相村的排笔、大水洞的扇胎、杨和村的竹篓等，极大地活跃了山区经济。至 20 世纪 90 年代，大量劳务输出，手工业逐渐衰落。

支柱产业

楠竹产业 张谷英镇是岳阳县的林业大镇，根据“2013 森林资源二类”调查数据显示，全镇林业用地 13863.27 公顷，其中有林地 13240 公顷、其他林地 623.27 公顷。森林资源总蓄积量 25.7223 万立方米。张谷英镇楠竹资源极为丰富，有“湘北十万亩楠竹

楠竹林 李斌斌 摄

基地”之称。境内楠竹6894.8公顷，占全镇有林地面积的52.1%，占全县竹林面积的56.2%。总立竹度株数1994.2万株（平均每公顷立竹度株数2880株），占全县的总立竹度株数的56.1%。平均每公顷年产楠竹450株，全年楠竹总产量300多万株（其中大径竹占20%），年采伐量60万株，年总产值1000多万元（不含产品的附加值、加工增值）。

楠竹资源是境内的优势资源，具有培育周期短、见效快、产量高、开发经济价值高、产业链条长、带动能力强的优势。楠竹产业是张谷英镇的第一大支柱产业，依托丰富的楠竹资源，楠竹加工业迅速发展。至2017年，镇内有芭蕉扇业、丛林竹业、大明山竹业、渭溪湾竹业、邹建军竹木有限公司、新改竹制品加工厂、桐木洞竹制品加工厂、志新竹木有限公司等楠竹加工企业26家，其中省级农业产业化龙头企业1家、省级林业产业龙头企业1家。这些企业主要生产竹片、竹帘、竹卫生筷、竹地板条、竹扇胚、竹拉丝等，初步形成了集楠竹种植、楠竹加工、生产服务、商贸物流于一体的产业链和“山上有资源，山下有工厂，国内外有市场”的一体化格局。

张谷英镇楠竹产业年投资额在4000万元以上，年总产值1亿元，3200多名农户从事竹制品加工生产，吸纳就业人员8600多人，直接或间接带动周边1.5万名农民就业。镇内共有中级职称专业技术人员4人、初级职称专业技术人员6人、竹产品加工能手1500多人。

旅游产业 旅游产业是张谷英镇的朝阳产业，发展势头强劲，前景极为广阔。张谷英镇旅游资源十分丰富。第五批全国重点文物保护单位、国家AAAA级旅游景区张谷英古建筑群，是中国保存最为完整的江南民居古建筑群落，有“民间故宫”之称。镇内有中国特色景观旅游名村、全国首批历史文化名村张谷英村。中央电视台《走遍中国·记住乡愁》《走遍中国·远方的家》等栏目和《童与莲》《建党伟业》等电影曾在张谷英村取景拍摄。中央电视台、新华社、中纪委网站、湖南卫视、湖南经视等各级媒体，先后对张谷英镇的旅游资源进行了推介。

刘备洞峡谷景区位于张谷英镇大峰山北麓。景区内有平江至岳阳的古驿道、天井潭瀑布、天子石、刘备庙、陡石口凉亭、石姑庙等景观。张谷英镇中共湘北特委旧址为岳阳县级爱国主义保护基地。1972年和2011年，该旧址被省人民政府两次公布为省级文物保护单位。此外，境内还有杨和、倒溪万亩竹海风光景区，桂峰山、大明山、大峰山佛道文化景区等。镇内形成了“景区带景点，景点促景区”。张谷英镇以张谷英村为龙头，周边旅游景点及农家乐等发展迅速。同时，建立健全了各式各样的促销网络，加大旅游商品开发。2017 年，张谷英镇境内接待游客 30 万人次，旅游收入 5000 多万元，带动当地 6400 多名农民就业，增收 9600 多万元。

劳务输出 境内的劳务输出始于 20 世纪 90 年代初期，邓小平视察南方重要讲话之后就出现一股“南下打工潮”。先是未婚青年男女；接着是一批初中毕业未上高中的学生；然后，青壮年劳力也纷纷加入打工队伍。

境内最先南下的一批人是缺少田地的芭蕉洞、柘港洞、倒溪洞一带的村民，随后是渭洞乡、饶村乡等地的村民。村民自发，政府鼓励，互相带动，形成趋势。劳务输出地点最先是在广东沿海、上海浦东开发区，之后部分人奔赴上海、江苏、浙江等地。劳务输出从经济、思想、文化等方面深刻地改变了境内的面貌，这股浪潮持续了 20 余年。张谷英镇常年在外打工与创业者约 8000 人，近半数家庭的主要经济来源是劳务输出。

特色农业 特色农业是传统农业的一次突破。境内通过加快土地流转，推进适度规模经营，以产业发展为中心、以“企业+农户”为形式，发展竹林养殖、竹下养殖、绿色环保有机蔬菜，建成了一批以有机蔬菜、油茶、板栗、中药材、黄精等为主的特色产业种植基地。

至 2017 年，全镇有竹山鸡养殖专业合作社 3 个、竹下黄精种植专业合作社 2 个、纯天然放养的黑山羊基地 1 个。种植有机蔬菜 66.67 公顷，流转土地 586.67 公顷，带动 1000 多户农户就业，利润突破 3000 万元。充分利用废弃地和低丘缓坡，先后有 3.87 公

张谷英镇黑山羊养殖 李斌斌 摄

顷低丘缓坡地挤进未利用地开发利用试点规划。2017 年年底，全镇农业专业合作社 35 个、专业大户 106 家、家庭农场 16 个。长恒有机蔬菜生产的丝瓜、南瓜、苦瓜、茄子等绿色食品获得“有机转换产品”认证，并走上全国各地市民的餐桌。

乡镇企业　张谷英镇内较著名的企业有岳阳县芭蕉扇业有限责任公司、丛林竹业有限公司、竹炭山泉饮品有限公司及蔬菜基地。

岳阳县芭蕉扇业有限责任公司　前身为湖南省岳阳县芭蕉扇厂，成立于 1972 年，从事传统工艺扇加工。公司占地面积 44240 平方米，建筑面积 17160 平方米，有员工 1200 多人，总资产 14872 万元。2011 年，实现销售 21775 万元，出口创汇达 3040 万美元。芭蕉扇业有限责任公司是国内同行中产品齐、质量好、信誉高、规模大的工艺扇生产企业之一，是“岳州扇”的专业生产厂家。

依托全镇 6894.8 公顷楠竹基地，以“公司＋基地＋农户”为经营模式，开发了特色鲜明、品种齐全的系列工艺扇产品，唱响了“岳州扇”品牌。至 2017 年，有产品 13 大系列、3000 多个花色品种，远销全国 27 个省市及欧美、东南亚 30 多个国家和地区。年产各类工艺扇 1200 万把，带动竹木运销户 500 多户。产品曾获“省优”“省行评第一名”“省农博会金奖”“省著名商标”。公司被评为国家文化出口重点企业、湖南竹产业十强企业（排名第二）、省农业产业化龙头企业、省级非物质文化遗产代表工艺传承企业、省工艺美术行业特别贡献奖企业。2015 年，成功在马德里、德国注册商标。2017

芭蕉扇系列产品　　李斌斌　摄

制作芭蕉扇　　李斌斌　摄

年 3 月 29 日，在优选版（Q版）挂牌。

丛林竹业有限公司　刘家村的丛林竹业有限公司创建于 2002 年，产品为高强度竹编胶合板，主要销往陕西、甘肃、青海、内蒙古、湖北等地。每年约消化楠竹 1 万吨，年产值达 300 万元。2006 年，被评为“岳阳市龙头企业”。2007 年，获“岳阳市名优产品”称号。2014 年，丛林竹业有限公司破产重组。

竹炭山泉饮品有限公司　位于岳阳县张谷英集镇刘家嘴。厂房占地面积 0.93 公顷，日生产山泉水 1000 吨。产品销往全国各地。

蔬菜基地　至 2017 年，境内形成张谷英村、柘港洞、芭蕉洞、饶村 4 处有机蔬菜基地。

基础设施

公路　1958 年，张谷英镇境内的第一条公路为城芭公路，自杨林乡城山舟至芭蕉坳，全长 23.4 千米。1979 年，原渭洞乡修通柘港公路（刘家嘴至桂峰），全长 19.5 千米。同年，原芭蕉乡修建了通师堂、泉水、文艺、一心全长 51.3 千米的环形公路。1982 年，原渭洞乡修建了全长 6.2 千米的寺湾、大桥公路。至此，全镇基本实现公路组组通。2001 年，镇政府投资、引资 415 万元对饶村至芭蕉路段进行改直硬化，达到国家三级公路标准。2003 年以来，全镇实施道路村村通工程，形成了 200 多千米的路网，实现了村、组全覆盖。2007 年起，全镇各村启动村级公路硬化，全长 77.5 千米，引资、投资共 1386 万元。

208 省道城梅线穿境而过，北接荣公公路，南连平江梅仙，为张谷英镇与镇外的交通主动脉。通过 208 省道，到达 107 国道仅 38 千米、京珠高速公路（标号 030）35 千米。无论是北上还是南下，均便利迅捷，为张谷英镇的旅游业创造了良好的条件。2014 年，有至县城荣家湾的客车每天 8 趟，至岳阳市区的客车每天 6 趟。

张谷英镇主要公路概况表

表 6

公路名称	主要途经点	里程（千米）	建成时间（年）	硬化或提质情况
新开岭公路	渭桂线 2.5 千米处至平江岑川新福村	5	2010	2011 年硬化，宽 3.5 米
琴朱公路	琴田村、姑桥村、花园村、朱公村	1.15	—	2016 年硬化，宽 4.5 米
水库公路	张谷英、后峦水库	1.8	2002	2008 年硬化
十美公路	胡家坳、上铺组	1.1	2002	2006 年硬化
中门公路	中门、彭家冲	1.5	2006	—
花西公路	饶村花园、杨林	3.4	2012	—
刘本清水路	文艺、平江大洲	3.1	2016	扶贫公路
坳背公路	坳背组、平江柘江	2.5	2015	—
半山公路	蛇嘴、岭上屋	3.5	1990	1987 年开山修路，2007 年硬化
佛坳公路	佛坳岭、通往饶村	—	1999	2009 年硬化
奇岩洞公路	奇岩洞	—	1996	2012 年，拓宽到 5 ~ 7 米。2013 年硬化
东山湾公路	中流村、东山湾	1.8	—	2010 年硬化
城芭公路	城山舟、饶村、张谷英、芭蕉	23	1958	2012 年，城芭公路改道扩宽，形成 312 省道，可通平江
渭桂公路	渭洞、长坪、天龙、竹坪、桂峰	19.5	1976	—
芭龙公路	芭蕉、向阳、松树、陈坪、下庄、新改、豪坑、龙洞	18	1980	2009 年开始硬化，宽 5.5 米
寺湾大桥路	寺湾、十美、大桥	6.2	1982	—
金鸡公路	金山桥、张丰绵	6	1976	2008 年硬化
大王公路	蒋家桥、冯家里、大王洞、打剑山	3	1989	2007 年硬化，宽 3.5 米
一心公路	芭蕉、红卫、一心	2	—	—
杨和公路	杨和、泉水、师堂	2.81	1975	2013 年硬化
陈徐公路	陈坪村、徐洞组	2	1984	2008 年硬化
小水洞公路	小水洞至陈坪	1.75	1974	1996 年硬化
大水洞公路	陈坪、大水、上洞	3.3	1977	2007 年硬化

航空　通过 208 省道，经京珠高速公路到长沙黄花机场 72 千米，开车 50 分钟即可到达。

铁路　通过 208 省道，到武广高铁岳阳东站 70 千米，开车 48 分钟即可到达。

桥梁　境内主要的河流有柘港河、大洞河、渭溪河。主要公路大都沿河而行，或者跨河而过。20 世纪 70 年代，境内的桥梁建设与公路建设同步。

友谊桥位于天龙村桂峰与苦竹坪交界处，建于 1973 年，074 县道主干桥梁。桥梁横跨两岸青山，由 3 拱组成。桥上栏杆 2015 年重新修缮。

天龙桥横跨在柘港洞天龙村千香地段，修建于1973年，074县道的主要桥梁。桥长26米，桥下5孔石拱，桥上附栏雕砌八仙图案，桥头有石狮相拥。

江背桥横跨在天龙村江背屋地段，修建于1973年，074县道的主要桥梁。桥长20余米，桥下5孔石拱，桥上附栏雕砌。

长坪桥位于柘港洞长坪片地段，修建于1973年，074县道的主要桥梁。2014年被洪水冲坏，曾进行维修加固。

李家湾大桥位于李家湾，曾名石大桥，为柘港洞最早的石大桥，有数百年历史。桥长16米，桥面宽1.5米。中间石桥墩上铺设石板，曾经为整个柘港洞出入的主要交通要道。1976年修建公路后，过往村民渐少。2011年，重新拓宽加固。

十美桥位于风水村十美片境内，2002年3月修建，同年7月竣工。起初该桥为石砌拱桥，全长30米，宽6米，最大跨度30米。2010年重建，为钢筋混凝土桥。

龙腾桥横跨于一心港，因该地有龙形山，故名龙腾桥。桥对岸原设有芭蕉乡中心小学，主要便于学生就读。1989年，修建竣工。

龙形桥位于松树村，1981年1月开始修建，1982年8月建成。为石拱结构的水泥桥，桥两头立有石狮子，两侧各4个，栩栩如生，桥面护栏中央有石刻“八仙过海图”。2013年，国家投入20万元对该桥进行维修加固，2014年6月完工。

松树桥位于松树村枞树塝，横跨大洞港，是城芭公路的主要桥梁。跨度40余米，宽6米，5拱，桥头有两座石雕雄狮，十分壮观。桥的北面立有石碑，并有诗一首：“来往隔条河，千古存忧愁。屈指前程路，天堑变通途。”修建于1982年，2015年加固。

五洋桥位于五洋村陈坪与小水、大小交接处。1974年城芭公路贯通时，陈坪与小水洞路段有一天堑，后由政府出资，耗时3年修建该桥，1977年竣工。桥名来源于“可上九天揽月，可下五洋捉鳖”。

渭水桥又称大桥。该桥建于渭溪最下游处，命名为渭溪桥。渭溪河通过该桥流入大坳水库。修建于1972年，2007年重修。

饶村河大桥横跨饶村河南北方向，全长50米，宽7.5米，单向双车道，能承重50吨以上车辆通行，是饶村河上跨度最大、最宽、载重量最大的桥梁。

莲花桥修建于1997年，是一座水泥浆砌石拱桥，全长39米，宽4.2米，总投资19.5万元。该桥由莲花村村支“两委”通过多方筹资修建而成。

五洋桥　　李斌斌　摄

界桥　　李斌斌　摄

连心桥位于大明山村新改片。新改原分两大段，有湾门和新改港之分。1978 年修建该桥时，取名连心桥。2014 年重修。

陈坪桥修建于 1996 年，由赵家、陈坪两地群众自筹、自建。1997 年因修建学校，经全体村民同意，划为村里所有。2015 年，桥梁全面改修加固。

万古桥始建于清乾隆年间（1736—1795），由邹氏家族修建。至 2017 年，完好无损，并有石碑记载，寓意“本族人万古长存，渊源兴旺”。

界桥位于龙洞村，与平江大洲交界，是一座古老、精致的小石拱桥，古色古香。桥的北面是龙洞村，南面是平江大洲的龙洞村，俗称“上龙洞”与“下龙洞”。该桥为岳、平两县的分界点，故名界桥。该桥有数百年历史。

供电　岳阳县利用火力发电始于 1914 年，利用水资源发电始于 1957 年。张谷英镇境内的供电开始于 20 世纪 70 年代初期。1971 年，境内的大坳水库开始装机发电，装机 2 台，总容量 500 千瓦，年利用 2839 小时，年发电量 90 万千瓦时。1980 年后，芭蕉乡、渭洞乡、饶村乡等地兴建乡、村小型和微型水电站。随后，全镇除极少数偏远村组未通电外，村民照明用电基本普及。

2017 年，辖区内有 35 千伏变电站 2 座，分别为饶村清水变电站、杨林城山变电站；有 10 千伏输电线路 7 条。共有配变 305 台，其中公变 248 台、专变 57 台。2017 年，全年供电量 3650 万千瓦时，可保证工业生产和全镇居民生活用电。投资 200 万元的智能信息采集建设（智能电表集抄改造）已全面完成；投资 420 万元的 10 千伏及以下农网升级改造，已完成各村的续改建任务；投资800万元新建的张谷英35千伏变电站预计2019年完成。电话、有线电视、网络全面覆盖，集镇互联网宽带入户率、有线广播电视入户率均达到100%。

水务

饮用水 境内在没有自来水和集中供水之前，居民的饮用水源主要有山泉、水井和河流。先前，境内居民居住较为分散，住丘陵、小盆地及山边的人，饮用水大多为井水，如饶村乡及渭洞乡中心一带。居住山谷的人，大多直接饮用小河中的水，水流清冽，四季不断，取用方便。居住山腰或山顶的人，大多饮用山泉。

随着经济的发展与社会的进步，大多数家庭都住上了楼房，用上了自来水。境内居民渐趋集中，每个自然村落形成了若干个集中居民点，基本实行集中供水。村级已实施改水工程。柘港洞、芭蕉洞、倒溪洞等村落基本使用山泉水引流入户形成自来水，少数地区利用地下水资源。

这些供水设施有的是村民自筹，有的是扶贫项目，有的是县水利局投资修建。2015年10月，县水利局投资1.5万元为大明山村文艺片建造水塔与配套设施，让居住在海拔近600米的岭上屋的200多人用上了安全、卫生、方便的自来水。张谷英与饶村两个集镇常住人口8000余人，集镇建有饶村集镇水厂、张谷英集镇旧水厂、新水厂3个水厂，供水管网18千米，日供水能力5000吨，可供水1.5万人。

污水处理 2017年，投资1000多万元的集镇污水处理厂建成并投入使用。投资2029万元的张谷英镇污水处理厂及配套管网工程已经启动，2018年5月建成投入使用后，污水处理能力1000吨／天。集镇自来水普及率、污水处理率、垃圾集中处理率均达到100%。

集镇建设 张谷英集镇位于笔架山下的刘家嘴，距国家重点文物保护单位张谷英古建筑群1千米。

截至2017年年底，镇区建成区面积2.01平方千米，集镇常住人口5386人，全镇就业人口27705人。2017年，城镇居民人均可支配收入19038元。拥有综合集贸市场2个、大型综合超市2个、金融网点2个、快递网点5个。近几年，镇政府为了促进旅游与经济开发，投资500余万元新建日供水能力3000吨的自来水厂1个，新建无公害垃圾处理场1个；投资1280万元对谷英街、聚富路进行整体改造，新修下水道2300米，青石铺设人行道5000余平方米，整修油化集镇街道14000余平方米，新种植樟树、桂花树、红叶石楠等树木300余株；投入600万元对集镇沿街商铺的外墙和窗檐按照仿古风格统一包装改造，使之与张谷英古建筑群的风格基本一致。

社会事业

教育

私塾教育 张谷英镇虽处巴陵东隅，且境内崇山峻岭，但私塾教育并不落后。如明朝中叶，即有张瑶于万历十一年（1583）考中进士，官至刑部主事，后至广西参政。列为“岳州八大尚书”之一的明代户部尚书方钝，虽为岳阳县杨林沙陂方家人，幼时却在张谷英镇风圣洞就读私塾。

境内私塾，一为设馆授徒，张谷英村的青云楼即为族内公学；二为流动授业，私塾先生选择一个人口较为集中的屋场为驻点，教授邻近农家子弟。所授内容大多为《百家姓》《三字经》《弟子规》《增广贤文》《幼学琼林》《孟子》《古文观止》等。境内曾有“读了《增广》会说话，读了《幼学》晓天下，读了《论语》治天下”的说法，百姓很认可传统文化。

至晚清，新学兴起，私塾式微。近城之地，私塾渐近绝迹；闭塞山区，私塾却一直持续至20世纪90年代。境内不少子弟新学辍学之后仍习私塾，以满足农村红白喜事等应酬之用。张谷英境内比较有名的私塾先生有张谷英村的老秀才张彦兮、饶村的徐德山、杨林乡原国民党军营部文书方兴仁等。

2003年，被《人民日报》等海内外多家媒体关注的平江县南江桥镇五峰私塾，因朱执中年迈退隐，被称为“中国私塾的最后背影”。毕业于华东师范大学、曾任教于上海重点高中的张志勇，到平江延续私塾余脉，创办五峰新私塾。2008年，张志勇在张谷英村的渭溪河畔开设五峰新私塾，高峰时学生达100余人，颇有影响。后因多种原因，于2016年停办。

新学教育 清光绪二十七年（1901）九月，清廷下兴学诏："各省所有书院，于省城者改设大学堂，各府厅直隶州均设中学堂，各州县改设小学堂。"光绪三十一年（1905），举人刘光谦在张谷英镇西邻的步仙龙凤庵创办桂林初等小学堂，张谷英镇子弟多有前往就读者。宣统二年（1910），邑庠生张月舫创办了渭洞乡山区的第一所新式学校——鼎新小学。鼎新小学培育了一批新学人士，为地方的社会进步奠定了教育基础。全国政协原副主席毛致用就曾就读于鼎新小学。

抗日战争时期，岳阳县大部分沦陷。国民党县政府先是迁到张谷英镇境内的朱公桥，继迁到境内的芭蕉坳。处于偏隅之地的渭洞乡山区也成为全县的教育中心。1939年，岳郡联师自乾明寺迁至渭洞乡张谷英村。后因战乱影响，交通阻塞，华容、临湘沦陷区的学生到校不易，而各县经费筹拨更为困难，不久便告停办。

岳阳县立中学始创于光绪三十二年（1906），1917年停办，1920年复办，1931年停办。1943年，国民党县政府在渭洞乡延寿庄复办岳阳县立中学，县长黎自格兼任校长，每周都到学校察看，解决办学问题。黎自格的儿子黎平泉也在岳阳县立中学（渭洞乡延寿庄）读书。1944年，岳郡联中在渭洞乡延寿庄设置分校，招收岳阳、临湘、华容县籍的初中部学生。1946年10月，岳郡联师由平江再迁渭洞乡延寿庄。

新中国成立后的教育 新中国成立后，教育思想发生了深刻变化，寻常百姓都有了接受教育的权利与义务。1950年4月，省教育厅颁布《湖南省小学教育实施办法》，实行村学村办，乡学乡办，效仿苏联教学制度。境内教育掀起了一个前所未有的高潮。

1958年"大跃进"，实行教育与生产劳动相结合，师生办农场或下生产队集中参加劳动。1975年，初中下放到大队，设7年制"五七"学校（小学5年、初中2年）。至1978年，大队初中才收归公社中学。1978年，中国共产党十一届三中全会和全国教育工作会议召开，实行《全日制十年制中小学计划》，使用部编新教材，开始建立较为科学的教学秩序。境内设渭洞区高中1所，渭洞、芭蕉、饶村3个人民公社分设3所初级中学，有中学教师82人。各大队均设小学，有的偏远大队还设有低年级教学点。

1986年教育改革，实行小学按年级"四、五"分段，即村级小学只设一至四年级，五、六年级以乡为单位集中办中心小学，只有张谷英村小学保留一至五年级。渭洞中心校在四维村，后迁至延寿庄。芭蕉中心校在一心村龙形港，饶村中心校在江南村。

1984年，境内开始普及小学教育。1996年，创"双基"验收，地方政府与教育部门强力联动，大规模改造校舍，普及九年义务教育。大部分的村都修建崭新的校舍，送

张谷英镇乡村少年宫 李斌斌 摄

读九年义务教育的观念普及人心。

进入 21 世纪，初中教育规模达到高峰。2002 年 9 月，芭蕉中学与渭洞中学合并为张谷英镇中学，有 24 个班，有 1500 余名学生。饶村中学也达到 800 余人的规模。但随之而来的是，小学生生源的递减与村级小学的萎缩。2003 年，境内小学布局进行了大规模的调整。至 2008 年，境内有中学 2 所、小学 5 所、中心小学 2 所、教学点 7 个。

2016 年，湖南省合村并镇，饶村乡重入张谷英镇（原渭洞区）。至 2017 年，境内共有中学 2 所、中心小学 1 所、完小 3 所、教学点 6 个、公办幼儿园 2 所、民办幼儿园 11 所。

主要学校 境内的主要学校有渭洞区高、张谷英镇中学、饶村乡中心学校、张谷英镇中心幼儿园。

渭洞区高 位于渭洞乡延寿庄，居渭洞小盆地中央，环境幽雅，办学历史悠久。民国时期，曾为岳郡联中、联师及岳阳县立中学的寓读之地。

1978 年全国恢复高考，渭洞区高应运而生。区高有 3 个年级，6 个班，21 名教员职工。第一任校长张良玉，教导主任肖方元。当时，渭洞区高有不少下放的名校高才生在该校任教，培养了改革开放后境内第一批大中专毕业生。1984 年 9 月，渭洞区高改为岳阳县第一职业中学。1990 年 8 月，经县政府批准，第一职业中学搬迁至荣家湾，与第二职业中学合并为岳阳县第一职业中专。区高的办学历史虽然短暂，但在境内的教育发展史上影响深远。2017 年，延寿庄办有完全小学 1 所，师生 500 多名。

张谷英镇中学　1995 年，芭蕉乡与渭洞乡合并为张谷英镇。2002 年，芭蕉中学与渭洞中学合并为张谷英镇中学。校址在原渭洞中学基础之上进行了大规模的扩建，原校旧舍已荡然无存。学校占地面积 16800 平方米，建筑面积 6850 平方米，有教学楼 2 栋、教师公寓 1 栋、学生宿舍 1 栋，建有设施完备的食堂、礼堂。

饶村乡中心学校　饶村中学始建于 1954 年，原址在莲花祠堂。1979 年，搬迁至杨家坳山头，在原完小的基础上创办初中，定名为饶村中学。2005 年，更名为饶村乡中心学校。学校总面积 24000 平方米，教学楼建筑面积 4159 平方米，学生宿舍建筑面积 955 平方米，学生食堂建筑面积 310 平方米，体育场地面积 2300 平方米，绿化用地面积 4362 平方米。校园里绿化覆盖率达 50%，是市级“绿色学校”。

张谷英镇中心幼儿园　张谷英镇中心幼儿园是一所公办示范性幼儿园。2012 年立项，2013 年 8 月建成并开园招生，总投资 300 多万元。全园占地面积 6600 平方米，建筑面积 18380 平方米，户外活动面积 6200 平方米，绿化面积 2130 平方米。全园共有 6 间配备了液晶电视和空调的幼儿学习、生活活动室，户外活动场所宽敞洁净，绿化良好，并配有价值 40 多万元的大型活动器材及玩教具。

卫生

中西医疗　清光绪二十八年（1902），美籍基督教传教士海维礼到巴陵县城创办普济医院，用西医西药诊断治疗疾病，是为县境西医之始。渭洞乡境内的西医治疗，无明确记载。抗日战争时期，国民党县政府驻扎于渭洞乡前后 7 年，县长黎自格曾奉令组建县抗日医疗救护队，时有工作人员 20 人，有简易病床 20 张，担负 1000 余名游击队员与过境部队伤病员的救护任务。此为西医进入渭洞乡之始。清末及民国时期，境内防治疾病主要依靠民间中医。新中国成立以后，政府积极开拓医疗卫生人员的培养渠道，医疗卫生人员迅速增加，人民医疗卫生事业快速发展。

合作医疗　境内的合作医疗始于 1969 年，由生产大队、农民个人共同筹集医疗资金，建立合作医疗制度。并将之前成立的卫生保健室改名为合作医疗站，保健员改称乡村医生。到1975年5月底，境内有合作医疗站47个，几乎遍及全区各个生产大队。

1982年以后，随着生产体制的改变，“工分制”瓦解，大队合作医疗站逐步由大队管理转为个人承包，合作医疗日益萎缩，直至消失。2005年，国家实施以大病统筹为主要形式的新型农村合作医疗制度，合作医疗又恢复了生机。至2017年，全镇参加新农合人数37620人，参保率为93%。

医疗机构 清末、民国时期，境内行医多属私人坐堂营业。1953年，组建渭洞区卫生所，时有医务工作者2名。当时，岳阳县共建有15个区卫生所，有工作人员57名。

1959年，区卫生所机构撤销，更名为渭洞区人民公社保健院，院址在今集镇中心医院。1978年，境内设渭洞区医院，设有门诊，也有少量病房床位。区之下设渭洞、芭蕉、饶村3个公社卫生院。1992年，渭洞区医院与渭洞公社卫生院合并为渭洞区中心卫生院，住院部住房、病床相应增加，并添置了一台30毫安X光机、一台250倍显微镜，以及消毒器械、小型手术器械包等医疗设备。

1995年，芭蕉乡与渭洞乡合并为张谷英镇。芭蕉乡卫生院随之撤销，建立张谷英镇中心卫生院。拥有医务从业人员30人，其中医师7人、护士19人、无职称工作人员4人。学历结构为大专2人、中专24人。

2017年年底，镇中心卫生院建筑面积2700平方米，占地面积5000平方米。拥有200毫安X光机1台，心电图机1台，洗胃机、B超机、自动生化仪各1台，医疗设备总投资30余万元。

张谷英医院　　李斌斌　摄

群众文化

传统文化活动 境内传统文化活动形式多样，历史悠久。从大年三十至正月十五期间，群众普遍开展玩龙、舞狮的文化活动。平时有唱山歌、唱夜歌、看花鼓戏、玩皮影戏、打渔鼓筒、唱道琴等文化活动。

玩龙 玩龙为张谷英镇春节期间最重要的一项群众性文化娱乐活动。以村组或屋场为单位，自行组织玩龙队伍，走村串户，庆贺新春。龙头和龙尾以竹、草、纸等扎成，龙身用黄、红、蓝等颜色的布构成龙纹。一般以 9 人或 11 人持龙扒，集体舞动，配合默契，有规律地变化出二龙戏珠、双龙出洞、乌龙搅水、五龙捧圣等多种样式。

舞狮 狮子用竹、纸、布等编扎而成。表演舞狮时，用一面大锣、两副钹等作打击乐器，狮子做出抓痒、打滚、跳跃、登高、腾转等动作，生动活泼，惊险动人。

唱山歌 山歌一般是一边生产，一边唱，分为一人独唱、两人对唱、一唱众和。内容纷杂，曲调悠扬。如《十绣》《十望郎》等。

唱道琴 道琴曾流行于渭洞乡山区。演唱时弦乐伴奏，或鼓琴并用，配以道白叙事，多描绘男女爱情或者历史传记。唱道琴者，多为民间艺人或盲人。

皮影戏 皮影戏是广大人民群众喜闻乐见的艺术形式之一。科班 3 ~ 4 人，板凳、箱桶、竹架、门片便成戏台，适应面广，历史悠久。皮影戏的内容以传统的《封神榜》以及唐、宋、明时期的传记为主，也自编一些针砭时弊的短小节目作为梅花、耍戏加演，妙趣横生。1980 年，兰金元、兰锦标、丁梦春、张归荣重新恢复了皮影戏班，演出

玩龙活动 龙春涛 摄

皮影戏表演 许伟军 摄

皮影戏表演者万忠雄 陈乐意 摄

较多。许神还愿或老人寿庆时，殷实或体面之家常常请皮影戏班演唱。

花鼓戏　花鼓戏民间俗称花鼓子，源于明代，起于新墙河流域。它的艺术原胚是民间舞蹈《楚鼓舞》，山歌、民歌是它的声腔基础，主腔是正调锣腔。1979 年，原渭洞区（含渭洞、芭蕉、饶村）3 个公社组建了岳阳县渭洞乡花鼓戏剧团。团长李四龙，导演徐南秋，成员 24 人，曾以自编剧目《连襟怨》出席县、市级会演。1982 年，花鼓戏剧团自行解散。老生李昌辞、婆旦张志雄（别名洋喜婆，年轻时演婆婆就趣味十足）等均是当地著名花鼓戏演员。兰大朋、周群罗夫妇和罗志刚、李国保等人均以唱戏为业。

2008 年，兰大朋投资 4.6 万元，罗志刚、张慧新集资购置服装、道具、流动台、音响器材、电脑屏幕等设备，以股份制形式重新组建了花鼓戏剧团，团长兰大朋。至 2017 年，该花鼓剧团能表演的传统古装剧目 36 个、海戏剧目 20 多个。主要剧目有《雪梅教

庆丰收活动 龙春涛 摄

乡村大舞台　　李斌斌 摄

子》《韩湘子化斋》《孟姜女》《薛平贵回窑》等。

现代文化活动 境内现代文化活动主要有电影、电视、图书及广场舞等形式。

电影　境内电影放映大约开始于“文化大革命”时期，内容多为“老三战”(《地雷战》《地道战》《平原游击战》）及《红灯记》《杜鹃山》《智取威虎山》《红色娘子军》等。中共十一届三中全会后，农村经济得到了巨大发展，群众对文化生活的要求日益高涨，乡里成立了电影放映组，配备专人进行全乡巡回放映。1983 年，故事片《少林寺》为境内彩色宽银幕电影之始。之后，机关单位、村组屋场均每年放映电影若干场，以满足群众文化需求。逢重大喜庆活动时，私人也放映电影以示庆贺。20 世纪 90 年代开始，电视普及，电影式微。

电视　境内收看电视始于 1980 年以后。当时为黑白电视机，相当殷实的家庭才有电视。山区收视受自然条件制约，电视机收视效果差。1986 年 11 月 1 日，渭洞乡电视差转台建成开播，功率 10 瓦，频道为收 3 发 12。这是岳阳县第一座农村电视差转台。

1992 年，张谷英地区修建地面卫星接收站，安装有线电视。接着，芭蕉乡在小水尖建了一个差转台，饶村也建起差转台。1995 年，个体户建设地面卫星接收站 12 个，可视覆盖面达到 90%。2000 年，张谷英镇投资 35 万元建设微波发射塔，覆盖 14 个村，镇政府自办有线电视台。2007 年，镇政府投资 40 万元接入岳阳县光缆有线电视，增加了市、县地方台及中央加密台。

图书 旧时，境内家有藏书者一般为地主绅士之家，普通百姓能断文识字者很少。新中国成立后，平民教育迅速发展。1959年，渭洞区3个人民公社均建立了民办文化站，各大队建立了文化室，各大队及生产队均建有图书室。20世纪80年代初期，各生产队都订阅了文学杂志与相关报纸，乡供销社百货商店有零星书籍与连环画出售。1983年，芭蕉乡杨和村刘成耀在芭蕉肉食站斜对面私人创办“青年书屋”。新改村团支部书记袁毅鹏大量订阅报纸杂志，并收藏书籍，现藏书达10万册，为岳阳地区罕见的私人藏书家。近10年，各村均建有图书室，以供村民借阅。

广场舞 21世纪初，境内开始流行广场舞。跳舞者多为中年女性，自发组织，以村级文化活动中心作为场地，利用傍晚空闲时间活动。至2017年，境内有50多个广场舞团队，其中芭蕉、新改的广场舞队赴市、县比赛，获得了较好的成绩。

居民生活

居民收入 新中国成立前，境内居民生活贫困，山多田少，农民收入低微。新中国成立后，广大山民分得了山林田地，境况有所好转，贫富差距缩小，但整体生活水平依旧较低。中共十一届三中全会以后，境内居民逐渐达到基本温饱的水平。

20世纪90年代后，青壮年劳力纷纷南下打工，经济渐趋活跃，农民人均纯收入开始过千元。1996年，全镇人均年纯收入1552元，1997年收入1531元，1998年收入1768元，1999年收入1854元，2000年收入1911元，2002年收入突破2000元，2005年收入突破3000元，10年翻了一番。至2017年，全镇地区生产总值11.21亿元，公共财政收入2599万元，全社会固定资产8.09亿元。农村居民人均可支配收入13581元，城镇居民人均可支配收入18012元。经过20年的经济发展，境内农民人均年收入由1552元增长到13581元，增长了7.7倍。

2017年，张谷英镇城镇最低生活保障户89户130人，农村最低生活保障户278户673人。全镇有贫困户551户1721人，117人易地搬迁居住。

民宅变迁 清末至民国时期，境内一般人家房屋简单，多为一正一偏或两正一偏，有的几代同室而居，正屋住宿，偏屋烧火做饭，兼有少数连三间（中堂、两边为正房，另搭偏房烧火和饲养牲畜）。墙体以土墙或泥砖居多，兼有少量茅屋。富庶大户人家的房屋则多为砖木结构，房屋坐北朝南，火砖青瓦，讲究上下几重、几十甚至数百间连为一体，构成深宅大院。整座屋或一门三进四厢房，或一门三进四横堂，条石下基，青砖青瓦，正堂后墙立家神，供节日和喜庆祭祀祖先。

新中国成立后，居民住房条件逐步改善，但往昔地主的大院及宗祠等遭到破坏。至20世纪80年代初期，家境稍富裕的农户房屋翻新、改建、扩建及新建的日益增多。虽然土地承包到户，但政府实行土地规范管理，农户建房大多只能折旧建新。所建房屋为普通砖混结构，多为连三间、连四间或明三暗六、明五暗十结构，并开始形成楼房雏形。20世纪80年代末期，农村住房向砖混结构楼房发展，多为双层。内墙以石灰砂浆抹面，外墙以石灰砂浆粉刷为主，兼有少数水泥、水洗石装饰，水泥地板，二毡三油防水屋面和人字形双向大红瓦屋顶。居室讲究宽敞、舒适，装饰美观大方。后来，随着境内农村剩余劳力外出务工，农户建房一改传统样式，逐渐引进了欧式建筑，家庭别墅开始出现。

环境治理 20世纪90年代以后，经济模式发生了变化，交通作用日益凸现。境内芭蕉洞、柘港洞一带的村民陆续向主要公路两旁搬迁，居住由分散过渡到集中。但随之而来的是，生活垃圾集中、河流污染加剧、植被破坏较多、环境压力增大。

境内“美丽乡村”建设始于2010年。地方政府开始环境卫生宣传教育，积极开展农村环境整治、养殖污染治理、农村水源保护“三位一体”的农村环境综合整治工程，推行绿色发展方式和生活方式。

镇政府每年投入200多万元用于环境卫生整治。购置垃圾运输车2台、大型垃圾收集箱20个、垃圾收集桶300个，聘请8名专职保洁员对两个集镇进行日常保洁，确保集镇生活垃圾及时收集处理。各村配套标准化垃圾池，配备专职保洁员队伍开展日常保洁，居民生活垃圾全部实行集中定点投放。同时，还积极推行垃圾分类减量，有19个村（合村前）推行了垃圾分类减量。建立了“户分类、村收集、镇运转、县处理”的垃圾收转运体系。投资100万元的集镇垃圾中转站于2017年年底建成并投入使用。

大力植树造林，打造绿色张谷英。以点、线、面相结合的方式，先后投入资金3120万元对镇域内系统绿化。208省道沿线17.38千米道路两侧全部栽种风景树，道路绿化率达100%。在镇域内的主河道柘港河、饶村河、渭溪河两岸全部栽种苗木，形成了风景优美的绿色长廊。引导群众在房前屋后、村庄道路两侧、宜林荒山等处种植油茶、珍稀苗木，既绿化了村庄、美化了环境，又增加了农民收入。与此同时，深度挖掘乡土文化，健全村民理事会制度。完善村规民约，倡导文明新风，让乡村有乡味、有乡韵、有乡愁。

张谷英境内的饶村全景

张谷英大屋

张谷英大屋即张谷英古建筑群，以其始祖张谷英命名。始建于明嘉靖四十一年（1562），历经几个朝代变迁，张谷英大屋完整地保留了明清传统民居的风格特点，是湘楚民居的“活化石”，是人与自然和谐统一的典范，有“民间故宫”的美誉。

位置环境

位置　张谷英大屋即张谷英古建筑群。位于湖南省岳阳市以东的笔架山和龙形山之下，地处岳阳、平江、汨罗 3 县市交会处，距离长沙市、岳阳市分别约 150 千米和 70 千米。为中国保存最为完整的江南民居古建筑群落，由当大门、王家塅、上新屋三大群体组合而成。以其始祖张谷英命名，始建于明嘉靖四十一年（1562）。在张谷英

张谷英古建筑群俯瞰　　李斌斌　摄

大屋居住的全部为张姓族人，是始迁祖张谷英的后代。他们谨守“识时务、顺天然、重教育、兴礼义”的遗训，日出而作，日落而息，繁衍生息，世代不衰。

2001 年 5 月，张谷英古建筑群被湖南省政府公布为全省第七批文物保护单位。同年 6 月 25 日，张谷英古建筑群被国务院公布为全国第五批重点文物保护单位。

环境 张谷英大屋在营建的过程中，高度重视自然生态环境的内在机理与规律，充分结合龙形山的走势，顺应渭溪河水的走向，利用天然地形地貌，依山傍水，负阴抱阳，枕山环水，依山就势。充分发挥了“山环水抱”的地理格局优势，与自然高度融合统一。

张谷英古建筑群之水，发源于后山独石尖，顺龙形山两侧而下，在龙形山前汇合

玉带河与八字桥　　李斌斌 摄

后，包绕着古建筑群的东、南、西三面，形成“金城环抱”的格局。玉带水四季长流，不仅为村民提供洗涤、汲水、周边农田的灌溉，还丰富了村落景观的空间层次。

背倚龙形山而建，既可阻挡冬季寒流，又利于雨季排水，免于洪涝灾害。临渭溪水而居，可迎夏季凉风，又利于汲取水源，便于生活生产。背山面水，既利于水土保持，又利于微气候调节。

张谷英古建筑群的朝向十分灵活，大部分房屋朝向是以南为主略偏西，而近四成的建筑朝向选择了其他方向，有的房屋甚至朝东西向发展，这是顺应龙形山的走势而发生的变化，房屋朝向与外部环境达到动态平衡。

古村建筑

张谷英古建筑群始建于明嘉靖四十一年（1562），清初先后多次续建，历经时代变迁，今存古建筑面积 5 万多平方米，厅堂 237 个，大小房屋 1732 间，天井 206 个，巷

依山而建的张谷英村　李斌斌 摄

张谷英建筑布局（局部） 李斌斌 摄

道 62 条，石桥 58 座。

张谷英古建筑群从三面环绕龙形山达 600 余米，主要由当大门、王家塅、上新屋三大群组成，建筑时间跨度 100 多年，风格却如出自一人之手。其布局依山就势，采取“干枝式”结构，主堂与横堂均由数个单位组成，各单元之间有屏风檐廊和巷道沟通分隔，分则自成体系，合则贯穿于一体。

布局 张谷英古建筑群主体建筑当大门、王家塅、上新屋呈半月形从三面环绕龙形，铺延达 1 千米。建筑布局采用的是“干枝式”：“干”是各片房屋都有一条纵向主轴线，一般由三进至四进堂屋组成，多的可达五进；“枝”是纵轴两边并列伸出三道至四道垂直于纵轴的横向分支，每一分支又由三进至四进堂屋组成，面积相同，中规中矩。“干”与“枝”浑然一体，形成丰字形平面。

当大门的“干”是五井五进，“枝”是三井三进，24 个横堂；王家塅的主轴是三井四进，31 个横堂；上新屋是六进七井。这种丰字形的平面布局不是呆板的左右一致，而是将主轴设置在地理风水的最佳位置，然后巧妙地利用横向地形，依山就势，酌情增减，灵活自然。例如当大门、王家塅的主轴都向左偏移，分别居于龙形山的“龙头”与“龙腰”位置。

“干”上的主堂与“枝”上的横堂均由数个单元组成，每个单元由中间的天井和半开敞的堂屋以及两侧封闭的厢房构成。每个单元之间又以屏风、檐廊和巷道沟通分隔，分则自成体系，互不干扰；合则贯穿一体，聚家为族，这是按《周易》的“离卦”构思的，也是封建宗法伦理文化理念的体现。

堂屋 堂屋是张谷英古建筑群的灵魂。又称厅堂。分布在“干”上的堂屋称主堂，分布在“枝”上的堂屋称横堂。整个建筑群共有237个堂屋。不论是在主轴还是次轴，堂屋总是居于中央，从用料、尺寸上来说也是最大的，具有方正、高大的空间形象。堂屋既是议事、祭祀、婚丧、待客、宴请、生产等活动的主要场所，也是组成一个个家庭单元的核心，左右厢房以堂屋为中心对称分布。堂屋有如下特点。

一是普遍采用开敞式堂屋，天井与厅堂连成一片，形成室内外空间的相互流通。在堂屋结构中，内设有屏门，屏门可开可合。开启时，形成通透界面；闭合时，两个空间相对隔开，互不干扰。

二是中轴线上的各堂屋虽为单层，但高度相当于左右两侧厢房的两层高度（约7米）。从外观上看，整个大屋给人的感觉是封闭的，而步入堂屋之后，却给人豁然开朗之感。

三是分布在主轴上的堂屋是空间序列的高潮和重心所在，有家族昌荣、步步高升的吉祥企盼。因此，从大门、二门到厅堂，台阶和屋脊在建造上一般采用阶阶高升的办法，意味着“连升三级”。例如当大门主轴上的堂屋、天井的室内离地面的高度依次递增10厘

主堂屋 李斌斌 摄

米，祖堂则高出20厘米。屋脊高度从门厅开始，依次为7米、7.1米、7.2米、7.4米。顺沿中轴线，重重堂屋排比式的烘托，显示出了堂屋在整个建筑中的核心地位。

四是堂屋中的祖堂屋是中轴线上的最后一进，是整个建筑中朝向最好、全宅中地位最高的，是以家庭为基本社会细胞的封建宗法社会的精神象征。祖堂内设神龛，供奉祖先牌位。当大门的祖堂内供奉始迁祖张谷英的塑像，神龛两边和上方刻有黑底金字对联："春祀秋尝，尊万古圣贤礼乐；左昭右穆，序一家世代源流。"横批为"世业宗儒"。

天井 又称天窗。张谷英大屋的天井随处可见，不仅堂屋之间有天井，一些厢房、厨房等处也设置天井。张谷英大屋共有天井206个，大的22平方米，小的有2平方米。均由清一色的花岗岩条石打磨后砌成长方形或正方形，有的花岗岩石条长达5米。

张谷英古建筑群5万多平方米的屋宇延绵衔接成一个整体，却有如单家独院般的采光、通风与排水条件，主要在于设计巧妙的天井。天井的外向空间与堂屋的内向空间相连，组成了室内外化的复合空间结构。天井接天井，形成了屋脊连屋脊的蜂窝般古建筑群。

天井的排水系统至今是个谜。几百年来，本着"山管人丁水管财""财宜藏不宜泄"的原理设计的，所有天井的排水由上而下，到进门的第一个天井后，左右转弯，然后向门前的烟火塘或溪中流去。这样就做到了藏而不露，曲水排放。古建筑群曾遭遇过无数次大雨洪灾，但大屋内的天井从未渍水堵塞过。

天井　　李斌斌 摄

巷道 巷道是大屋的风格特色之一。它幽深、曲折、四通八达，联络着“主干”与“枝体”。高堂、深巷，迂回曲折，重重衔接；厢房、卧室，大间套小间，内寝套外室。大屋有62条巷道，总长达1459米，最长的74米，可直达10个高堂。幽深的巷道既为分界线，又为交通联系，把各屋连成一个整体。巷道还是很好的防火带。由于两面高墙直抵屋顶，如发生火灾，只需将顶部的瓦揭开，火苗上窜，就截断了火路，大火便不能蔓延。几百年来，张谷英大屋没有发生过大的火灾，除门口设置的烟火塘和穿街而过的渭溪河外，与这精心设计的御火巷道不无关系。

巷道有明、暗两种，张谷英大屋的巷道多采用暗巷道设计，且宽仅0.8～1米，狭窄幽深，常年没有阳光照射，故温度远远低于其周边的房屋，形成“冷巷效应”。同时，巷道的走向大多为南北走向，与夏季主导风向相符，形成“风廊”，大大促进了建筑内部的自然通风。当夏季湿热的气流流过狭长的巷道时，温度下降，凉爽的气流有效地降低了室内的温度。

烟火巷 李斌斌 摄

雕刻

张谷英大屋的雕刻艺术是建筑整体美的重要组成部分，有石雕，也有木雕。大屋的雕刻多达3000多处，且无一处雷同，令人目不暇接。门框、梁枋、屋檐、立柱、窗棂、屏门、石鼓、石条、石墩等处随处可见。石雕结实厚重，富有力度；木雕精致流畅，情趣盎然。所雕刻的花纹图案、人畜风情又与大屋风格整体和谐，洋溢着丰收、祥和、其乐融融的太平景象。

石雕 大屋的石雕多是建筑构件和实用器物。建筑构件最常见的是石门框、石墙角、抱石鼓、柱础等。抱石鼓大多刻有圆形条纹或花鸟纹饰。此外，天井鼓壁和条石上也有精美生动的石雕图案。如接官厅天井的条石上雕有与“福”“禄”“寿”“喜”谐音和象征的4种小动物，分别为蝙蝠、小鹿、灵龟、喜鹊，表达了美好的世俗愿望。石门框下一般刻有阴阳太极图，既是压邪气保吉祥之物，又具有深邃的哲学思想。

木雕 木雕在古建筑群中数量很多，遍布在梁、门、窗、匾、屏格、裙板、挂落及家具上。用料就地取材，采用楠木、樟木、梓木。图案内涵丰富，具有一定的寓意和丰富的民俗性。形式上有的以名称谐音含蓄表达，如蝙蝠纹，表达对幸福的祈求。有的以图案形象表达，如二龙戏珠，象征家庭和睦美好；如意纹、莲花纹、万字纹，表示吉祥；梅、兰、竹、菊，表示高雅；鳌鱼，表示功名进取等。

当大门正堂屋第三进堂屋四隅的4根圆木柱与横梁交接处的4个斗拱，是一组极为精致典雅的四季花卉木雕：一为花开富贵的春天牡丹，一为花之君子的夏日荷莲，一为花之隐逸者的秋菊，一为傲立寒霜的冬梅。当大门第五进西边侧堂屋天井旁的八骏图，是一块300厘米×33厘米的木雕，直接嵌在屏门上方，高约2米。木雕刻画了8

雕花木门 李斌斌 摄

抱石鼓 李桂龙 摄

匹膘肥体壮的骏马，它们在群山、天空的宏大背景里或引颈长嘶，或追逐奔腾，或亲昵嬉戏，具有极强的自然气息与生命力。在八骏图上方的两根木柱和横梁的交接处，还有一对回头鹿，一雌一雄，各衔一枝灵芝仙草，四目相望，含情脉脉。各处的窗棂雕刻极为精致细腻，它们或松鹤长春，或麒麟游宫，或龙凤戏珠，或鲤鱼跳龙门，无不活灵活现，栩栩如生。这样的窗棂在当时要用 40 个雕工才能雕成，虽经数百年风雨侵蚀，现仍不翘不裂，完好如初。雕刻工艺不仅高明，在木质的处理上也有独到之处。

建筑材料 张谷英大屋在建筑选材上质朴乡土，砖、瓦、木、石四大材料多为本地所产，就地取材，因材制用。2002 年，文物部门仅对潘家冲、上新屋、石大门 3 栋房屋、360 间住房进行测算，共耗用木材 7500 立方米、青砖 69 万块、铺地方砖 16 万块、条石 600 立方米，投资约 500 万元（银圆）。

所用的砖是青砖，规格为“三、六、九”寸砖，即长九寸（30 厘米）、宽六寸（20 厘米）、高三寸（10 厘米）。明代的砌墙工艺相当精湛，砌墙时，先将砖四面磨平，然后将糯米熬成的清汤与石灰搅拌做灰路砌墙，灰路细小，不超过 2 毫米，砖缝相对，称“磨砖对缝”。灰缝的硬度，铁钉都很难钉进去。虽是单墙，却数百年没有倾斜的迹象。据说，当时一个砖匠一天只能砌 30 块砖。堂屋则用“六寸六”的大青方砖铺地，平整美观。

木材用料大有讲究。圆木金柱有 278 对，最大的达 5 米。杉木脊檩（当地称“正梁”）为菱形或圆断面，中间大而两头小，大处有连抱之围。梁柱多为木料本色或黑色，与天色墙体、深灰色屋顶相配合，朴素、宁静。

古建筑群的石料均为当地随处可见的花岗岩（当地称“麻石”）。房屋基础用条石圈带，大门框、烟火塘、天井全部用条石砌筑，部分屋柱、墙角、挑梁、门框也用条石。整个大屋有 39 个石门框、5 对石柱。石柱大的围长达 2 米。所有条石均为

屋檐雕刻 许伟军 摄

屋顶雕刻 许伟军 摄

人工精心凿制而成，平整光滑。特别是石门框、石马鼓、石柱脚，光滑如镜，并雕刻有各种图案。据说，当时采石用的是最原始的办法，首先在麻石上凿一排很深的眼，然后用削尖的干木桩钉进去，再往木桩上浇水，木桩吸水膨胀把麻石胀开，最后精心开凿打磨。

主要景点

当大门

当大门由张谷英的第八世孙于明万历年间（1573—1620）所建，有大小堂屋和天井各 24 个，住房 422 间，建筑面积 9800 平方米。整个形状像一把打开的扇子，大门前的溪水环绕整个村庄，像古代帝王将相的腰带，称为玉带河。小河上的八字形桥称

当大门前的荷花池　　李斌斌　摄

龙须桥。大门两边的对联为“耕读继世，孝友传家”，浓缩了村落的家规、族训。当大门设有两道大门，大门框均由花岗岩石凿制而成。第一道大门上方悬挂着高 1.5 米、宽 2 米的“文魁”金匾，是当年张炳、张煌兄弟双双中举时所赐。进大门后是一个大坪，左右两侧分别有两口烟火塘，寓意“龙眼”，既可作取水防火之用，又壮观瞻。跨进第二道大门后，房屋布局为五井五进，呈干枝式丰字形结构，高堂深巷，好似迷宫。

烟火塘　　李斌斌　摄

门头　位于龙形山龙头的龙口上，背倚龙形山，面朝笔架山，是整个大屋的重心，为整个建筑的总大门，家族祭祀等重大事宜均在该处举行。

龙珠石　位于当大门前。龙形山口，形状酷似一颗珍珠，直径约 3 米，高 2 米。相传，有两条龙在该地抢龙珠，一条是龙形山的真龙，另一条是长垅山的懒龙。龙珠被张谷英大屋后的真龙抢到，因此张谷英村人丁兴旺。

龙珠石　　李斌斌　摄

八骏图　位于当大门西侧上段，由张谷英第十世孙张良甫建于清顺治七年（1650）。建筑面积 308 平方米，房屋 10 间，天井 2 个。因天井上方雕刻有“八骏图”而命名。

居宅

青云楼　位于当大门第五进西边，由张谷英第十世孙张良甫建于清顺治七年（1650）。民国以前，是张氏后裔读书的私塾，又名书馆。青云楼分两层，楼下起居，楼上读书，一层面积约 70 平方米。相传从这里走出了 7 名举人、6 名贡生、33 名太学生。青云楼名取自唐代王勃《滕王阁序》中的名句：“老当益壮，宁移白首之心；穷且益坚，不坠青云之志”。

青云楼　　李斌斌　摄

上新屋 位于龙形山尾。清嘉庆十三年（1808），由张谷英第十六世孙张云浦所建。为六进七井（正堂屋）双巷八横堂的建筑群，建筑面积7560平方米，有房屋172间，具有明清时期古庄园建筑雏形。

从外观上看，上新屋结构严谨，高墙耸立；从高处俯视，恰似飞机模型。整个房屋以木结构为主，以青砖、花岗石结构为辅。进二大门修有过厅，4个大鲶鱼含在柱头上的雕刻，寓意“独占鳌头”。每进都有鼓壁间断，整座建筑形成多个“井”字。室内窗户布满雕刻，12个大窗户用雕工约500人。雕刻内容有竹报平安、松鹤遐龄、鸿雁传书、蝴蝶戏金瓜、鲤鱼跳龙门等。每个天井四角各用两根圆柱支撑屋顶。天井的两边装有格屏，格屏上雕有梅花、石榴、蝙蝠、古钱币，堂屋地面全部用六寸的方砖铺成各种图案。堂屋两侧，天井回廊，相互对称，四通八达。

西头岸 张谷英第七世孙张南岩始在龙形山头西侧起造定居，为后来的当大门建筑群奠定了基础。因位于龙形山龙头西侧，故名西头岸。始建于明嘉靖二十四年（1545），建筑面积720平方米，房屋20间，天井5个。为四进四井的木质结构，房屋与天井较为矮小，反映了张氏家族早期建筑特点，也是明朝中叶建筑的代表。

绣楼 清嘉庆十一年（1806），由张谷英第十六世孙张云浦所建。绣楼是古代大家闺秀劳作、休闲的居所，是女子由丫鬟陪伴专门做女红的地方。绣楼在设计上也比较特别，一个堂屋有两个天井，左右对称，采光、通风良好。绣楼的周围都是相通的，从这边楼梯上去后可到达对面的楼，延伸了人们在楼上的活动空间及交流范围。《何长工》

绣楼 李斌斌 摄

绣楼民宿 龙春涛 摄

王家塅　　李斌斌　摄

《荷香》《毛泽东和他的乡亲们》《日出东方》《郭亮的故事》等电视剧在绣楼取景。

王家塅　王家塅位于龙形山的“龙腰”位置。清嘉庆七年（1802），由张谷英第十六世孙张云浦所建。横堂与天井各31个，房间468间，建筑面积9474平方米。建筑布局为典型的丰字形，形成四进三井双巷六横堂的建筑群。王家塅的大门是仿明朝模式。张谷英第八世孙张瑶于明万历八年（1580）中了进士，官至刑部侍郎，族人在大门上挂有一块进士匾，官势显赫，可见后代建房风格有所不同。进门两侧的抱鼓石比较厚，寓意“家资雄厚”。左右两侧是两根大石柱，上面雕有“狮子滚绣球”图案。屋角采用类似岳阳楼盔顶山墙建筑，用瓦堆的龙头称“龙龙朝阳”，左侧龙头下称“双狮出洞”，中间挂有“太学弟”匾。

桥廊

百步三桥　位于渭溪河与玉带水的出口交会处，张谷英第十六世孙张云浦建于清嘉庆九年（1804）。在不足百步之内，依渭溪河水回环曲折之势连起3座石桥，故称百步三桥。桥下流水潺潺，两岸屋宇相连，灵动多姿，清新如画。这3座石桥共有9段，每段由3块条石砌成，共27块条石，与“张谷英”3个字繁体笔画27画正好一致，所以又称张谷英桥。

三桥人家 李斌斌 摄

关于百步三桥有一个乐善好施的故事。张谷英第十六世孙张云浦家中富有，乐善好施。当时渭溪河里没有桥，河中只有几块石头供人踩着过河。一天，一个家境贫穷的平江人在张谷英村赊一担谷回家过年，过河时不小心踩歪了石头，谷子泼到了溪水里。他坐在溪边伤心落泪，长工看见后告诉了张云浦。张云浦将平江人请到家里住下，送给他一担谷回家过年。第二年，张云浦出资修建了百步三桥。

伴溪走廊 伴溪走廊始建于清康熙年间（1662—1722），后不断续建，形成于清嘉庆年间（1796—1820）。伴溪走廊东连百步三桥，西至太平桥，长 110 余米，宽 2 米，麻石铺面，木质护栏，伴溪而建。走廊由 44 根木立柱支撑着 38 个木排扇架子，架子上搁着檩子，再覆盖小青瓦，供过往行人休息和古代挑夫歇脚。旧时，该处为东达平江、江西，西至岳阳、湖北的古驿道，来往行人络绎不绝。伴溪走廊左边曾有 10 余家店铺，至 2017 年，尚存一块清末的招牌“中伙安宿”。

厅堂

接官厅 接官厅为张谷英第十二世孙张子临建于清雍正八年（1730）。接官厅是接待客人的地方，所以做工讲究。建筑面积 275.5 平方米，房屋 9 间，天井、厅堂及梁架极具特色。接官厅的天井中间设有井台，井壁的四周雕有代表“福”“禄”“寿”“禧”的吉祥物。左边雕的是两条龙，中间圆形的代表太阳，称“双龙戏珠”；右边雕的是“犀牛望月”，半圆形代表月亮，太阳和月亮表示阴阳两极。天井中间还有一个小圆孔，

当大门（三进）厅堂　　李斌斌 摄

圆孔中间立一个标有刻度的木桩，为根据太阳影子测定时间的日晷。

接官厅中的梁分3层，十分独特，称月梁型抬梁，中间6个翘角为斗，横着的为拱，体现了斗拱建筑发育到最后阶段的形态。四角分别雕有4个鳌鱼头，代表“独占鳌头”。整个梁的两边尖尖斜上去，就像清代的官帽，有“官运亨通”之意。每一根梁的正中央都雕有一枚铜钱，“文化大革命”后只留下一枚铜钱。

厅中方砖铺地，为“六六”尺寸（20厘米×20厘米），砖上都有不同的雕花，拼成不同的图案，寓意“六六大顺”。

议事厅 议事厅是张谷英家族开会议事的场所，由张谷英第十二世孙张旭旦建于清雍正年间（1723—1735）。建筑面积456平方米，房屋21间，天井2个。

进入议事厅，可见立柱下的两个圆形和方形的石礅，有“无规矩不成方圆”之意。该处的天井不设井台，天井四角中朝外的两角是圆的，朝内的两角是方的，寓意“外圆内方”，即处理族内的矛盾纠纷要讲原则，处理外族纠纷要讲灵活。该处的天井是张谷英大屋206个天井中唯一一个没有出水口的，排水主要靠一条石缝渗透。抗日战争时期，日军飞机曾经轰炸渭洞乡，有一颗炸弹落在天井里爆炸，把天井炸了一个坑，横飞的弹片在墙、门、窗上均留下了大小不等的洞眼。该天井是后来补修的，因此没有出水口。

纺绩堂 清康熙年间（1662—1722）所建，三井三进，建筑面积683平方米，房屋14间，天井3个。

龙涎井

古井

龙涎井　为饮用水井。井深不足 2 米，周围仅 1 米，平时水不满井，但取之不尽，用之不竭。因为井水甘醇清冽，凉爽可口，加上位于龙形岭的龙头附近，水出岩层，就像从龙口涌出了阵阵清泉，故名龙涎井。

长寿井　位于渭溪河边，但井水总高出河水水位 2 米，河水涨落不影响井水水位。井水冬温夏凉，清澈见底。用井水酿酒，甘醇清香；制作豆腐，味纯白嫩。数百年来，在长寿井周围生活的人年龄在 80 岁以上者十之八九，且身强体健，耳聪目明。因长寿者多，故名长寿井。

谷英公墓　即始迁祖张谷英墓。位于土墈冲，面朝笔架山，背坐虎山，与龙形山相邻。原立有“田字”碑，上刻有“张谷英之墓”。清咸丰十年（1860），张谷英子孙重修，立 3 块墓碑，现存。墓旁原有合抱围大松树 7 株。1993 年，张谷英后裔集资重修，在墓前添 29 块碑，主碑上刻有重修记，并栽花植树。

其他景点

王震将军办公旧址　位于张谷英村学堂墈屋场。1945 年 4 月，王震、王首道率领南下支队 1000 余人自平江到渭洞乡驻营 10 天。司令部驻扎在张谷英村学堂墈上张恒德家，王震在南侧的厢房里办公。办公旧址占地面积 701 平方米，内有王震使用的办公桌、椅

水车　　许伟军　摄

油榨坊　　李斌斌　摄

民俗馆　　李斌斌　摄

子、脸盆架等。

油榨坊　位于伴溪走廊对面，为张谷英村加工茶球、菜籽及稻谷的小作坊。

民俗馆　位于百步三桥附近。民俗馆陈列有张谷英村旧时生活、生产用品，集中展示耕读、礼俗、婚俗、岁俗、年俗等民俗风情。有纺车、织布机，加工大米的土砻和石碾，抗旱提水用的脚蹬水车等物件，体现了张谷英村传统风俗的古朴与淳厚。2017 年，馆舍面积 270 平方米，馆藏民俗文物 280 件（套）。

文塔　位于当大门前 300 米处，建于清乾隆年间（1736—1795），毁于“文化大革命”时期。塔平面为四方形，共 7 层，高约 7 米，其中塔座高 1.5 米，边长约 2.8 米。塔的四柱为花岗岩结构，四周嵌青石板。塔外实内空，可以由塔座延级至塔顶。塔顶由一块大花岗岩石凿制而成，上有高 1.2 米的笔尖形帽顶，四角向上挑 0.5 米，有“石压笋斜出，岩垂花倒开”的描述。塔顶上锲有“风水储藏”4 个大字。

天灯 位于文塔附近，建于清同治年间（1862—1874），毁于新中国成立前。直竖的两块长条麻石之间夹立起一根高 7 米、粗 30 多厘米的木柱（麻石中间各穿一孔）。柱顶安一个木斗笠篷防雨，斗笠篷中安有短横轴，轴上装一个滑轮，滑轮上吊一盏四面安有油纸的清油大灯笼，每天傍晚有专人负责上油点灯，天亮后熄灯。天灯主要是给行路人照明。

古村保护

保护机构 张谷英管理处成立于 2006 年 3 月，编制人数 10 人。内设办公室、财务室、市场开发股 3 个股室，下设张谷英村民俗博物馆，为正股级事业单位。

张谷英管理处主要负责张谷英古建筑群内文物法律、法规的宣传、贯彻；负责张谷英古建筑群内文物普查、登记、建档、保护工作；负责编制张谷英古建筑群维修方案、保护规划并组织实施；负责编制张谷英民俗文化村旅游发展规划并组织实施；负责争取文物保护、旅游开发建设项目并组织实施；负责主持张谷英民俗文化村重大项目招标、招商；负责张谷英民俗村旅游开发策划、市场营销及旅游环境治理。

文物保护与开发 1989 年，张谷英古建群被列入县级文物保护单位。1994 年，县文物管理所在张谷英村组织成立古村文物保护小组。1997 年，张谷英村核心区及周边区禁建禁拆。1999 年，建当大门门头与张谷英牌坊。2001 年 3 月，县政府组织成立张谷英民俗文化建设指挥部，主要负责张谷英旅游开发与文物保护工作；5 月，张谷英古建筑群被湖南省人民政府公布为全省第七批文物保护单位；6 月 25 日，张谷英古建筑群被国务院公布为全国第五批重点文物保护单位。2005 年，金荣公司接手开发张谷英旅游开

张谷英村居民古建筑　　李斌斌 摄

发工作。2008 年，对当大门进行第二批文物维修，王家塅大屋维修工程被省文物局评为样板工程。同年，中坤集团接管张谷英旅游开发工作。

2010 年，组织群众进行安全知识培训 2 次、模拟消防演练 4 次，这些活动对普及群众的文物保护知识起到了较好的宣传作用。2011 年，编制《张谷英古建筑群一期文物维修方案》《张谷英古建筑群二期维修方案》，进一步完善景区文本规划，文物保护工作做到了有法可依、有章可循。争取国家文保资金 300 万元完成当大门、王家锻主轴线的整体落架维修。同年，当大门修缮工程被评为全国十大文物维修工程。2012 年，投入维修费 110 万元对接官厅进行修缮。2014 年 6 月，国家文物局批复了《张谷英村

雪后初晴的张谷英村　　李斌斌　摄

古建筑群第四期修缮工程勘察设计方案》。7 月，连续 3 次强降雨给景区古建筑造成了不同程度的损坏。同月，启动古建筑群维修工程，完成伴溪走廊、青云楼、西头岸的维修工作。

2015 年，继续实施张谷英古建筑群抢救性修缮工程，完成青云楼、西头岸、纺绩堂、下铺等处的维修工作，八骏图、接官厅维修工程被评为省“十二五”文物维修优质工程。10 月,《岳阳县张谷英古建筑群本体保护修缮工程》立项。2017 年 8 月 12 日，张谷英村暴发特大暴雨，管理处及时组织党员群众自救，对村内进行清淤扫障、排除险情，对文物建筑有险情处进行支撑、加固等紧急维护，及时疏通河道，保障过水通畅，保护了文物设施。

规划编制　2006 年，张谷英管理处委托同济大学制订了全国历史文化名村控制性详规。2008 年，完成编制《全国历史文化名村——张谷英村周边环境治理规划》和《张谷英古建筑群文物消防安全规划》。

环境治理　2007 年，投入 50 万元用于景点维护。新修、改造村级公路两条，完成桐木水库的水渠护砌。同时，转让 9 亩土地用于建设张谷英居民新村，既美化了村庄，又解决了居民建房矛盾。2009 年，实施集镇污水收集和净化，古建筑群烟火塘通过给排活水，彻底解决污水发黑、发臭的根本性问题。2013 年，出台《岳阳县张谷英古建筑群保护和村民建房管理暂行办法》，该文件明确了古建筑群的保护责任，理顺了工作流程，确保了古建筑群建筑风貌的和谐统一，有效地改善了周边环境。同年，县水务局投资 2260 万元用于水环境改造工程，重修后峦水库，使水库集生产、生活、消防、景观功能于一体。

文物价值

张谷英古建筑群有着独特的文物价值。2001 年 6 月，直接由县级文物保护单位晋升为全国第五批重点文物保护单位。国家文物研究所总工程师付清远把张谷英古建筑群的价值归纳为三条：一是具有原真性，几百年的建筑比较完整地保留下来了；二是建筑群的丰字形结构与封建血缘关系融为一体；三是这一建筑群经历了数百年，还是同族同宗人聚居，这在中国是不多见的。

全国重点文物保护单位石碑　李桂龙　摄

吊楼

张谷英村门头　　李斌斌　摄

民居一隅　　李斌斌　摄

湘楚民居“活化石”　张谷英村完好地保存了明清时期湘楚一带汉民族民居的建筑特色，被誉为湘楚民居“活化石”。张谷英古建筑群历经几百年风雨依旧保存完好，除了地理环境的原因外，还与这个家族对传统的恪守与对先祖的遵从有关，也与张氏家族的分家智慧息息相关。据说，大屋里兄弟分家时，父母把堂屋分给一个儿子，但保留堂屋的一面墙分给另一个儿子，称“分堂不分墙”。这样一来，谁都不能轻易拆除祖上的遗产。200 多年前，张丰绵搬迁到离张谷英村 10 多千米的金鸡洞开基立业，繁衍子孙数百人，但他在张谷英大屋的两间祖屋仍完好地保存在那里。

礼制秩序　张谷英大屋的丰字形结构与封建血缘关系融为一体。主轴线为族长及其嫡长子使用，一族的次子则只能居住于主轴两侧的横堂中。主轴和横堂的各进单元分配给各支的小家庭。离主轴线越远，意味着与主轴家长的血缘关系越疏。

同一轴线上的单元，也依进次逐渐深入，使用者的地位和辈分也逐渐升高，到最后一进为祖堂，为家族的核心空间。房屋的空间位置服务于人伦秩序，形成了上下、主从、长幼层次分明的宗法礼制意识。整个建筑群布局的形式就是一个完整而形象的宗法家族社会。这种把宗族人伦与礼的秩序巧妙地融注于建筑中的营建思想，在国内民居中极为罕见。

“民间故宫”　这座规模宏大、建筑精巧、能容纳 2600 多名族人同居于一片屋檐下的明清古建筑群，之所以被称为“民间故宫”，是因为它具有质朴的平民意识。一是建筑选材上普通乡土；二是装饰上没有权势豪华；三是把耕读为本、行孝守礼、喜气吉祥等民间文化元素巧妙地融会在细节之中。

聚族而居 张谷英古建筑群经历了数百年，至今还是同族同宗人聚居，血脉纯粹，和谐共处，绵延不断，聚而不散，与其“内孝外和”的家风密不可分。自始迁祖张谷英择居于该地开始，他就希望子孙贤达，传世百代。后世子孙总结出了“耕读继世，孝友传家”的治家格言。其中张氏家训16条、族戒5条涉及家庭家族、子女教育、道德修养、个人言行等诸多方面，儒家思想贯穿其中，家国情怀跃然纸上。

表7 张谷英村文物建筑现状一览表

位置	面积（平方米）	年代	备注
当大门	5129	明	—
王家塅	5700	清	—
上新屋	2969	清	—
东头屋	987	清	—
西头屋	1452	清	—
聚龙湾东片区	930	清	包括伴溪走廊、议事厅等
石大门片区	692	清	包括石大门、绣楼等

资料来源：《湖南岳阳张谷英古民居维修工程之现状勘测报告》

表8 张谷英镇非物质文化遗产一览表

内容	类型	特色
湘北风俗和儒家礼仪	地方风俗与民间礼仪	表现在婚、丧事活动上。其他如16条家规、5条族规。启椟礼、存诫礼（匙箸礼）、燎脂礼、酬洒礼等21项，丧礼中由“通礼”和“礼生”（主持仪式的长老们）吟唱几十首颂歌和悼歌
乡土特征与儒家礼仪下的过年	民间节庆	具有乡土特征与儒家礼仪下的过年、祭祖活动，如清明节、十月初十谷英公生日和九月初九良甫公生日纪念及其礼仪
扎火龙、礼仪歌	民间演艺	元宵扎火龙、与儒家文化紧密相连的礼仪歌，如《关雎》《劝孝歌》《十二月令歌》、歌咏孝敬父母的小雅——谷风之《蓼莪》篇
民俗文化陈列馆中收藏	民间艺术	雕花木床、窗棂、木门等日常生活用品、生产工具；用实物、假人模拟婚礼、堂屋、卧室、年夜饭、夜读书等多个生活场景

张谷英传统村落文物古迹保护一览表

表 9

编号	内容		始建年代	占地面积（平方米）	保护措施
W1	当大门	主路	明	875.61	定期对当大门文物建筑及防护结构进行安全处理，归整部分歪闪、坍塌、错乱的建筑与构件
		东 1 轴	清初	366.58	
		东 2 轴	清初	433.32	
		东 3 轴	清初	418.03	
		东 4 轴	清初	310.43	
		西 1 轴	清初	392.20	
		西 2 轴	清初	451.82	
		西 3 轴	清初	538.39	
		西 4 轴	清初	449.26	
		青云楼	清	106.07	
W2	王家塅	大门	清	78.21	定期对当大门文物建筑及防护结构进行安全处理，修复部分破损、缺失的木构件，清除文物建筑内部无价值的近代添加物
		主轴	清	822.81	
		东 1 轴	清	428.18	
		东 2 轴	清	398.57	
		东 3 轴	清	309.57	
		西 1 轴	清	641.62	
		西 2 轴	清	623.40	
		西 3 轴	清	625.14	
		南 1 轴	清	264.59	
		南 2 轴	清	218.62	
		池塘东侧	—	109.65	
		池塘西侧	—	133.54	
W3	上新屋	主轴	清	1131.56	定期对当大门文物建筑及防护结构进行安全处理，恢复文物建筑内部分改动的窗扇，对部分虫蛀严重的木构架进行防腐防蛀处理，修补缺失的窗、砖塅及木构架
		东 1 轴	清	438.23	
		东 2 轴	清	514.96	
		西 1 轴	清	375.55	
		西 2 轴	清	514.46	
W4	东头岸		明末清初	697	定期对当大门文物建筑及防护结构进行安全处理，重点保护仅存的 3 个局部院落
W5	西头岸	主轴	明	462	定期对当大门文物建筑及防护结构进行安全处理，修补部分缺失的传统装修构件及被改动的门、窗、塅体
		东 1 轴	明末清初	214	
		西 1 轴	明	519	
		南 1 轴	明	183	
		南 2 轴	明	212	
W6	聚龙湾东片区	议事厅	清	252	定期对当大门文物建筑及防护结构进行安全处理，修补部分缺失的传统装修构件
		聚龙湾东	清	374	
		伴溪走廊	清	304	

续表 9

编号	内容		始建年代	占地面积（平方米）	保护措施
W7	石大门片区	主轴	明末清初	181	定期对当大门文物建筑及防护结构进行安全处理，重点保护仅存的一个院落，对严重损毁的传统木构架进行修补
		西 1 轴	清	158	
		西 2 轴	清	156	
		绣楼	清	214	
LS1	长沙垙		清初	821	定期对当大门文物建筑及防护结构进行安全处理
LS2	聚龙湾（西）		清	1091	
LS3	何风垙		清	1279	
LS4	无名		清	185	
G1	龙珠石		—	0.7	把人工改造的水池恢复成原有环境
L1	古驿道		—	—	重点保护古驿道的原有形式，严禁古驿道两旁的建筑活动
Q4	拱桥		清	—	在不扰动现有构件、不增加新构件、基本保持现状的前提下进行维护
Q1	百步三桥		清	—	
Q2	玉平桥		清	—	
Q3	甲板桥		—	—	
M1	张谷英墓		明	—	重点保护张谷英墓四周生态环境
M2	明末墓葬		明	—	保护墓葬四周生态环境，修补破损墓碑
J1	古井 1		—	—	在维持现状使用功能的前提下进行清淤、维护
J2	古井 2		—	—	
J3	古井 3		—	—	对古井进行清淤、修整，使其恢复原有功能
J4	古井 4		—	—	
J5	古井 5		—	—	在维持现状使用功能的前提下进行清淤、维护
J6	古井 6		—	—	
J7	古井 7		—	—	
J8	古井 8		—	—	
J9	古井 9		—	—	
J10	古井 10		—	—	对古井进行清淤、修整，使其恢复原有功能
J11	古井 11		—	—	在维持现状使用功能的前提下进行清淤、维护

张谷英村所获荣誉　　李桂龙　摄

张氏世家

张氏世家为明清时期岳阳县著名望族。其“耕读继世，孝友传家”的治家格言影响深远。张氏家训族戒涉及家庭教育、子女教育、道德修养、个人言行等诸多方面，家国情怀跃然纸上，体现了孝字当先的儒家思想。张氏世家走出了不同领域、不同层次的人才，有秀才、举人、进士，有的从事教育、有的创办实业、有的投身革命，他们为家乡发展、为民族和国家做出了巨大贡献。

家世

迁徙脉络 张姓是黄帝的后裔，得姓始祖张挥。张谷英村的始迁祖张谷英系“明洪武年间，由吴入楚”，拉开了岳州东陵张氏家族繁衍生息的序幕。

郡望堂号

“堂号”是家族门户的代称，张谷英村的堂号一般为“清河堂”“百忍堂”“金鉴堂”3类。

清河堂 张姓得姓始祖张挥，字玉爵，号天禄，为黄帝之子或孙，“观弧制矢，赐姓张氏”，或“始制弓矢，官为弓正，主祀弧星，世掌其职，赐姓张氏”，或“性长弓矢，善张纲罗，世袭其职，因赐姓曰张”。张挥居住在尹城国一个叫清阳的地方，清阳在清河的南面，汉代属清河郡。清河国后代张姓的族谱中记载有的以尹城为郡望，大部分以清河为郡望，族谱的封面常常标记“清河堂”字样，表示永远铭记先祖。

百忍堂 唐代时号。当时的河北郓州人张公艺九代同居，竟和和睦睦，相安无事。唐高宗甚是好奇，便带领随从官员到张公艺居住的古贤村拜访。只见他们分住在400个生活区，土地及一些财产完全归集体所有，男女服装统一制作，根据个人体型而选。同时，张公艺还向唐高宗介绍了一些其他的情况：全家900多人共享餐饮，每到吃饭时间以击鼓为令，男女分别入席，老人在上、晚辈在下，儿童另设桌凳，上下仁和。唐高宗非常钦佩，便问张公艺的治家方法。张公艺取出一张纸，写了100个“忍”字，其内容为：“父子不忍失慈孝，兄弟不忍外人欺，妯娌不忍闹分居，婆媳不忍失孝心……上善之，赐以缣帛”。唐高宗当即封张公艺为“醉乡侯”，封张公艺的长子张希达为司仪大夫，并亲书“百忍义门”4个大字。后来，族人便以“百忍”为族徽。

金鉴堂 出自唐朝著名宰相张九龄的故事。张九龄，字子寿，韶州曲江（今广东韶关市）人。张九龄任宰相时期群贤依赖，天下仰重，文章风度冠绝一时。唐玄宗为求治国安邦之策、长治久安之计，谕张九龄总结历代治国的经验。张九龄洞察秋毫，明断事理，以犀利之笔综述历朝兴衰存亡之理，成书5卷，唐玄宗御览，甚为赏识，赐为《千秋金鉴录》，作为治国名言珍藏。其族人引以为荣，便以“金鉴”为堂号。

字辈排行 张谷英村的字辈为始迁祖张谷英制定，共有33个字。字辈顺序如下：文单志友仲，功伏宗兴，其承继祖，世绪昌同，书声永振，福泽敦崇，名芳百代，禄位光隆。自张谷英开始，至2017年已传至第26代的“崇”字辈。张氏族谱自清乾隆三十三年（1768）首修，至2016年已七修。1992年第六次修族谱时，在原有33个字的字辈上又增加了16个字：弘扬先德，开拓迈征，精研科理，日月恒明。

家祖

基本信息 张谷英村是以始迁祖张谷英命名的，既是张氏后人对始迁祖的纪念，也说明始迁祖对这个村落与家族做了开拓性贡献。由于年代久远，谱牒不详，关于始迁祖张谷英的考证难以准确。从已编的家谱中，推测出基本信息如下。

先前居地：“由吴入楚”。张谷英不是本地的土著居民，而是一个外来移民。

大致年代：“元末明初”。族谱上第一个有确切年代记载的是张谷英的次孙张宣，“生于明洪武二十六年（1393），卒于明景泰二年（1451）”。

婚姻状况：有3个妻子。张谷英有漆、黄、朱3房夫人，但这3个妻子是从吴地带来的、还是在本地迎娶的，无法考据。

子女情况：有3个儿子。长子张文质、次子张文显、三子张仲先。大儿子葬在南京紫金山。族谱中记载：“长子质，北运身故，葬紫金山。”

身份职业：军家出身。据族谱记载：“先人乃军家出身，一抄一运，两翻失业。”其第九世孙张登宇的墓在1938年进行了重修，墓碑上有“明指挥使谷英公九代孙”字样。张谷英应该是行伍出身，当过指挥使，中途不利。

长眠之地：位于张谷英大屋左侧的土墈冲，面朝笔架山，背坐虎形山，与龙形山相邻。风水名曰“金牛泳海”。清咸丰十年（1860），其子孙重修，立墓碑3块，现存。

后世影响：一是选择了一块风水宝地，开创了张谷英村数百年的基业。后人尊其为一世之祖，膜拜至今。二是亲自制定了可传33代的子孙派谱：“文单志友仲，功伏宗兴，其承继祖，世绪昌同，书声永振，福泽敦崇，名芳百代，禄位光隆。”三是留下了一些传说与习俗。如子孙结婚、出殡、建房等红白喜事，均不择时选日，百煞不侵，毫无禁忌。四是奠定了“耕读继世，孝友传家”的家风思想基础。

《张氏族谱》　李桂龙　摄

身份考证

自1989年开始，张谷英村渐为世人所知。关于始迁祖张谷英的身世考证也随之走热。大约有如下四种说法：

风水先生说　传说元末明初时，张谷英、刘万辅和李千金“由吴入楚”，到巴陵渭洞择地而居。这3人当中，张谷英精通风水。他手持罗盘，一路察山看水，终于在渭洞发现了3块风水宝地：一块“官运亨通”，一块“四季发财”，一块“人丁兴旺”。如果分别在这3块地上安家立业，子孙后代就会如其所愿。张谷英是个老实人，对朋友坦诚相告。他又是一个谦谦君子，温良恭俭让，让同伴先挑，挑剩的留给自己。刘万辅选择了“四季发财”，李千金选择了“官运亨通”，张谷英选择了“人丁兴旺”。果然，渭洞刘氏成了豪富之族，李氏步入了官宦之旅，张氏则繁衍至今26代、8000余人，绵延不绝，蔚为大观。

“人丁兴旺”之地就是如今的张谷英村，“四季发财”之地可能在刘家嘴村（张谷英集镇所在地），“官运亨通”的位置不详。有人查阅当地新修的《刘氏族谱》，虽然找到了刘万辅的名字，但谱载该人却生于北宋宣和三年（1121），与张谷英相隔几个朝代；

始迁祖张谷英塑像　　李斌斌　摄

而李千金，查遍当地的《李氏族谱》皆无该人。

2013年4月，修筑省道208线城梅公路、迁移刘家村的一处古墓时，出土了一块明代邑庠生刘成山、方田中撰写的“明故云溪处士刘公墓志铭”，记述了墓主人刘召泰出生于明成化年间（1465—1487），介绍了其曾祖父、祖父及三子、两女诗书传家的概况，描绘了渭溪村（今刘家村、张谷英村、四维村）一带的田园风光。通过详查临湘、毛田、渭洞的刘氏老谱，确认墓主人为刘万辅的第四世孙。由此可证，刘万辅应是元末明初人，与张谷英基本同时代。

明指挥使说　1993年，张谷英后人修缮张谷英陵墓。张飞儒、张胜利、张崭新、张目森等村民首先从一修墨谱上记载的“先人乃军家出身，一抄一运，两翻失业”基本确定了张谷英出身行伍，再从其第九世孙登宇公墓碑上“明指挥使谷英公九代孙”字样，考证其为明指挥使。

明指挥使是正三品的朝廷武官，应该带兵在外，或者镇守一方。张谷英之所以到深山老沟里开宗立派，族人认定为“辞官不做，归隐林泉”。随后，张谷英第二十二世孙张胜利用推理的方式考证了张谷英的生卒年代。张胜利的推理考据，得到了到张谷英村考察的一些知名人士的肯定，也被族中大多数人认可。

张士诚之子说 2000年春，张谷英镇芭蕉中学的一名物理教师李桂龙提出了“张谷英可能是元末农民起义将领张士诚之幼子”的观点。张士诚是大名鼎鼎的历史人物，正史、野史均记载甚丰。《明史》载：“方士诚之被围也，语其妻曰‘吾败且死矣，若曹为何？’刘答曰：‘君无忧，妾必不负君！’积薪齐云楼下。城破，驱城妾登楼，令养子辰保纵火焚之，亦自缢。有二幼子匿民间，不知所踪。”李桂龙以正史悬念为线索，根据族谱疑团、派谱信息、民间传说等，推测张谷英为乳母所抱二幼子之一。

张士诚本人说 2002年秋，名为谢丽华的香港某报女记者到张谷英村研究张谷英身世，写一个与之相关的剧本。她在张谷英村断断续续地待了一年多，又到姑苏一带进行游历、考证了7个多月，在监利县毛市镇内的崔吴村张克礼家住了3天，查阅了他家藏的《温张族谱》，最后推断张谷英就是张士诚本人。谢丽华写了一篇《我有惊人发现》的文章，发表在《旅游界》（2007年第12期）杂志上。

家训族戒

张谷英村家训族戒是维系张氏家族延绵至今的精神支柱，它融合了孝、和、勤、廉等传统儒家理念。自始迁祖张谷英定居于湖南渭洞笔架山麓，殷切希望子孙贤达，传世百代。随着张氏一族的兴旺，后世子孙迫切感受到必须建立一套众人皆尊崇的行为规范。清乾隆三十三年（1768），张炳、张默斋、张祖武、张煌等人合族众议，主持编订了张氏家训16条、族戒5条，并列入族谱，以期著书立言、教育后人。张谷英村家训族戒3个字为一句，涉及家庭家族、子女教育、道德修养、个人言行等诸多方面，家国情怀跃然纸上，体现了孝字当先的儒家思想。

张谷英村家训族戒精神内核可以概括为：一是孝当先，即孝顺父母、友爱兄弟、爱

张氏家训

国爱家；二是和为贵，即严于律已、宽以待人、处事方圆；三是勤耕读，即自强不息、爱岗敬业、知书明理；四是崇廉洁，即尊崇廉洁、修身养德、齐家治国。

张氏家训　一、孝父母；二、友兄弟；三、端闺化；四、择婚姻；五、睦族姓；六、正蒙养；七、存心地；八、修行检；九、勤职业；十、循本分；十一、崇廉洁；十二、慎言语；十三、尚节俭；十四、存忍让；十五、恤贫寡；十六、供赋役。

族戒　一、戒酗酒；二、戒健讼；三、戒多事；四、戒浮荡；五、戒贪忌。

孝敬老人　　李斌斌　摄

家风

“忠厚传家久，诗书继世长”，良好的家风是张氏世家数百年生生不息、合而不分的内在动力。从家庭振兴发展的过程中，看出张氏家族的发展壮大史，正是后人对优良家风的继承发扬史。

崇尚读书 “寒可无衣，饥可不食，读书一日不可失。”在张谷英村，读书与吃饭一样，已是人们的日常行为习惯，不读书则是天大的耻辱。据民间流传的说法，张谷英其人能文能武，在远离仕途、隐居渭洞山下后，便教习后代子孙以耕读为本，尊孔孟、讲仁德，而后世 500 多年间，聚族而居的张谷英后人深受他的言传身教，奉行“兴门第不如兴学第、振书声然后振家声”的祖训族规。村人以读书为荣，以不识字为耻，喜好读书的风气代代相传。科举制时，从张谷英村走出去的就有进士 1 人、举人 7 人。高考制度恢复后，从村里走出的大学生有 300 多人，还有几名博士生和留学生。祖先堂金字横匾上赫然写着“世业崇儒”4 个大字，读书隆礼成为张谷英村人们厚实灵魂的追求，也成为这个庞大家族赖以生存的精神和力量。

尊敬长者 张谷英大屋有一副对联，上联为“祖德荫千秋，书香门第遵遗训”，下联为“唐皇封百忍，孝友家风振谷英”。面对古人的教诲，张氏先人已经把“敦孝友”作为重要的家训族规展示出来，要求后人对父母孝顺、对兄弟友善。在祖训家规的教化下，孝敬父母已经成为张氏家族的一种风气。数百年来，无论环境如何变化，张氏后人始终谨记先人教诲，把孝敬父母作为崇高的道德坚守。改革开放后，虽然有许多年轻人走出了大屋，但家中只要有健在的老人，必定有子女寸步不离地照顾着。

张谷英第二十四世孙张文勇，作为母亲最小的孩子，在其他兄长都外出务工的情况下，自愿留守在大屋照顾母亲，十几年来任劳任怨，除了每年在春节、重阳节以及母亲生日时为母亲庆祝外，平时对母亲也孝顺有加：每天早上按时叫母亲起床，中午准点提醒母亲午休，傍晚回来还要呼唤母亲的名字，只有听到母亲的回音，张文勇心里才踏实。在“百善孝为先”的影响下，张谷英村历史上曾出现过一个五代同堂的大家庭。截至 2017 年，四代同堂的家庭有 60 多个。

和睦友邻 张谷英后人在处理本族与外族重大事务时，坚持讲灵活、讲包容；在处理本族内部之间的重要事务时，坚持讲原则、讲规矩，这在邻村已被传为佳话。20 世纪 80 年代，张姓家族和邻村的龙姓家族因用水问题曾发生过矛盾，由于龙姓在上游，张姓在下游，汛期来临时，龙姓把水泄到下游，张姓的庄稼就会受灾；而到旱季，龙姓又会截断上游的水源，导致张姓无水可用，两个家族因此积怨日深。危急关头，张氏家族的长者便召集族人商讨对策。有年轻人认为，这件事张姓人有理，应用武力解决；长者们认为，张氏家族孝友传承，凡事礼让三分。家族的长者用祖训说服了年轻人，村民便借着春节舞龙的机会，主动上门给龙姓拜年。张谷英后人对外人谦虚和善并不是偶然的。村里除了张姓家族外，相隔不到 200 米的地方还住着十几户陈姓人家。陈姓先祖比张谷英早搬来 30 年，几百年间，张姓家族从一户人家发展成为后裔近万人的赫赫大族，而陈姓至今只有 100 余人，家大业兴的张姓家族不仅没有倚强凌弱、以大欺小，反而一直坚持先来后到的规矩，凡事以陈姓为先。2009 年，张谷英村自筹资金对村里的泥路进行硬化，也是最先从陈姓人家的门前修起。

处事公正 处事公正是张谷英后人对“以和为贵”祖训家规与时俱进发展与延伸的结果。随着当地旅游经济的发展，村中每年都要拿出一部分旅游收入回赠给村民，但是这些款项该如何分配、每家每户能得到多少等问题，在每次分配前村里事先都要召开村民代表议事会，听取大家的意见。对为了集体利益牺牲个人利益的村民，给予怎样的奖励；对违反村规民约影响本村形象的，该如何处罚，大家都要坐下来讨论，逐一表决通过。每次议事时，村干部都要把“耕读继世，孝友传家”的家训拿出来与村民共同学习，以此作为秉公办理、奖惩分明的共同道德遵循。

张氏家谱有“功伏宗兴”，意思是，个人要心甘情愿把功劳藏起来，谦虚谨慎、率先垂范，宗族才能兴旺。村民们也认为，自己家族的凝聚力来自于“孝友家风”，凡事以“和”为先的思想是其家族几百年来绝不涣散的力量源泉。“伏”与“和”其实都是对张氏祖训及家风的生动诠释和深刻注解。

媒体推介张谷英村家风 2015 年 1 月 13 日，中央电视台播出了纪录片《记住乡愁·第 13 集》：张谷英村——和睦有道。讲述了这个家族内孝外和、聚而不散的传奇故事。2015 年 8 月 11 日，中纪委网站“中国传统的家规”专栏推出了《张谷英村：耕读继世，孝友传家》，高度评价了张谷英村的家规族戒对族人的巨大影响，并将张谷英村的家风内核概括为孝、和、勤、廉，即孝当先，和为贵，勤耕读，崇廉洁。

2016 年 1 月 4 日，《湖南日报》以《飘不走烟云，道不完温情》为题，以整版的篇幅报道了张谷英村的家风故事。2018 年 2 月 5—14 日，新湖南客户端“传承好家风”专题栏目组分别以《耕读传家世代长》《六百年来孝友风》《和睦有道家族兴》《世业宗儒重修身》为题，连续 4 期推出张谷英村家风故事。

A03

环行洞庭

第一站：岳阳

走进张谷英村
淳朴家风山高水长

长寿井的水成就豆腐全席宴

媒体推介张谷英村家风

人物掌故

张瑶刚正不阿 张瑶，明万历年间（1573—1620）进士。任刑部主事时，时御史冯恩慷慨陈词朝廷大臣们的得失是非，惹得都御史汪鋐欲治冯恩死罪，张瑶竭力制止，被贬至太平守。当时，该地遭遇大旱及蝗虫灾害。张瑶以粮食作为捕蝗虫的人的奖励，群众抢着捕蝗虫，很快消灭了蝗虫，粮食获得丰收。次年，朝廷派张瑶镇守镇江，他在工作之余又剿灭盗贼立了功，被提拔为广西参政。在广西任职期间，张瑶性格刚毅，朝廷官员都畏却他，不敢以权谋私，当地官场政治风清气正。

张炳、张煌兄弟双双中举 张煌，字任才，业儒，列邑庠生，肄业于长沙岳麓书院。清乾隆三十五年（1770），乡试第15名举人。四十六年（1781），殿试拣选一等，实授湘阴教谕。张炳，字文著，号敬亭，业儒，列邑庠生。清乾隆三十三年（1768）仲春，组织夔赞、官贤、祖煌共4人在青云楼编修第一次墨谱，并书写第一篇序言。

张炳有兄弟共6人，他排行第二，张煌排行第五。他为了五弟的前程，在家酿酒挣钱，让五弟就读于长沙岳麓书院。弟弟中举4年后，他才于乾隆三十九年（1774）参加乡试，获第37名举人，时年54岁。

张绍昆割股医亲 清光绪年间（1875—1908），张同璋膝下无子，以胞弟张同瑶次子张书贵（即张绍昆）入继为嗣。张绍昆继母陈氏常年患病，久治不愈，他服侍周到，极尽孝道。一天，张绍昆砍柴回家，继母的头痛病又复发了，并且痛得比以往更厉害。他心急如焚，忽然想到有人曾说人肉可以治顽疾，他即刻烧香秉烛，叩拜神明，忍住剧痛，将自己大腿上的肉割了一块煮给母亲吃，自己的伤口就用锅烟灰一涂了事。割股医亲之事感天动地。

张绍昆不仅奉老忠诚，视养母如生母，对其他老人都尊敬，且十分爱幼。他视侄儿张成群如己出，对侄儿的生活、读书、做人、做事都关怀备至。他去世后，堂弟张整凡作挽联："侍伯母无异生娘，割股恐人知，孝心家宜千古颂；待诸弟如怜爱子，孔怀唯我最，梦魂顿系五更愁。"族人为纪念他的孝德，将其坟命名为"孝子坟"。

张筱村屡试不第 清朝秀才张筱村，性情傲骨，不甘失败，第一次乡试不第，他开始"半工半读"，授徒自给，写了一副对联高悬于门户："问近况如何，只剩数卷残书，一壶浊酒；把今年过了，再看花生彩笔，柳染宫袍。"他边授徒糊口，边刻苦攻读，可惜张筱村屡屡参试，还是榜上无名，且日益穷困，至酒食债不能偿还，于是闭门静坐，写有："君莫叩门，心下自明休合券；我非负债，家中如有愿倾囊。"尽管穷困潦倒，但他仍抱着一线希望，"读书则生，不则入棺"。结果终其一生，仍未及第。

胡氏教子入县志 清乾隆年间，张锡兹与妻子胡氏画荻教子，苦读不倦。可惜张锡兹累试春闱不第，便无可奈何地住进了寺藏园，设馆授徒，并书一联于门上："十载说求官，北辙南辕，回首依然故我；一经勤教子，玉堂金马，痴心还望后人。"

其后，张锡兹与胡氏潜心培养两个儿子。没过多久，其子张笔红中举。8 年后，其子张皋臣又中举人。胡氏因教子有方，被载入《巴陵县志》"贤母传"，远播芳名。

谢氏守节获旌表 谢太君是张五楼之妻，自幼受其父熏陶，饱读诗书，深知礼仪。丈夫也是才思敏捷，满腹经纶，刚过"而立"之年便病逝。当时她才 22 岁，尚无儿子。张五楼临死之前写下了一首绝命诗："膝前嬉笑佳娇女，堂上瞻依有老亲。六叔侄中四孤子，七兄弟里一残人。"张五楼深知自己去世后妻子之艰难，曾要她改嫁再婚。可是，谢太君不念自己青春年少，立志守节终身。她要求族中长老做主，为张五楼立后人（即办承继），才肯将丈夫盖棺入土。族里议论了 3 天，最后将侄子张锦山过继给张五楼。

丈夫去世，并无多少家业留下，谢太君日夜操劳，靠纺纱织布维持家计，含辛茹苦地赡养父母与抚育儿孙，寿 88 岁而终。其事被纳入县志。光绪初年，朝廷有旨旌表，赐其"旌表节孝"的御书匾额，以彰其风。谢太君去世后，族人为其痛挽："苦节本中孚，六十年蹇难睽孤，艰履未曾蒙小过；席丰殊大有，三四代鼎烹颐养，随临端不困家人。"她的继子张锦山深感其养育之恩，用母亲的生平事迹写下了一首对张谷英村影响深远的《劝孝歌》。

张蛰兮视侄比儿 张蛰兮少年时期父母双亡，随后哥哥、嫂子又去世了，留下一个叫张官贤的侄儿由其抚育。张官贤成人后，张蛰兮为他娶妻成家，胜过亲父。张蛰兮有 4 个儿子，分家时，张蛰兮却把财产一分为五，侄儿与儿子是一样的。数年后，张蛰兮叫来族中长者，拿出一大包银子对侄儿说："这笔钱财是我们家族公有的，当时我考虑到你没有成家，所以藏起来等到你急需的时候用，现在你这么贤能，拿出来给你，祖辈的财产我怎能私藏呢？”张官贤不受，张蛰兮就强制分了一半给他。清乾隆五十七年（1792），张蛰兮率侄官贤与房侄南州等重修太平桥。

张月舫创办鼎新校 张月舫，字仙槎，邑庠生。曾任教于县内的桂林小学。当时正值民国初期，社会动荡，张月舫认为要使人民淳化，必须办新教育。但村民受旧思想影响，并不理解。张月舫按户演说，动员子弟60多人入学；和族人张渥潜、穆门、开渠、海珊等筹集资金，创办了渭洞地区第一所新式学堂——鼎新校。张月舫被推举为校长。

学堂开办后，他和同仁们第一年尽义务，不要报酬，然后才收取规定报酬的半数。张月舫常为贫困子女付书钱，甚至供给饭食。由于操劳过度，他于1913年早逝，年仅43岁。去世前10余日，张月舫以1000多票当选为县议员，可惜未曾到职。

张博如少年联对 张博如幼年家贫，但十分聪慧。秀才张月舫是张谷英村新文化教育的启蒙者，曾创办鼎新校。一日，张月舫见张博如在堂屋玩耍，他早就耳闻张博如聪明好学，于是想探个虚实。他见一只狗正盘卧在地养神、两只鸡蹲在狗背上休息，于是出一联：“双鸡蹲狗背”，让张博如续对。张博如略一思索，随即对上：“一鲤跳龙门”。张月舫十分高兴，便将其领到自己任教的公积小学堂，为其负担学费、伙食费几年，使其学有所成，成为当地有名的教师。20世纪70年代，境内创办渭洞区高中，张博如为首任校长。

张云浦修百步三桥 清嘉庆九年（1804），有一个平江客到张谷英村粜谷。当家的张云浦吩咐小二带着客人去了粮仓。这时，外面响起了爆竹声，小二看热闹助兴去了。过了一夜，他才想起粜谷的客人还没付钱，被锁在粮仓。张云浦知道后，赶紧开仓放人，还免收他的谷钱，并当面把小二呵斥一通。消息不胫而走，传到了平江，人们都认为张云浦深明大义。

这年腊月，又一个平江人到张谷英村粜谷过年。回家的路上，要经过现在的百步三桥，那时还没有修桥，要从水中的跳石上走过。他不小心跌了一跤，一担粮食全部泼到了水中，平江人伤心地痛哭起来。恰巧张云浦路过，便把他带到自己家里，送了一担粮食给他，不但不取半文，还给了他一串钱作路费。第二年，张云浦个人出资修筑了百步三桥，方便行人过往。

祖孙三代讲学 曾作《劝孝歌》的张锦山，晚年在笔架山麓建屋设馆，训诂传经，留下了“故老犹传说，书香绕笔峰”的颂歌。张锦山次子张云瞿，字朏挚，号云衢，名大鹏，清光绪元年（1875）岁贡生，文武双全。因征剿新疆有功，伊犁将军金奏保训道，赏戴蓝翎，署长沙府益阳县教谕，曾主讲甘肃省南华书院，贤人弟子济济，著有《洗心斋集》。

张云翟之子张渥潜，自号笔山主人，又潜心教育终生，民国初年在张谷英大屋设私馆时，自编数十万字的《三余教育类编》作为教材，书分为《三字句》《四字句》《诗学易知》《文浅说》《国史大略》等卷，内容新颖，词语浅显，为当时授徒所爱读。其中《三字句》《四字句》和《诗学易知》在岳阳东乡作为私塾启蒙教材广为流传。

张锦山作《劝孝歌》 张锦山，字春韶，号锦山，秀才，例授职员。生于清嘉庆八年（1803）。清咸丰十年（1860），编著《劝孝歌》，全文 8 章，共 510 韵、7140 字。

《劝孝歌》从儿女十月怀胎到养育成人、从精心教读到男婚女嫁，述说父母的千般慈爱、万种辛劳，列举不孝子遭国法严惩、遭雷击火烧的种种事例和传说，劝勉孝敬之道，传授孝敬之法，绘声绘色，通俗生动，真挚感人。《劝孝歌》写成后，以手抄本在张谷英村中广为传颂。1916 年，张锦山嫡孙张渥潜得旧本作序后，印刷千余本远近赠送。1948 年，张锦山曾孙、国民党岳阳县党部书记张恕称《劝孝歌》："绘影绘声之笔，呕心呕血之文，岂独传家之宝？实为度世金针！"

2015 年 8 月 11 日，岳阳拍摄的微电影《劝孝歌》童谣上线中纪委网站，几天时间点击量突破 50 万人次，并荣获第五届湖南艺术节金奖。

张登魁倡"济贫公" 张登魁，又名霁新，生于清道光二十三年（1843）。幼时家境贫寒，由房亲张鸿逵抚养，并跟随其学医。成人后逐渐发迹，成为当地富户。致富后，他不忘昔日艰辛，仍过着粗茶淡饭的生活，为富而仁，热心公益事业。谱牒记载："晚年义举尤多，自当大门首至祠庙之石路，及祠庙之下之石桥，皆他所修。"

张登魁晋八十大寿时，子孙们准备为他大办寿庆。他婉言谢绝，提出"岂吾独老乎？今族人之人老而贫者众矣，可移此捐田石许（10 亩），以岁所入租分给之，虽所得甚微，亦涓所一滴也"。子孙热烈响应，族中富户也踊跃参加。张登魁带头捐田数十亩，其他人也不甘落后，累计共捐田近百亩。他又经手将原族中的"集义田""祠堂田""庙宇田"统一起来管理，取名为"济贫公"，设块管理，建账造册，每年分上、下年两次，召集族中贤士、房长开会评定贫困户，进行救济。族中有天灾人祸的典型事例发生，当即讨论解决。这一义举切实解决了张氏族中的贫困人家，稳定了社会秩序。数百年来，张氏族中无人外出乞讨。

张谷英村全景　　王根良　摄

古迹胜景

张谷英镇地处湘北，境内峰峦叠翠，溪涧淙淙，有刘备洞峡谷景区、桂峰山等人文景观，有万亩竹海、莲花湖、小水尖等自然景观。1930年下半年，中共湘北特委迁入柘港洞的玄珠洞拦石坡，领导岳阳、平江、湘阴、临湘、铜鼓、修水6个县的革命斗争达半年之久。柘港洞是湘鄂赣革命根据地的重要组成部分，是岳阳县的大苏区。

中共湘北特委旧址

张谷英镇柘港洞，现名天龙村，面积33.38平方千米，有5668人。大革命时期，柘港洞与芭蕉洞因与红色平江紧密相连，农民运动风起云涌，苏维埃政权如雨后春笋。岳阳县第一个农村党支部在柘港，第一个乡苏维埃政府在柘港，岳阳县苏维埃政府也成立于柘港。

1930年下半年，中共湘北特委迁入柘港洞的玄珠洞拦石坡，领导岳阳、平江、湘阴、临湘、铜鼓、修水6个县的革命斗争达半年之久。柘港洞是湘鄂赣革命根据地的组成部分，是岳阳县的大苏区。为发动贫苦群众建立革命武装、开辟红色革命根据地做出了不可磨灭的贡献。

旧址位置 湘北特委办公旧址位于岳阳县城东南70千米处的柘港洞。柘港洞中段有一个较大的屋场，称苦竹坪，人口密集，田地较多。苦竹坪屋场的西南部有一条长约1.5千米的玄珠洞，湘北特委旧址位于玄珠洞西南面称“拦石坡”的山坡上。

旧址在半山腰，形状如一个旧时农户家常所用的筲箕。旧址前面是开垦出来的山间坡地，后面背靠大山，山后有小路可达平江县岑川、余坪等地。湘北特委旧址之所以选址隐蔽，一是地势环转，从办公室可以观察到山下的情况，但从山下却看不到房屋；二是遇到紧急情况可以从山后小路撤退。

空间形制 旧址处原有两户人家，呈曲尺形。正面五间泥土墙房屋，原为一潘姓村民居住。湘北特委租借的是左侧的两间半房屋，即半间堂屋、两间正房。

旧址房屋坐西朝东，由山间黄泥土筑墙，内置竹木梆片增强结构力，墙厚度为25～28厘米。墙下端为高30厘米的石基，以防潮防水。枞木楼脚，杉木檩子，前七后八，十五步排水，屋顶呈人字形，上盖小青瓦。

房屋进深6米，包括前后阶檐约7米。堂屋宽4米，左侧两间正房略窄。房屋不高，

修缮后的湘北特委办公室旧址　尹婕　摄

湘北特委旧址石碑　李桂龙　摄

前后墙约 3.5 米，屋脊处约 4.5 米。为了增加使用面积，每间楼面均设计一个夹层。楼板之上的三角形空间最高处 2 米，既可放置货物，也可住宿。

门为枞木质地，有些破损。堂屋大门为双开式，内置木栓，低矮狭窄。两间正房的窗户为木格窗，约 1 米。窗旁左侧设镶嵌于墙内的茶碗柱，面积约为窗户的一半。墙面以粗石和竹梆片为材料，较为粗糙。

湘北特委办公室旧址由于年久失修，受损非常严重。2012 年，岳阳县委、县政府制定了修缮方案，基本达到了“修旧如旧、重现原貌”的效果。同时，旧址旁边倒塌的居民房屋也被拆除。

1956 年，湘北特委旧址被定为湖南省重点文物保护单位，但未予重视。2004 年 1 月 18 日，湘北特委旧址被岳阳市人民政府公布为市级文物保护单位。保护范围：以旧址外墙基为起点，四向各 50 米处。建设控制地带：四向各到保护范围外 150 米处。

文物保存

因多方原因，湘北特委办公室文物保存较少，尤其是文字、图片等资料，销毁或散失殆尽。陈列之物有篷床、办公桌、木箱、方桌等。

篷床　为老式木篷床，杉木为料，古朴结实。长 2.5 米，宽 1.5 米，高 2.18 米，几乎占据了房间的 1/3。床前有踏凳，凳高约 20 厘米，长 1.9 米，宽 35 厘米。

办公桌　办公桌当窗放置，为清末式样，做工精细。长 1.28 米，宽 0.58 米，高 0.83

米。四脚结实，略施造型。3 个抽屉横排，两侧有垂箱，俗称抽箱桌。抽盒上有铜拉环，中间抽盒有铜锁。

木箱 该木箱用于贮藏衣物。长 86 厘米，宽 56 厘米，高 46 厘米。木箱两侧有铜拉环，正面有月形黄铜锁。

方桌 办公与餐饮兼用。长、宽、高均为 83 厘米，四腿为圆形，其上用横木连接。桌面厚 5 厘米，结实耐用。

椭圆桶 一般置于墙脚处，用于装粮食。高 78 厘米，长 95 厘米，宽 52 厘米，桶身用 3 道竹篾箍箍紧，呈椭圆形。

斛 为一种粮食量具，结构奇特，为截掉锥尖的圆锥体。上圆直径为 27 厘米，下圆直径为 40 厘米，高度 31 厘米。旁有两耳，左右对称。

茶碗柜 高 1 米，长 95 厘米，宽 30 厘米，分上下两截。上半部分有对称的左右两盒，放茶叶、椒子；中间空置，放茶盘、茶盅；下半部分为碗柜，内有两层，外有双扇

篷床

水桶　李桂龙　摄

木柜　李桂龙　摄

桌子、筛子　李桂龙　摄

合门，木轴开转。

另外，旧址内还陈列有木瓢、筲箕、竹盘、瓷坛、瓶罐等。旧址内曾陈列有笨重拙朴的石火炭盆、锈迹斑斑的尖底铁炉锅等，因人为破坏，已不知去向。

烈士纪念塔与纪念亭 新中国成立后，原芭蕉乡共青团为了纪念革命老区光荣牺牲的烈士，集资在芭蕉坳东面山头修建了一座人民烈士纪念塔，塔内的石碑上刻有100多名烈士姓名。

柘港洞群众为了纪念该洞牺牲的烈士，曾在湘北特委驻地不远的竹坪黄泥坳修建了一座烈士纪念塔。1977年，渭洞人民公社调动全乡5000名劳力修筑桐木水库，水库竣工后，在大堤东侧修建了烈士亭。烈士亭采取中国传统的亭榭建筑风格，分为两层，上面一层六柱，二层四面四柱，飞檐翘翅，中央嵌“烈士亭”匾牌，亭中设烈士名录碑刻。廊柱之间石椅相连，以便瞻仰者休息。

烈士亭　　李斌斌　摄

刘备洞峡谷景区

刘备洞峡谷景区位于张谷英镇大峰山北麓，距 107 国道 33 千米、上京珠高速（标号 030）31 千米。刘备洞峡谷是横越大峰山间的一条狭长的山谷，面积约 400 公顷。境

刘备洞峡谷景区入口　　李斌斌 摄

内峰峦叠翠，溪涧淙淙，有平江至岳州的古驿道、天井潭瀑布、天子石、刘备庙等景观，是国家AAA级旅游景区，自然山水与历史古迹交相辉映。

地名来历 东汉建安十三年（208），赤壁之战中曹操深受打击，局势稍有缓和。刘备趁机向东吴借取荆州，然后南征零陵、武陵、桂阳、长沙4郡领兵回荆州，诸葛亮带领赵云、黄忠、魏延等将士由长沙乘船顺湘江而下，入洞庭，转长江柚江口登陆直抵荆州。刘备带领关羽、张飞所属15000兵马抄陆路步行，连日苦战，未曾休整，即从长沙捞刀河多次翻山越岭，几度过河渡水。正值天气炎热之时，军士饥渴难耐，刘备见该地既地富民饶，又幽深险隘，便下令在该地安营扎寨，驻军休整一个多月。后人为纪念刘备曾经驻扎该地，将该洞改名为刘备洞。历史学家何光岳为刘备洞门题联："洞中藏胜景，溪畔觅先踪。"

主要景观

岳平古驿道 原为一条平江至岳州府的古驿道。这条古驿道自平江至张谷英村，过佛坳，经陡石口，出饶村洞口湾，而达岳州府。该驿道自古即为交通要道，来往商贾络绎，是一条官马路。后因公路兴起，途经别处，该驿道便逐渐沉寂下来。

该古驿道依山就势，斗折蛇行，长约4千米，宽100～166厘米。路面用青石铺砌，古色古香。路坳之下是溪涧，路随溪转，灵动多姿。水声淙淙，杂花生树。

据传，东汉建安十五年（210），刘备夺取长沙等4郡后，在回荆州途中曾经过该驿道。他命将士重修栈道，缺口用木条连接，铺木板，狭窄

刘备洞记　　李斌斌　摄

岳平古驿道　　李斌斌　摄

处外侧打上木桩，编织树枝，堵住泥沙。年经日久，木条腐烂，百姓便开挖山墈，增宽路面，终成驿道模样。

明嘉靖十年（1531），驿道石壁上刻有“此古道上迎平江、通城，下接岳阳、湖广”。挨着“草鞋印”下面的石壁上，刻有清雍正元年（1723）《重修栈道碑记》，碑序字小，模糊不清，落款刻有“风雨劝缘僧陈清渭、张永松、陈瑞修同立”，并刻有122个人的名单和捐款银两数据。用所捐的银两将该栈道铺成青石块，以防雨水冲刷。抗日战争时期，路面受到严重破坏。1945年，唐生智部队修复该路。1962年，又进行重修。

斛谷路　斛谷路位于刘备洞的山口处，长约30米，宽100～166厘米，沿山势徐徐而上。路面几乎全从青石块中凿成，形如远古残简。

由于途经岳平古驿道的道石岭横亘巨大，很难开通。明嘉靖元年（1522），洞口湾有一个姓陈的员外为了方便行人缩短行程，与当地石匠议定凿通该道，石匠凿石一斛，陈员外便给一斛谷作为工价。历月经年，石匠便把石岭凿通了。因工匠“凿一斛石得一斛谷”，后人将这段路称为“斛（戽）谷路”。

洗马沟　翻过斛谷路，就是洗马沟。洗马沟是一个四周群峰峭立、形状狭长的小湖。相传刘备曾在这清池碧水中洗濯他的“的卢”马，故名洗马沟。湖畔巨石上留有刘备手迹，因年代久远，铭文已斑驳，难以考辨。洗马沟前的青苍峭壁上有“扫荡群雄”4个汉隶大字。洗马沟的南北两个小山头建有两个鼓亭，长、宽、高均约3米，四角攒尖，仿木结构。亭中有一面大鼓，鼓面直径1米，鼓身厚约60厘米。

陡石口凉亭　陡石口位于刘备洞古驿道的中间处。由于这段路为开山凿石而成，陡峭如梯，且为驿道纵深的端口，故称陡石口。陡石口北侧的溪涧流经该处时水流湍急，几乎沿石面垂直飞泻而下，在其下端冲激成潭，为陡石潭。若遇暴雨，山洪汇集，飞瀑如练，响声如雷，蔚为壮观。

陡石口凉亭位于陡石口上端。凿石为坪，建有歇亭3间，供驿使与行人休停歇脚。右亭宽3米，长5.6米，高2.5米，砖木结构，六柱透空，上盖青瓦，内有古朴竹椅供行人休息。驿道穿亭而过，亭上书有一联：“古道烟霞凝叠翠，小亭幽趣寓深林。”

清光绪十七年（1891），巴陵知县张一桂视察该处后，命当地百姓捐资重修，以方便来往行人；还命人在亭旁大枫树上悬挂天灯，巡逻示警，以防歹徒趁黑夜抢劫，并立碑谨撰。陡石口凉亭一直有人居住，义务为来往的行客烧茶煮饭，直至20世纪90年代后才无人居住。陡石口凉亭旁有两株大树，一株是树龄500年的古枫树，一株是树龄600年的白檀树。

陡石口凉亭　　　　李斌斌　摄

鼓亭　　　　李斌斌　摄

石姑庙 在陡石口南侧、离古道约2米处，有一块长约5米、高2米的巨石负土而出，断面平整光滑，其下似有基脚。该石于明正德十一年（1516）由当地陈氏兄弟刻石祭拜。嘉靖三十四年（1555），信男善女在该地修石姑庙。断面字迹依稀可辨，记载了修建寺庙的2000多人次。

石姑庙一面倚石为墙，一面临崖而立，石在庙中。庙高2.5米，面积约13平方米，青瓦红墙，飞檐六角。庙里供石姑娘娘像，像高1.5米。石姑娘娘头披红巾，手抱孩儿，面目慈善，温和可亲。两旁悬一副对联："祥瑞整石来天地，慈蔼仙姑佑古今。"当地百姓为了祈求孩子平安，有"拜石为干娘"的传统习俗。庙门外左侧有一个石碑，记载了石姑庙的来历。

石姑庙 李斌斌 摄

蛇矛井 蛇矛井位于陡石口凉亭右上侧，井深20厘米，内径25厘米，外沿40厘米，是一个人造的麻石桶，石桶的上端有一块巨大的岩石。泉水从岩石壁上渗出来形成微流，然后导入麻石桶，再从石桶外溢。古往今来，泉流不息，无论多少人舀喝，却舀不尽。

关于蛇矛井的命名，有一个来历。据传当年刘备大军经由该地，人困马乏，张飞抡起丈八蛇矛，对准崖石猛地一凿，当即石裂一缝，一股清泉喷涌而出。将士们争相饮水，顿觉神清气爽，力气倍增。后人便称该井为蛇矛井。井旁茅草如兰，水质清甜可口，人们也称该井为丝茅井。

驿道石刻 驿道石刻主要有天子石和“草鞋印”石刻。天子石位于陡石潭下方约30米处，是一块斜倚在路旁山体上的梯形平整青石，石质为沉积页岩，高约3米，底长3米，面积约7平方米。天子石的石刻杂乱无章，既不是一人所刻，也不是同一个年代所刻。第一行刻“赵帝绍定军十二月行”；第四行刻“赵行公留记，永保千秋”；左旁刻“刘天子”，未刻年月，不明朝代；第六行刻“汉乾祐二年九月初二日记”。天子石刻是刘备洞古驿道最具有说服力的历史见证。

“草鞋印”石块高2米，宽3米，中间有约80厘米的草鞋印。该鞋印离路面高约70厘米，相传是刘备穿着草鞋踩的，故民间称为“草鞋印”，又名“天子脚印石”。石上刻有大段文字，上面横写“南无阿弥陀佛证盟”，下面直写“大明国湖南岳州府巴陵县永宁乡十八都饶村保祀祭伍相大王神分冈缅大王神”等文字。落款为“皇明嘉靖十年岁值辛卯冬月吉日修，石匠蒋万凌”。另有一块石壁因年代久远，日剥雨蚀，难

天子石　　李斌斌 摄

以辨认。

关帝庙 关帝庙位于刘备庙同侧上行150米处，为纪念关羽所建。关帝庙掩映在一片茂密的松树林中，外观为双层结构，青瓦红墙，飞檐如翼。占地面积约100平方米。庙门呈梯形向内凹，两侧立周仓、关平像，把守庙门。石门框，古色古香。门开两扇，其上各有9排铜钉。庙门上书“磊落超然”4个字，两旁对联“文韬武略雄风千古，忠肝义胆气壮河山”，为向礼光所书。

厅中六柱三开间，中厅宽阔，供关羽像。像高约2米，赤脸长髯，手捧书卷，气定神闲。两旁有付向龙撰写的一副对联：“读书当将破万卷，求知不教一疑存。”像前香案宽大，前有数个蒲团，供人朝香凭吊。

观瀑亭 观瀑亭位于天井潭上，跨溪而建，四方四角，上盖青瓦，面积约4平方米。坐于亭中，可观天井潭瀑布。听瀑声如潮，看瀑布如练，闻草木之香，感清风扑面，令人心旷神怡。瀑布小巧玲珑，长约20米，宽6～7米，水流自青岩飞泻，两岸杜英红叶。瀑下冲积成潭，名为天井潭。潭约20平方米，水尤清冽，绿如翡翠，游鱼历历，美不胜收。

结义台 结义台位于岳平观瀑亭上约50米处，是一个人工景观。根据《三国演义》中刘备、关羽、张飞桃园三结义的场景设置，塑像神态各异，生动逼真。周边种植桃树22株，与结义台相映成趣。

刘备庙 刘备庙位于岳平古驿道南端北侧的小山上，过洞中溪涧，再沿“千步踏”拾级而上。庙宇修建在一片竹林当中，红墙青瓦，六角飞檐。庙高4米，进深8米，面宽16米。前廊为四柱三开面，中间两柱隔4米，边柱相隔3米，主次分明。庙门为四扇开折的屏门，厅中左右窗棂古色古香，廊柱之间的横隔装饰简约空灵。

庙门上方有“刘备庙”3个字，廊柱上有历史学家何光岳写的对联：“争荆沙取长沙曾经陡沙口，建前汉兴后汉再续蜀汉都。”黑木雕刻，字体美观。

中厅高大宽敞，供奉刘备、关羽、张飞3个塑像。刘备居中而坐，肩披黄色战袍，意气风发；关羽、张飞二人按剑立于两旁，不怒自威。上悬“义烈千秋”匾，两旁对联为：“布施仁义昭天下，化作神明醒世间。”

中厅两侧各有一间厢房，为庙中住持起居之所。庙前小坪宽约4米，长18米，方石铺砌。庙中间有一铁铸鼎状香炉，高1米，长1.6米。左侧有一口厚实的钟，名为三界钟。钟上镌刻：“钟鸣萦峪里，义气毓山川。千古长凭吊，圣明喻后贤。”

刘备洞峡谷景区的溪　　李斌斌　摄

据《刘氏族谱》记载：“渭洞刘家，小洞邱家，饶村刘石坡、刘当屋等地的村民，均系刘备后裔，于元末明初迁移至此。刘氏族人人丁兴旺，达 8000 余众，为纪念先祖功德，遂于刘皇叔曾经驻跸之处修庙立像，祈佑一方。”

刘备洞峡谷景区的桥　　李斌斌　摄

刘备洞峡谷景区的潭 李斌斌 摄

桂峰山

桂峰山位于张谷英镇最南端的桂峰村，距离张谷英镇 15 千米。村落四周群峰林立，秀丽清奇。前有溪涧环绕，中部形成较为开阔的山间平地。山中有许多野生的桂花树，八月桂花开放，清香溢满山坡，因此得名桂峰山。

桂峰山是国家生态林保护区，山中有瀑布、泉井、青竹扫坛、灵官崖、石笋、天鹅抱蛋等众多的自然景观，还有登山古道十八盘，山下潭水相映，宛若人间仙境。山上的桂峰山寺是一处清幽的佛道宗教圣地，有五六百年历史，为市级重点文物保护单位。周边有康熙、雍正、乾隆年间的僧人墓葬群及其他大小庙庵多处。近年来，随着张谷英镇旅游业的蓬勃发展，游客沓来纷至。

桂峰山寺

桂峰山寺位于张谷英镇东南部桂峰村板桥洞。

古寺　桂峰山寺始建于明万历四年（1576），据传当地有一个叫良所的和尚，带业修行，将自己一份丰厚的家产，包括资金、房屋、山场、田土等一并投入，择地卜吉，拓荒开路，修建了该寺。

桂峰山寺以青石条块奠基铺地，抱角磨砖砌墙，青瓦覆盖，翘檐攀爪，古朴壮观。布局有序，分上、中、下 3 殿。上殿为大雄宝殿，供有大佛弥陀、释迦牟尼、药王师 3 个佛泥塑圣像，两侧分别有十八罗汉与 34 位居天像，几十尊菩萨神态各异；中殿供玄妙庄王像，维罗、监罗像与之呼应，端庄肃穆；下殿为关帝殿，供奉关羽像，像为木雕，刻于清乾隆三十年（1765），至今完好无损。

桂峰山寺右侧有两株巨大的梱树，树干粗大，两人合抱不过。相传为明代空仁和尚所种，树龄 400 多年。一株已于 2004 年枯死，其木僵而不倒，腐而不烂，宛如化石；一株仍枝繁叶茂，浓荫如盖，生气勃勃。

桂峰山寺　　李斌斌 摄

寺内典藏甚多。有明、清时期的古装《佛经》木印本，手抄本尚有部分遗存。印刷佛教文书的木刻印版，古朴典雅，珍藏至今。寺内有一口大铁钟，清道光二十八年（1848）铸造，广口直径1.2米，重300公斤，其上金鼎文字清晰可辨。

大革命时期，桂峰山寺曾经是中国共产党的地下工作站。1946年，福建省委候补委员、闽浙赣军区参谋长刘怡仁回湖南建立湘鄂赣边区根据地，开展地下武装斗争。他曾化名刘润世，乔装成斋公，住在该寺从事地下工作。寺中至今仍保存他的手书长联："此庙果峻峭离奇，汇山有势，汇水有声，洞府精华自活现；为神皆聪明正直，积善必旌，积恶必罚，司曹监察不糊涂。"

新寺　古寺历数朝变迁，久经沧桑，曾经几次大规模维修扩建。清咸丰元年（1851），将古寺从禅良坦迁至现在的所在地。庙宇扩大，规格提升，庭院拓宽，增其旧制，重塑佛像。1934年，又扩建斋堂、住房。新中国成立后，因"破旧立新"，殿堂改为民用，大部分神像、神器被焚毁。

1992年，邹东瑞带头组织群众捐资、投劳，群策群力，又将桂峰山寺修复一新。湖南省宗教局审批桂峰山寺为正式宗教活动场所，岳阳县于2002年将桂峰山寺确立为县级文物保护单位。

2008 年，邹德正、刘雄兵、邹深根、邹东瑞、邹行舟、李焕青、万恩生、邹格正、邹算如 9 名地方知名人士组织筹款、设计、施工，重修首殿关帝殿及僧寨、钟鼓楼、厢房等，后续建筑也在规划当中。2014 年，桂峰山寺晋升为市级文物保护单位。2015 年，通寺公路硬化，桥梁维新，人们可驱车而至。

修葺一新的桂峰山寺坐东南朝西北，总建筑面积 320 平方米。寺庙坐落在一个高 1.8 米、12 级的台阶上，殿高 5 米，宽 10 米，长 16 米。柱廊式结构，庑殿式屋顶，外观两层，飞檐灵动，壮观威严。殿前两层飞檐正中镶嵌着“桂峰山寺”4 个大字，直径达 40 厘米的廊柱上挂着“桂峰”二字的嵌名联：“桂馥名山，何似人间，佛地重光幽古刹；峰登极境，超然物外，洞天览胜畅奇观。”殿分为 3 厅，高大宽敞。中厅为关帝殿，高达 2 米的关公金身塑像威然端坐在 1.8 米高的台案之上。两旁悬挂刘润世手书长联。左厅为财神殿，右厅为祖师殿。大殿两侧为僧寨、钟鼓楼与厢房，左右对称，相得益彰，结构为青砖小瓦马头墙。每年五月十三相传为关公寿诞日，桂峰山寺均会举行祭祀活动。

十八盘青石古道　在公路未通至桂峰山寺之前，人们上山是沿十八盘石板路盘旋而上寺院的。石板路有几百年的历史，十八盘起始于半洞水库福荫桥，是境内保存最为完好的青石古道。福荫桥建于 2015 年，为村中邹德正、姚淑元夫妇募捐所建。跨度 14 米，十八盘宽 2.6 米，高 8 米，青石砌拱，麻石护栏，造型优美，石刻精湛。先前，该处为一座木板桥，一半是石条所搭，一半是木板镶拼而成。

十八盘青石古道宽约 1 米，长约 300 米，有 20 多个弯道盘旋而上，每个弯约 10 米。无论站在哪一盘上，都可以透过树隙看到上下 3 ~ 4 个拐弯处。第八盘处有两株树，同根而生，约 3 米处合为一体然后分开，至 6 米处又合为一体再分开，9 米处再一次相互拥抱，甚为奇特。

古僧墓塔群　古僧墓塔群发现于 2004 年，分布在桂峰山及其周边山上。共有 10 多处，每处 3 ~ 5 座不等，共 60 余座。这些僧塔始建于明万历年间（1573—1620），大部分建于清朝。2014 年，被列为岳阳市文物保护单位。

几百年前，桂峰山一带佛教兴盛，僧徒甚众。和尚死后，用陶缸安葬。传承徒子徒孙，生卒下葬年月记载诸全。墓塔正面底部有碑、柱，呈八字形排列；中层呈阶梯形圆盘螺旋式上延；上有六方形塔身，高 4 ~ 5 米，一共 7 层，层层翘檐攀爪；顶上是一个青石葫芦。左、右、后三面砌有排水石沟，护栏呈圆椅扶手状，一色青石。桂峰山寺前的真连和尚墓全由石块逐级垒成，外观像一座石砌的亭子。塔高 2.4 米，底面直径 1 米，塔身底座为八面体，其上两级为六面体，中间分别以圆盘、六角飞檐及倒圆锥体与之相隔，造型古朴。这种僧塔是印度的覆钵式塔与中国古代传统的亭阁建筑相结合的一种古塔形式。用材朴素，结构简单。至 2017 年，已经发现并考证的有 24 个，分布在桂峰山寺附近或离寺稍远一点的青山绿水间。

周边庙宇

天龙山道观 前身为真君观，始建于南宋嘉熙年间（1237—1240），至宝祐年间（1253—1258）被洪水冲毁，后改建于天龙山，曾多次修复。清光绪二年（1876），由柘港十六门乡亲推荐，以邹德栋、刘植吾为首，在天龙山重建。道观建造雄伟，气势磅礴，四进二十四柱，神殿、天井、戏台一应俱全。神龛供奉太上老君、元始天尊、通天教主像，位前供奉欧都上圣。“文化大革命”时期遭到破坏，但保留至 1975 年时，仍规模壮观，合抱廊柱，木雕镂刻，龙凤图腾。殿前有戏台，石柱木梁。西有一厢房，东有三厢房，当时用于课读与宿舍。门外四水归池建筑，时为天龙山纸厂。1975 年，纸厂由岳阳市财政局拆除，道观遭毁坏。

1990 年，附近村民募资投劳建成一进三室的简易道观，泥塑诸神，木雕欧都上圣。2016 年，居乡道士彭泽根召乡邻修缮，维新廊柱 4 根，扩建住房 3 间，立门头于庙首，建围墙于勾栏。耗资 20 余万元，道观得以部分恢复。

邹家洞尼姑庵 位于邹家洞与八字洞交会处的一突兀山顶平地上。前有南屏山，后有祖山，左右以抱石岭和少年岭相拥。尼姑庵建造年代无考，至“文化大革命”前保存完好。庵前排面五间二进，内设天井、阁楼，外立二廊柱，黑漆大门立二石鼓门墩。四面绿茵遮盖，空谷深邃，庵堂暮鼓晨钟，余音不绝。20 世纪 70 年代，庵堂由一杨姓人家居住。20 世纪 90 年代末，尼姑庵倒塌。

回龙山庵 回龙山庵位于桂峰山云安洞，又称下庵，明清时期的佛教寺庙。相传该庙住持是一位得道老僧，老僧寂灭后，山庙废圮，该地更名为下庵，与上庵对应。

其他名胜

自然风光

万亩竹海 张谷英镇内的竹子，传说有5000多年历史。清末至民国初年，楠竹已遍布全境。时人有诗赞道：“山南山北竹婵娟，翠涌青围别有天。”境内楠竹分布广泛，面积达6984.8公顷，占全县竹林面积的56.2%。

万亩竹海 李斌斌 摄

自杨和蛇岭盘旋而上，然后再下倒溪，沿途近 10 千米，上万亩楠竹林连成一片，中无杂树，极少人烟，茫茫竹海，蔚为壮观，形成了湘北地区独一无二的“万亩竹海”自然景观。

万亩竹海处于张谷英镇东北部，海拔 400 ~ 600 米，光照充足，气候温和。山间土壤大部分为页岩风化所形成，土壤厚度 30 ~ 120 厘米，腐殖质厚度 20 ~ 40 厘米，

莲花湖

土壤肥沃，适合楠竹生长。楠竹通体修长，亭亭玉立，高达十五六米，竹径可达20厘米，竹节之间长度可达40厘米，材质优良。所生竹笋，个大味鲜，山之珍品。

莲花湖 莲花湖位于张谷英镇北部，是由大峰山与小水尖山系错落形成水道，然后在出水口大坳拦坝形成湖泊。境内80%的地表水流入莲花湖中。

莲花湖原名大坳水库，始建于1963年，建成于1966年，是一座以灌溉为主，兼防

李斌斌 摄

洪、发电、水产养殖等多种效益的中型水库，是一座高山湖泊水库。库区是省林业厅重点保护生态区，具有近乎原始的生态环境，每年有大量的白天鹅等珍禽动物在库区内栖息繁衍。常态水面积近百公顷。湖内青山郁郁，绿水漪漪，回弯曲曲。湖中还有 3 个小岛，景色美不胜收。远看山峰缥缈，宛如朵朵莲花盛开。2000 年，为了配合张谷英镇的旅游开发，大坳水库更名为莲花湖。

莲花堰位于莲花湖旁，是饶村河上用于农田灌溉的一个河湾，起初用柴草、石子堆成。据说抗战胜利的那天晚上，河湾塅上突然莲花盛开，村民奔走相告，提灯夜观，莲花堰因而得名。在缺衣少食的艰苦年代，张谷英境内曾流传有“有女嫁到莲花堰，白米饭，鲜鱼宴”，形象地道出了莲花堰给当地人们所带来的富庶生活。20 世纪 90 年代，莲花堰用水泥和混凝土重修。

小水尖 小水尖为岳阳县境内第三大高峰，海拔 641.2 米，离张谷英村 5 千米，是其东南天然屏障。站在小水尖上，东部是铁山水库，南部有蛇岭盘山公路，过五洋桥，与城梅线会合，北部有国家森林公园大云山。

小水尖主峰隶属向阳村，山脉从上而下成网状分布。东边水系经泉水师堂倒溪洞入大塅，由小饶港汇入新墙河；西面经大水洞、小水洞、陈家坪、黄土埝、松树塝、蒋家桥、濠州背，与杨和支流汇入一心港，进大坳水库，从大饶港入新墙河。南北长 8 千米，东西宽 7.5 千米，垂直面积 30 余平方千米。地形为中部高，东西走向陡峭，岩石林立；南北走向狭长，绵延不着边际。整个形状如重重叠叠的宝塔，春末夏初，云遮雾罩，山顶时隐时现，风景迷人。

小水尖土壤以黑黄泥为主，适合植物生长。山上有檀、杉、枫、楮等多株古树，是研究古代植物的标本。自山脚到山腰是大面积的楠竹林。茂密的竹林间有白术、七叶一枝花、黄精、党参、鱼腥草等名贵中药材；有猕猴桃、山梨、葡萄、樱桃等野果；有高山云雾茶、高山黄花菜、高山野萝卜等野菜；有高山云锦杜鹃、白玉兰、樱花、桂花和遍地的水菖蒲、山菖蒲等花草。

小水尖为张谷英镇境内第一高峰，周边古迹与传说很多。大革命时期，该处曾为红军活动根据地。抗日战争时期，国民党岳阳县政府迁驻小水尖脚下的芭蕉坳，小水尖也为县政府抗日战备物资的储藏地。

峰胜洞 位于张谷英村西南约 7 千米处，以山峰胜景而得名。洞中峰峦秀丽，溪涧淙淙。杂花丛中闻啼鸟，竹林深处有人家。洞中美景让人流连忘返。

峰胜洞全长约 4 千米，集雨面积约 12 平方千米，海拔 300 ～ 500 米。从松树桥右侧入峰胜洞约 1 千米，有一开阔小坪，称为下边屋，有两株巨大的千年古柳，枝繁叶茂，高耸入云。从下边屋开始，双溪交汇，三峰并排，道分两岔。左边为斗折弯曲的山峰，右边则曲径通幽，地形平坦。沿溪而行，泉水十分清澈。洞内峰峦秀丽，溪瀑纵横，林木葱郁，空气清新，森林覆盖率达 95.1%。因为植被保持良好，各类野生动植物种类繁多，有竹木、药材等野生植物资源近 400 种，有山鸡、斑鸠、画眉、野猪、山兔、狐狸、蛇类等野生动物 60 多种。

洞中原有 3 个小组，村民约 160 人。但随着社会的发展变迁，洞中的居民大部分迁出。峰胜洞是天然的避暑胜地，时人有诗赞道："胜境清幽四面山，日光只照午时间。苍松绿竹林涛海，别有风光在洞天。"

棋盘石 棋盘石又名天然棋盘、仙人石，位于倒溪洞师堂片公路边。石壁高 20 余米，面积约有半亩，石面平整如镜，石上隐约有些文字。壁上石缝清晰可见，横平竖直，距离相近，极似棋盘经纬，故称"棋盘石"。其边沿灌木参差，山花竞秀，映衬棋盘。传说，该石原是平放着的，专供八洞神仙游玩下棋。一次，众仙同赴天宫，为防凡夫俗子到该处下棋，不思耕种，耽误农时，吕洞宾便将棋盘挂于山崖之上。千百年来，观者无不称奇。后人有诗赞曰：

奇峰险峻势冲天，空挂棋盘分外妍。
古道仙人留弈迹，今嵌巨镜耀山间。
蓬藤灌木悬岩上，异草奇葩灿石边。
清水一湾浮倒影，钟灵毓秀胜桃源。

石壁下的小河中，原有好几块直径约 2 米的球形石头，据说是当年神仙下棋时遗落的棋子。20 世纪 70 年代修公路时被炸毁。离棋盘石下 100 ～ 200 米处，有一个深潭。潭水沉静碧绿，游鱼历历可数。潭边有一块悬石，伸出潭面两尺，据说神仙们下完棋后，蹲在该石上净手，故名"静人仙石"。棋盘石下侧的小河之中有一处石迹景观，名为"神仙锅灶"。据说，是下棋的神仙们弄膳充饥的器具。一巨石如灶，其上碗、盆、匙、罐俱全，灶上一石如锅，锅底深约 1 米。

寺院禅林

昭显真人庙 位于大峰山海拔 554.1 米处的一座山顶上，始建于清咸丰年间（1851—1861）。1958 年，拆后重建。2000 年，因寺庙发生大火，又重建。2005 年后，饶村乡与渭洞乡百姓分别从山的南北修通公路至山顶。庙由3级大理石阶梯扶摇而上，每级阶梯均为90步。第三级阶梯上去建有高3米、宽5米的瞭望台。瞭望台四周设有雕刻精美的扶手。寺庙坐北朝南，东西长50米，南北宽30米，共150平方米。大殿设有一座供奉昭显真人的陈进贤真身塑像，有住房两间。

风水寺 又名风雨寺，位于大峰山下的寺湾村。相传关羽到渭洞时曾在该处避风雨，后人修寺以纪念。寺庙依山而建，伴溪而筑，匠心独具，气势恢宏。占地面积2000余平方米，有大小神像3000余尊，常住僧众数百人。进入风水寺的第一重大殿，关羽与弥勒佛背靠而坐。前面坐关羽，左右立周昌、关平二将。两旁边对联为："赤面秉赤心，骑赤兔追风，驰驱时无忘赤帝；青灯观青史，仗青龙偃月，隐微处不愧青天"。弥勒佛与关公相背而坐，也有联："问神圣如何反坐，答世人不愿回头"，颇具情趣。"文化大革命"期间被毁。现寺庙故址只有一名八旬老和尚居住。

三闾大夫庙 三闾大夫庙位于朱公桥钓鱼洞，为纪念屈原而建，具体年代不详。据宋范志明《岳州风土记》记载，新墙太平寺（即相公庙）是屈原流放时的住所之一。境内柘港是汨罗江罗水的源头，屈原沿江上溯，有一条蜿蜒曲折的深谷，中段岸边有块大石，石下有个大水潭。屈原到这里后，常坐在这块大石上钓鱼，久而久之，在石块上留下了他的屁股印和脚痕，旁侧还有插钓竿的石眼和马蹄石印。后人为了纪念屈原，便将该石称"屈子石"，并在石块上方一侧兴建了三闾大夫庙。这条峡谷也被称为钓鱼洞。历史学家何光岳曾为该庙题联："屈而钓鱼，怀离骚，向天问，三闾沉矣三户在；原于祖龙，斥上官，讽南后，万民哀之万家钲"。

钓鱼洞北面有9座小山峰排列成行，酷似九龙南飞，而在其南面也有一座小山与之相呼应。三闾大夫庙便迁建于该地，改称大王庙。庙中原有屈原像和他的姐姐金花像，有木马及10个1米多高的法像，均在"文化大革命"期间被毁。1989年复修，2002年失火被烧毁，2014年再次重修。

金溪玉皇庙 饶村河出口处有一座水口山，后改名双龙山。明正德十二年（1517），有道人在山上修了一座道观，取名玉皇观。明天启二年（1622），又有刘姓道人重修屋宇，改玉皇观为玉皇庙。清宣统二年（1910），以本地人陈书庆为首，重修玉皇庙，占地面积60～70平方米，上下两层，有房舍10余间，并建有皇经殿以藏经书。1939年，皇经殿及神像被毁坏。1993年，当地百姓自筹经费，玉皇庙得以恢复旧貌。玉皇庙北面约300米处有陈广平将军墓碑，巍然肃穆。

屈原塑像　李桂龙　摄

屈原庙　李桂龙　摄

药师禅院　药师禅院位于莲花湖村的悯港半山岭。开创者是出身医药世家、精通医术的师太，名字失考。她在山间采药，传授尼徒，悬壶济世，所居之庵命名为药师庵。清康熙年间（1662—1722），改名为药师禅院。据传，县境大云山的师祖是药师禅院的分坛师祖。乾隆年间（1736—1795），药师禅院的僧侣尼姑有100多人，有40余亩田产，3头水牛，山下百余户人家耕种田地，供给禅院粮食。其后，禅院集资，施主捐赠，再次重修扩建。新的药师禅院分上、下两重，上重30间房，下重3个殿。楼上有住房，两厢有杂屋。上殿供奉关圣帝像，中殿供如来佛祖像，东殿供观音菩萨像。禅院中的对联多富禅机。山门联为“柳线莺梭，织就洞天盛景；松涛鸟唱，奏乐佛地禅声”；中殿联为“壶里乾坤酣睡梦，粟中日月念真经”；观音殿联为“承命三教为主宰，执事万象做权衡”。

新中国成立后，药师禅院被拆毁，唯存一堆断石残碑，苔砖碎瓦。现在药师禅院周围尚存很多僧侣墓塔。其中，清嘉庆年间的须弥和尚墓做得精致，两边撰联依稀可辨：“须识长生屋，弥坚永乐年。”

茶田寺　茶田寺位于饶村茶田村普安桥，始建于明万历年间（1573—1620）。据当地老人讲，茶田寺内如来佛祖的座椅靠背上刻有“万历”字样。茶田寺分上、下两殿，上殿为关帝殿，下殿为佛祖殿。殿中神佛共处，森然肃穆。寺的西侧是横堂屋，有4个天井、数十间住房。该寺原为富寺，有田产五六十亩，僧众数十人。清末，寺里的方丈大肆挥霍，变卖田产，最后只剩下一担三斛租。

1938年，岳阳县政府迁朱公桥，茶田寺改为中心国民学堂。寺里石碑埋入塘里，后已是村民屋基，无法挖掘，故详情无从考据。据当地老人回忆，当时在罗家坡另建万生庵，茶田寺里的和尚迁居万生庵，后万生庵被火焚毁，仅存残砾断垣。

松花庙 松花庙位于饶村茶田松花山，始建于1915年，由当地陈、王二姓村民集工捐资修建。1928年，重修扩建。庙中供奉唐代名将雷万春与南霁云。安史之乱时，雷、南二将与张巡同守睢阳，以身殉国。新中国成立后，松花庙被拆毁殆尽。2001年，当地百姓积极筹资，以陈勇南为首重修松花庙。

三圣庙 三圣庙位于长坪村，始建于清康熙末年，坐西南朝东北。三圣庙正堂分上、中、下3殿，上殿为观音殿；中殿立有十八罗汉；下殿关公像立于正中，左右分别是关平、周昌像。后经地方名士为首又建一庙，坐东北朝西南，建筑面积150平方米。1966年被烧毁。

文昌阁 文昌阁位于大峰村江南村的荷须坡，为县级文物保护单位。据传始建于宋代，前后两幢，上下两层，共7间，500多平方米。饶村一带文风炽盛，据说与文昌阁有关。文昌阁历史悠久，几起几落，多次重修。据阁内神案记载，清同治十二年（1873）重修过。文昌阁前有一块“奉示永禁”碑，上面记载“光绪二十八年第十次重修”。

据饶村《付氏族谱》记载：“付向荣，曾管理饶村文昌阁，增添积谷田租，以备荒年。1938年，日寇犯境，纵火焚阁。相传文昌帝君显灵，大火烧至殿堂时自行熄灭，神像未毁。新中国成立后，后因改田换地，文昌阁遂被拆毁，文物大都散失。1997年，当地群众在原址重建文昌阁，但其规模已不可同日而语。”

风土民情

张谷英镇自古民风淳朴，物产丰富，风光秀丽。千百年来，一代又一代的张谷英镇人，胼手砥足，在这块土地上繁衍生息，以其勤劳和智慧，形成了鲜明独特的习俗和风情。张谷英镇的生活习俗包括日常衣食和礼节；生产习俗主要包括农业生产习俗、手工业生产习俗等；张谷英镇的方言在特定的地域环境中产生，随着时代发展而变化。

美食小吃

菜肴

豆腐全席宴　张谷英镇的豆腐宴共有12道，每个菜都有豆制品，或作主料，或作配料，且都配了一个诗意的名称。曾被中央电视台、湖南卫视、湖南经视直播推介。这12道菜分别是香腊味长（香干炒腊肉）、丝丝情谊（炒千张皮）、鱼跃洞庭（豆腐鲫鱼汤）、爽口鲜香（肉丝豆皮）、清清白白（煎白豆腐）、红黑分明（红辣椒炒黑豆）、软硬同心（油豆腐炖骨头）、素肉飘香（豆笋红烧）、神仙汤（干豆渣汤）、妙手生金（黄豆炖猪脚）、生生不息（生姜鲜豆渣）、水中人参（豆腐炖泥鳅）。

烟竹笋　李桂龙　摄

烟竹笋炒腊肉　烟竹是很普通的一种竹子。竹笋发于4—5月，拇指粗细，约一筷子长。剥其外壳，上端嫩白晶莹，下端碧如翡翠。若用来配点酒，则是齿舌生津，满口竹香。若将其晒干，则可储藏一年左右，色泽金黄，极富营养，并有健胃助消化的功能，是各种宴席中的上品菜。腊肉是用鲜肉按一定比例撒上盐，腌10多天后，经过晾晒，然后再吊在柴火处熏烤月余，呈黄色后收藏，清香可口。做这道菜时，先把葱、姜等香料炒出香味，再放入腊肉煸炒出油，倒入充分浸湿的烟竹笋翻炒，再加冷水焖煮10分钟出锅。这道菜肥而不腻，又有烟竹笋的香味，非常可口。

茴粉丝鸡汤　张谷英镇山多田少，红薯曾经是山民们的重要主粮。当红薯与红薯丝逐渐退出口粮之后，原本属于红薯丝副产品的茴粉丝却成了境内的一大特色美食，享有盛誉。一到冬季闲时，境内家家户户便开始烫苗粉丝。初冬时节，把晒干的苗粉丝下入熬好的鸡汤内，用大火煮 5 分钟，再撒上葱花、胡椒、香菜调味，香浓的鸡汤融入了苗粉丝的清香，美味又滋补。

传统小吃

红薯片　红薯片俗称苗片，是一种风味独特的小吃。先前的家庭主妇一般都会做苗片，用来待客或者给小孩当零食。制作方法十分简单，将洗净的红薯去皮后用饭甑蒸熟，然后将其搅成糊状，装入箱中压紧，冷却之后再切片晒干，随时可以食用。若生吃，嚼劲十足，满口生津。炒苗片也很有讲究，要用沙子拌炒，目的是使其受热均匀，兼有自然的味道。经过沙子炒出来的苗片，金黄灿灿，香脆可口。

野生栗　张谷英境内有大量的野生板栗树与尖栗树。一般树高 5 ~ 10 米，山毛榉科，是多年生落叶乔木。春末夏初开花，夏天生长，秋天结果。果实成球形，外壳带刺，里面的果仁光滑而呈紫色。

板栗既可生吃，也可熟食。熟食有两种食法：一是将壳打破烧着吃；二是蒸煮，可蒸鸡炖肉吃，其味香甜。尖栗的形状和板栗有些不同，一头圆一头尖，所以叫尖栗，又称山板栗或锥栗。尖栗的成熟期要略迟于板栗，果壳比板栗薄，壳内一般只有一个锥状的坚果，味同板栗，但比板栗要甜。板栗树可以栽在屋后地头，而尖栗树大多长在很远很高的大山上。

椒子茶　境内有在房前屋后栽种藤椒树的习惯，9—10 月收摘藤椒。若有客人来，先奉上一杯椒子茶。茶叶是普通的野生绿茶，经过加工处理。冲泡茶叶时，加放几粒椒。椒是藤椒，果紫红色，有微凸起的少数油点。椒子茶稍稍麻辣，略苦微香，不但去腻解渴，而且祛风散寒。

红薯

红薯片

野生栗　　李桂龙　摄

油豆腐

制作油豆腐 李斌斌 摄

特色农副产品

油豆腐　张谷英油豆腐闻名遐迩，是张谷英镇的特色农产品。采用张谷英产的黄豆、渭洞茶油和龙涎井清泉，采取传统工艺加工而成。色泽金黄，内如丝肉，细致绵空，富有弹性，既可作蒸、炒、炖的主菜，又可作各种肉食的配料，是荤宴素席兼用的佳品。外黄内白、外脆内嫩、外实内空是张谷英油豆腐最成功的“三绝”。2015 年，张谷英油豆腐的传承工艺被批准为市级非物质文化遗产。

油豆腐的制作流程：一是磨浆。选境内所产的上好黄豆，晚上用泉水浸泡，次日清晨用石磨磨浆。磨浆时，黄豆与水的比例大约是 1:4，用勺子均匀地送入磨眼。用石磨磨时，速度不可过快，要让其充分出浆。二是过滤。将磨好的豆浆用木瓢舀进滤网中过滤。滤网一般用包袱布做成，用一个木制的十字架绑住四角形成漏斗状，十字木架悬吊在横木上，有规律地上下、左右摇动木架包袱，清亮的豆浆便滤入下面的木盆中，包袱中的豆渣则备他用。三是煮浆。把过滤后的豆浆水倒进大铁锅里加热。煮豆浆时，温度控制很有讲究。经验丰富的师傅只需要揭开锅盖看一看，凭肉眼就可判断。温度要根据春夏秋冬不同时节调整。四是点浆。热浆出锅后，冷却至 70℃～80℃时再加入石膏水，让其逐渐成形。该过程称点卤，实际上是添加固形物。石膏的用量与下膏时的温度十分关键，用量不当或者温控不好都会影响豆腐脑的生成。一般来说，加入石膏 10 分钟左右，豆腐脑生成。五是去水。将豆腐脑倒入底部刻有小方块的豆腐箱中，加箱盖后在其上用石块压榨去水，形成豆腐坯。六是油炸。把豆腐块切成细小的三角形，把锅中的菜籽油烧温，然后将豆腐小心地投入。先用较低的油温炸，再加火升温制作油豆腐，油温的控制很有讲究。该用大火时，火要大，这样才会里嫩外酥。张谷英油豆腐之所以好吃，主要的秘诀为水好、油好、技术好。

渭洞腊肉 腊肉以其在腊月制作而得名，是境内家家户户喜爱的食品。每到腊月，人们把自家喂养的土猪在冬至后屠宰，然后经切条、腌渍、洗盐、晾干和熏制5道工序加工而成。腌渍时间一般为半个月，然后再挂在火塘上方，用柴火慢慢熏制。

渭洞腊肉品质优良，特点是皮色红黄、脂肪似蜡、肌肉棕红、味道醇香、肥不腻口、瘦不塞牙，不仅风味独特，而且具有开胃、祛寒、消食等功能。渭洞腊肉保持了色、香、味、形俱佳的特点，烧、煮、炒、蒸均香甜可口，味道绝佳，素有“一家煮肉百家香”的赞语。

茴粉丝 制作茴粉丝一般以农户单元进行小规模加工，茴粉丝的制作流程：一是选薯。选表面光滑、无病虫害、无青头、大小适中的红薯，洗净。二是粉碎。现在一般使用打粉机进行粉碎，边打边加水，打得越细越好，以提高出粉率。三是过滤。用0.7 ~ 1.5米的吊浆布过滤，要过滤两次，再将过滤液放到一个大木盆里静置、凝结。随后几天，一般还要用水搅拌后，将上层的漂浮物去掉，再次静置、凝结，最后留下来的便是雪白的茴粉。四是烫制。把晒干的茴粉用水调成糊状，均匀地倒在一个圆形的薄铁皮盆里，将盆底在滚烫的开水里烫一下，再把铁盆往开水里一浸，再迅速捞上来。一张圆圆的、薄薄的茴粉皮就成了，并趁热晾晒。烫制茴粉时，有一定的技艺。

渭洞腊肉 李桂龙 摄

制作茴粉丝 李桂龙 摄

第一是淀粉与水的比例应按蒸出来的粉皮和稀韧程度灵活掌握；第二是铁皮盆中要抹一遍油，淀粉糊摊开后的厚度一般以 3 ～ 4 毫米为宜，以防粉皮出现厚薄不匀现象。五是切丝。晒到半干，将粉皮数张卷实成圆筒状，用切刀或切丝机切成宽 2 毫米左右的粉丝，晒干后收藏。

莔丝饭 红莔，即红薯。先把红薯洗干净，用刨丝机刨成丝，把莔丝放在大木桶里反复濯洗，去掉表层的淀粉后，再铺在用竹篾织成的晒席上晒干。这种特制的竹篾上下透风，容易吹干。

用莔丝做饭，莔丝与大米的比例可多可少，一般比例约为 1∶1。新中国成立前，芭蕉与柘港的山民粮食紧缺，饭中拌入莔丝较多，甚至有“三根薯丝扛粒米”的形象说法。在没有高压锅的年代，人们煮饭是铁锅或饭甑煮柴火饭。用铁锅时，要等锅里的水沸腾几分钟后，再加入莔丝搅拌，然后滤掉米汤，再一起蒸熟。用木甑时，先将大米下锅煮至五成熟后用筲箕捞出，然后才将干红薯丝拌在刚捞出的米饭内，用木甑蒸熟。蒸好后的莔丝饭喷香津甜。

霉豆渣　　李桂龙　摄

霉豆渣 霉豆渣也称干豆渣片，是张谷英镇豆制品行业的传统名吃。是以豆腐渣为原料，在一定工艺条件下发酵而制成的一种美食。霉豆渣游离氨基酸含量高，用其煮汤，味道鲜美，当地称“神仙汤”。

境内的霉豆渣纯手工制作，朴素传统。霉豆渣的制作方法：一是取渣。把豆子用石磨磨好后，滤出豆浆做豆腐，剩下豆渣。二是焙炒。用大锅将豆渣不断地焙炒，炒得像沙子那样散开。三是上曲。等炒好的豆渣基本冷却后，撒上酒曲粉末，充分搅拌均匀。四是发酵。将拌了曲粉的豆渣放在一个密封性较好的容器（如豆腐箱子）压实，等待发酵。早春、晚秋季节，可在常温中霉制；冬季，要用棉衣捂盖保温发酵，或放在火塘上方的楼上，温度控制全凭经验。大约 10 多天后，便可看到豆渣上长出纯白色茸毛，毛越长说明发酵越好。发酵是毛霉菌所致，发酵不充分与发酵过度都会影响霉豆渣的营养成分与风味。五是晒干。再过 2 ～ 3 天，待豆渣上的茸毛由纯白色变为淡红黄色时即可出箱。将其先划成四方块，再切成薄片，放到太阳底下晒干，然后装袋保存。霉豆渣颜色橙黄，味道鲜美。

生活习俗

服饰 清末时，村民衣料为自织加染土棉布，殷实人家常用绸缎和绣花布。男女上衣款式为大襟短衣和对襟短衣两种，以大襟衣居多；下身以扎腰裤（俗称高腰、超腰裤）、套裤（俗称马裤）为主，腰系裤带。富家妇女多穿滚袖边绣花大襟短衣。中青年妇女喜欢在上身围土布抱裙。

民国时期，布料款式无多大变化，境内农民仍多穿大襟式和对襟式。新中国成立后，普遍为汉装。20 世纪 60 年代初，土棉布日趋减少，灯芯绒、平板绒服装成为时尚。20 世纪 80 年代后，西装、夹克衫、中山装、运动服、牛仔裤、西装短裤以及各种裙子逐渐流行，穿着向多样化发展。

纺纱织布 王根良 摄

清末及民国初期，境内居民多穿草鞋、手工布鞋、棉鞋，雨鞋为油鞋、木屐。20世纪50—70年代，农村仍以布鞋为主，兼以胶鞋、塑底布便鞋、硬塑凉鞋、套鞋和木板拖鞋。20世纪80年代后期，鞋类品种增多，皮鞋、皮靴、皮凉鞋、胶鞋、球鞋、热塑凉鞋较为普遍，并逐步向高档牛皮、羊皮、猪皮和人造革鞋类发展，手工制鞋已少见。

饮食　境内以大米为主食，红薯也一度成为山民的主粮。新中国成立前，因土地集中在少数地主、富农手中，殷实人家常年吃大米，贫苦人家除夏秋收获季节吃点白米饭外，其他时间以杂粮为主，遇上青黄不接，常以薯藤、野菜充饥。新中国成立后，农民分得土地，吃大米的人数逐年增加。20世纪50—70年代，红薯也是主粮之一。近20年，早餐逐渐转变为以面食为主。

境内蔬菜有白菜、萝卜、菠菜、豆角、黄瓜、冬瓜、南瓜、茄子、马铃薯等40余种，肉类以猪肉为主。做菜时多以辣椒为作料，兼以大蒜、葱、生姜、胡椒、豆豉、酱醋等调味配色添香。境内素有制作腊肉、腊鱼、霉豆腐、腌菜的习俗。

境内饮酒以散装谷酒（用稻谷酿成）为主。一些村民尚有自行浸泡药酒的喜好，所浸之药有人参、当归、党参、黄精等。村民常用糯米酿制甜酒，作为小孩三朝宴席上的必备饮品。

晒干辣椒　　王根良　摄

张谷英村内民居　　李斌斌　摄

民居　清末至民国时期，境内居民住宅多为坐北朝南的砖木结构，兼少量土墙茅屋。殷实大户讲究“上、下几重”，几十甚至数百间连为一体，构成深宅大院，整座屋或一门三进四厢房，条石下基，青砖青瓦，正堂后墙立家神，供节日和喜庆祭祀祖先。一般人家房屋简单，有的几代同室而住，正屋住宿，偏屋烧火做饭，兼有少数连三间。新中国成立后，居民住房条件逐步改善，茅屋、土屋日益减少，农村多用木花格窗。20世纪80年代后，居民住房向砖混结构楼房发展，多为2～3层，内墙以石灰砂浆抹面，外墙以石灰砂浆粉刷为主，屋面为大红瓦屋顶。2000年后，居民住房更讲究气派、大方、舒适。一般人家以独栋房屋为主，外围有一个独立的院子，院内种花，铝合金门窗，安装防盗门，有独立的停车位，房子美观大方。

出行　渭洞山区道路崎岖。境内交通以人力为主，肩扛步挑，非常辛苦。20世纪50年代，村中劳力挑几十公斤篾货到岳州城里贩卖，然后再挑一担物资回渭洞乡，步行100多千米，一天一夜打回转。

清末至民国时期，境内主要运输工具有箩筐扁担、手推车（俗名公鸡车）和轿子。饶村一带地势稍平，大多使用畜力车。直至20世纪60年代，运输工具才逐渐走向机械化。

1978年，除政府机关之外，境内的一些乡镇企业开始拥有车辆。如渭洞乡纤维板厂有3辆货车、芭蕉乡纸厂有1辆货车、渭洞乡供销社有1辆货车、芭蕉乡泉水村有1辆货车。1980 年，私人开始购车。此后，从事交通运输的人员逐渐增多。至 2008 年，全镇私人有 4 ~ 8 吨的大货车 12 辆、30 ~ 45 座的大中型客车 38 辆、小轿车 28 辆、面的 43 辆、农用车 52 辆，摩托车基本普及。2010 年后，村民出行基本以车代步，有的人上山砍柴也骑摩托车。一家拥有数台不同类型的车辆者也是常见的。

信仰 据地方文物，如碑石、庙宇残迹、手抄本经书等记载，明初至清中叶，张谷英镇一带佛教兴旺。桂峰山、天龙山、大峰山均有规模较大的寺庙及僧塔群。松树村的峰胜洞也曾为佛教兴盛之地。据石碑残记，明嘉靖年间（1522—1566），该地曾有庆丰寺、上庵与下庵，僧尼达 400 ~ 500 人。大峰山下的风雨寺，至民国初年仍有上百名僧人。

道教中的正一道、全真道两大宗派在境内均有信众。天龙山道观曾十分热闹，以师徒形式传道，延续至今。其中现当代有名的道士有丁麦秋（已去世）、方继兴等。

20 世纪 90 年代初，基督教传入张谷英镇，其中以渭洞乡、芭蕉乡、一心村、红卫村等地教徒甚众。流行约 20 年后，渐趋式微。境内所信奉的俗神主要有关帝圣君、黑都上圣、杨泗将军、张大元帅、灵官菩萨、昭显真人等。

禁忌

张谷英镇的禁忌分为节令禁忌、养殖禁忌和出行禁忌等。

节令禁忌 正月初一，不准扫地、倒垃圾、向外泼水，遇事图个吉利，不讲不吉利的话，忌讨账还债，忌出门做事。正月里忌提死的东西到别人家里，忌提肉走亲戚。腊月二十，忌扫扬尘，该日谓老鼠嫁女。

养殖禁忌 如肉猪（大猪）未出栏前，忌屠夫看猪，认为屠夫有“煞气”，看了不吉利。凡小猪、肉猪卖出时，主妇要提潲桶在屋门口大声唤猪，认为这样才不会使自家“空栏”。每年端午节，要在猪栏上点香、插菖蒲艾叶，称“敬猪栏神”。除夕夜，要烧香燃烛，在猪栏墙壁上贴“六畜兴旺”的红纸条。

出行禁忌 长辈、晚辈同路，晚辈随长辈后，忌趋前行；学生路遇先生（老师），垂手立于旁，向先生问安，请先生先过；空手走路的让路给挑担的，挑轻担的让路给挑重担的，行下坡路的让行上坡路的，步行的让坐轿的，坐轿的让坐车的；新娘结婚时，路遇同天结婚的，相互交换小手帕，以求日后和睦相处；进别人家门应先道“恭喜”后敲门，忌不言不语直入；对出门归家的日期有“七不出，八不归，初九出门惹是非”之俗；清晨已婚妇女忌出门；男人出门忌遇妇女，尤以做生意者、做官赴任者、赶考求仕者为甚；出门遇见担水的则喜，认为有水才行船，将有财喜；出门看见乌龟则喜，会有好事；出门忌遇见鳖鱼，认为遇鳖不吉；出门前须将东西备齐，忌出门后又返回拿东西。改革开放后，境内许多出行习惯已经消失。

生产习俗

农业 新中国成立前，境内水稻一年只种一季，秋收后种油菜、荞麦、秋苗等旱粮作物。新中国成立后，逐渐改成一年种两季水稻。稻田犁耙多则四犁四耙（即每犁一次加耙一次），少则二犁二耙。

插田之日，扯头手秧，称“开秧门”，一般是放鞭炮庆贺，并在秧田插 3 根香、烧 3 片纸后，由主家扯头手秧。请帮手插秧时，中午要送茶到田头“过中”，要分盐蛋或饼、包子，称“发栽田包”。为防止“发秧婆风”（扯秧时手、脚沾毒而肿），第一次下田扯秧时，扯一把秧拦腰插入泥里，使秧蔸向上。

春耕 李桂龙 摄

栽田时，人们常互唱山歌，有“栽田不唱歌，谷少稗子多”之说，实为调节疲劳。收割水稻多用扮桶或打稻机。逢久旱不雨，则抬菩萨像、立神坛、烧香跪拜、敲锣打鼓游乡，或用竹子夹纸钱，涂雄鸡血，插到禾田里，以祈消灾，称“青苗祭”。新中国成立后，“开秧门”“求雨”“青苗祭”等习俗被废除。

林业 新中国成立前，很少育树苗，主要靠积蓄成林。封山育林时，鸣锣3～5天，竖立“禁牌”，若有人犯禁，则责令其放炮、打锣3天，严重者罚款与游乡示众。

人们历来重视屋前屋后植树，尤其是在村庄后山，认为后山是一村的来龙山，多植长青杂木和毛竹，不许在后山捡树枝、扒落叶。称屋场前或左、右流水处的山为“关山”（风水山），山上的树称“关山树”，关山树受全屋场人保护，不许砍伐。对祖坟山上的树封禁极严，不许任何人侵犯，若有人侵犯，称“动草惊坟”，轻者罚设酒席赔罪，重则告官治罪。新中国成立后，许多林业旧俗消失，植树造林蔚然成风。

畜牧业

养牛 张谷英镇地处山区，养牛以黄牛为主。母牛产仔时，多由牧牛人接生，若胎包未下，则在脐带处系以草鞋或草把，认为这样可引出胎包。小牛下地后，立即将四蹄胶层剥去，剥下的蹄胶称“八卦”，接生者凭“八卦”象向牛主报喜，牛主人要给喜钱。对病牛、老牛，多不宰杀。牛临死时，主人给牛戴上草帽或斗笠，披上衣服，让其自然死亡。

养猪 新中国成立前，山区或丘陵一带一般不养种猪和母猪。小猪出栏，称“散窝”。散窝时，主家先择吉日，通知各买主自选。

养猫 捉小猫时，要给主家一升米，称该猫会捕一升米的老鼠。小猫捉回家后，主妇捉住小猫绕自身3圈，称以后就会守在自己家里。猫死后，不用土埋，要用稻草包裹，挂于树上，称“挂盐包”。

养鸡 孵小鸡时，常请阴阳先生定孵鸡位置，位置无碍则不会出寡蛋、殒鸡。为防止鸡瘟和“七姑娘”（黄鼠狼）偷鸡，则用红纸写“姜太公在此”或“王老三在此”，贴在鸡笼门上。养殖业规模化以后，以上习俗几乎消失。

手工业

境内称手工业者为“匠班师父”，手工业者称请其做手艺的主家为“东家”或“主东”。匠班师父上桌吃饭不坐主位，坐则两腿并拢，不交腿翘椅，不多话，不盯视人，夹菜不乱翻，添饭不带筷子。

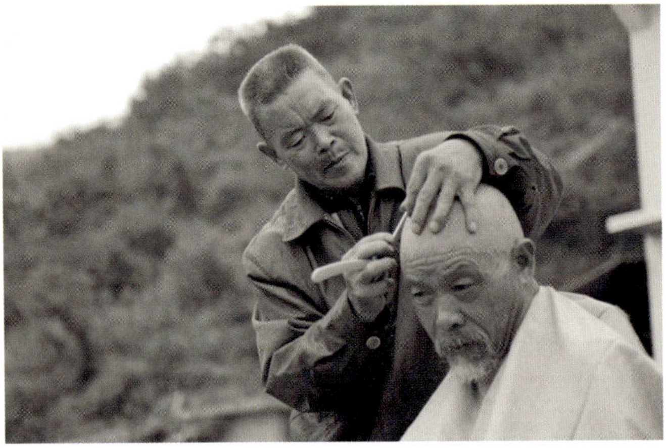

剃头　　　　李桂龙　摄

学徒从师称"拜师"，称师为"师父"，称师妻为"师母""师娘"，有"一日为师，终身为父"之说。学徒期限一般为 3 年。从师期间，学徒要包揽师父家一切家务。学徒脱师后，仍要向师父送节礼、年礼。

木匠　木匠的开山子（斧头）柄不可斗满眼，谓不算满江湖。木匠的五尺不能拖着进东家门，角尺要用肩扛着，不能夹着走路，不能竖置于东家的神龛下。木匠与砌匠给人家做屋时，"屋高不离八，门宽不离五"。

剃头匠　剃头匠在各类匠班中位处最末，遇别的匠班在一家时，剃头工具箱不可放于堂屋上方或东方。剃头时，剃头师傅未打湿手，不可按剃头者的头，有"五龙不下水，老龙不低头"之说。对不同的剃头人要从不同位置下剃头刀，有"左剃君王右剃臣，劈面一刀出家人（僧、道），后边剃的钉抓钉（手工业者）"之说。

岁时习俗

春节　春节俗称过年。境内过年从农历腊月二十四起至正月十二年满为止。是历时最长、最为盛大的传统节日。

腊月二十四称“过小年”。也有“腊月二十四，掸尘扫房屋”之说，意为这天是把家里卫生彻底打扫干净的日子。

过完小年，每家每户开始筹备过年事宜，如做糍粑、烫粉皮、杀年猪、备炒货（花生、豆子、干红薯片）、做新衣等。有“二十五，打豆腐；二十六，熏年肉；二十七，莫呷急（意为没有年货不要紧张）；二十八，想办法（想方设法把年货购进来）；二十九，事事有；三十夜，大算账（总结一年的成果）”之说。

三十（月小为二十九，也称大年三十）一大早，大人、小孩天亮起床，放爆竹，然后祭祀祖先。旧时吃年饭前，一些同姓家族要集体到祠堂摆香烛、陈供果、放鞭炮，以祭祖宗和敬天地。新中国成立后，祠堂已废，但年饭前各家仍在家神边祭祖宗、敬天地。吃年饭时，放鞭炮，关上大门吃饭，称“关财门”。为庆贺团圆，饭桌上要多摆几双筷子，以求来年人丁兴旺，或表示思念远方亲人、纪念亡故亲人。

大年三十晚上，全家围炉向火，彻夜不眠，称“守岁”。大人给小孩压岁钱，小孩手提灯笼，成群结队到本屋场和邻近屋场走家串户道恭贺，称“辞年”，东家将糖果、花生、饼干、爆玉米等分给小孩。

农历正月初一为一岁之首，称新年。正月初一清晨雄鸡报晓之时，男户主起来打开大门，鸣放爆竹，称“开财门”“出天皇”“接财神”，然后用茶盘托一个猪头，点香、

春节玩龙舞狮活动　　李桂龙　摄

放爆竹，立于地坪前敬天神。

正月初一的上午起至正月十二为拜年时间，也称春节期间。初一要到已故父母、祖父母的坟上放炮拜年。拜年有“初一崽，初二郎，初三初四拜街坊”的规矩，现已打破定规。

三月三 农历三月初三，境内有吃地米菜煮鸡蛋当节日食品的习俗。地米菜有清肝明目、调理脾胃的功能，故民间素有“三月三，吃鸡蛋，走路石头踩得烂”和“三月三，地菜当灵丹”的说法。

清明节 清明节俗称“上坟节”，一般在农历三月。境内人们忌清明节当天上坟，多在清明前后，有“前三后四”之说。家人备清明吊、炮、香、供果等上坟，有的还培土，以示“家祭无忘告乃翁”。清明前后，百花盛开，气候宜人，故自古有春游踏青之俗，有善男信女上山到寺庙烧香拜佛、还愿之俗。

端午节 端午节又称端阳节。农历五月初五为小端阳、五月十五为大端阳，以小端阳为主。该日，至亲相互送礼请客，已订婚的男方给岳父母家送礼。人们多喜欢吃粽

端午节扎粽子活动 李斌斌 摄

扭秧歌活动 李桂龙 摄

子、包子，饮雄黄酒，并采艾叶插入门墙上，屋内放雄黄炮，以祛病除邪。

六月六 境内认为农历六月初六为杨泗菩萨晒袍日，故民间多在这天把家里陈货及衣服、书籍搬出来翻晒，有“六月六，晒红绿”之说。当日，也有给小孩洗冷水澡之俗，有“六月六，洗了冷水不生毒”之说。

中元节 农历七月十五，又称鬼节。中元节前三后四日内，亲友要为亡者烧纸钱，俗称“烧包”。

中秋节 农历八月十五，各家各户团聚一起吃中秋月饼或糯米汤圆，有“团圆节”之称。晚上“举福”（举杯祝福）赏月，旧时还在地坪边上点香设祭、对月跪拜，称“祭月”。新中国成立后，“祭月”之俗不复存在。

重阳节 农历九月初九，又称重九。旧时，人们喜欢结伴爬山、朝庙、喝菊花酒。新中国成立后，这一天被定为“老人节”。是日，各机关单位领导看望离退休员工、召开老年人茶话会、组织青少年为老人做好事。

民间礼仪

婚嫁 男女结亲，过去几乎全都是父母之命、媒妁之言。新中国成立后，自由恋爱已成风俗，但真正结婚时还是请一个媒人。男女从恋爱到结婚，大体分为订婚（又称“文定”）、结婚、回门、谢媒。

订婚，又称“纳采”。男女双方同意之后，约定日期，缔结婚约。男方请女方的主要亲友到男方家做客，男方请客作陪，并给女方客人礼物。

结婚，男方选定一个吉日，提前告知女方父母，得到女方同意后定为婚期。女方要准备嫁妆，男方家要给女方一定的礼金。婚期临近，男方备好“团书”及“三茶六礼”，和媒人一起送到女方家，女方家放鞭炮迎接，称“报日”或“报结”。第二天，女方家送嫁妆至男方家。接亲是新郎亲自去接新娘。这天，宾客满座，酒肉飘香，称“吃喜酒”。当天晚上闹洞房。新婚夫妇还要抬茶（茶是红糖豆子芝麻茶），先抬给长辈，后依次进行，受茶者要“赞茶”，赞语一般为“白头到老”“早添贵子”之类的祝福话。

回门，新婚的第二天（原来是第三天），新郎和新娘到岳父母家，称“回门”。女方办回门宴席。

谢媒，一门亲事成功后，男女双方要给媒人礼金或礼品。新中国成立前，是给媒人送猪头，后改为送红包或酒、肉等物品，感谢媒人。

生育 怀孕，又称“坐喜”“驮肚”“有喜”。怀孕期间，忌屋前屋后动土移物，忌砍剁门槛。婴儿降生后，即放鞭炮向邻里报喜，再由孩子的父亲或请人到外婆家报喜。生男孩称“大喜”，生女孩称“小喜”。报喜时，提一瓶酒，生男孩在瓶口贴红纸，生女孩贴绿纸。同时，还要到祖坟前放鞭炮，禀报列祖列宗。接生婆称为“喜娘”，要请喜娘喝“三朝酒”，发“喜钱”。

洗三朝，婴儿出生第三天，用艾蒿、荆芥、陈茶叶、金银花藤煎水洗涤婴儿全身。传说可以洗去婴儿前世带来的污垢，使其今生今世平安吉祥。一般要请喜娘和有儿有女的中年妇女为婴儿洗澡。外婆家送衣服、鞋袜、帽子、摇篮、木枷椅等“三朝礼”，邻里朋友为婴儿“送号”，称送“号匾”。此时，算命先生也来贺喜，送“关书”，内记载生辰八字及12岁潼关，并讨喜钱。境内曾流传“洗三朝”只来女客的习俗。

满月，婴儿出生满一个月那天办酒席宴请宾客称“满月酒”，也称“汤饼宴”。宴请前来道喜、贺喜的亲朋好友，庆贺“家有后人”“添丁之喜”。接下来，产妇带满月的婴儿回娘家吃“满月饭”，然后再回婆家，传统的说法称“回窝”。娘家要视女儿婆家屋场大小买些鸡蛋、糖果、饼食，每家每户去分送，称“回窝礼”。

抓周，小孩满周岁时举行的一种预测小孩前途和兴趣的习俗。抓周仪式一般在午饭前进行，堂屋中央摆一张方桌，桌上铺红布或红色毛毯，在中央放一个茶盘，茶盘里摆着印章、书籍、秤、算盘、纸、笔、墨、砚、吃食、玩具等。大人将小孩抱到方桌上任其挑选，以其先抓何物、后抓何物预测其志趣、前途和将来要从事的职业。周岁宴和其他宴一样，要贴大红对联、置办酒席，亲朋好友应前来贺喜。

寿庆 举办祝寿活动时，境内有“做九不做十”的习俗。庆贺60岁、70岁、80岁、90岁寿辰时，不是在整数寿辰时做寿，而是要提前一年，在59岁、69岁、79岁、89岁时举行仪式。

拜寿仪式一般选在午饭前进行。寿堂正中摆上香案，点燃寿烛，寿者的子女、媳、婿及侄辈、孙辈侍立两旁，来宾也排列左右。然后，礼生宣布拜寿仪式开始。首先由寿者的子女请寿星及寿星的老伴荣登寿堂。寿星登上寿堂后，先给祖先神位上香叩首，再端坐在太师椅上接受晚辈拜寿。拜寿的顺序根据亲疏关系而定，依次为子、子媳、女婿、女儿、侄、侄媳、孙、孙媳等，其他亲朋好友也按关系远近依次上前行礼叩寿。拜寿的礼节一般为“一跪、两揖、三叩首”，行礼时可说几句吉祥话或致简短贺词表示祝福。如有小孩行礼拜寿，寿星一般要给孩子一个印着“寿”字的红包。

丧葬 张谷英镇的丧葬习俗分为送行、唱夜歌、做道场、出殡等。该习俗自旧时一直就有，张谷英镇内办丧事一直沿用至今。

送行，境内丧葬素来是木棺土葬。老人临终时，晚辈子孙要守候在床前送终。老人断气后，烧倒头纸九斤四两或三斤六两，然后在大门前的路边或桥边放鞭炮，烧纸轿、纸马、蒲扇，为死者送行。然后给死者洗身，穿寿衣、寿鞋，准备入棺，并请人到亲朋家报丧，俗称“人死报六亲”。

夜歌，人死后的第一晚唱夜歌，一般由村民小组或本屋场的邻里组织。死者入棺后横放在堂屋家神下面，棺前摆灵床架子，供亲朋与邻里跪拜亡灵，俗称“吊香”或“吊孝”。随后，亲朋好友与附近村民围坐孝堂唱夜歌，通宵达旦。

做道场，根据家境情况，请和尚或道士做道场，诵经超度亡灵，时间1～3天不等。亡者嫡系亲属披麻戴孝，一身缟素，跟着和尚或道士进行跪拜、绕棺等仪式。诵经超度的过程主要有请圣、封斋、招魂、朝五岳、过奈何桥、破黄河图、破地狱、接亡、劝亡、朝庙、烧灵屋（化财）、拜奠、开大灵、打灯等。和尚与道士做道场的形式略有不同。

出殡，出殡多为上午8点左右。张谷英屋场出殡时，灵柩是要倒抬出来（即死者头在前），埋葬不择时辰。8个人抬着灵柩，孝子及亲朋好友将其送至墓穴。葬后一连

3 天每晚都到坟上送灯、烧烟把。第三天，孝子、孝孙及至亲到坟上培土，称“三朝复土”。第二年春节，丧家大门贴黄色或绿色对联，不能贴红色对联。死者家子孙要请新香客，至亲要送新香礼，并到死者坟上烧纸钱、放鞭炮。

建房 境内居民砌屋有很多讲究。首先请人择地定屋向和选破土下基脚时间。破土前，主家先插香于地基，以酒肉敬奉“土地神”，然后用锄头象征性地在五方破土；接着，有竖大门、行墙、上主梁、安家神等主要程序。各程序中要给工匠“红包”（喜钱）。竖大门、上主梁要择时定日，工匠要赞词恭贺主家。

上梁前先要祭梁。上梁时，木匠提着一只雄鸡唱“赞梁词”，并将雄鸡鸡冠血滴在梁头、梁尾与梁中，程序完毕后，再用绳子将梁拉上墙。正梁安好后，工匠站在梁上向下抛撒糖果，主人家的儿子、儿媳要拉着红被单在下面接，示意传宗接代。同时，围观的人群纷纷抢夺，称“抢上梁喜糖”，可带来好运和福气。

境内居民对搬家择吉时也很讲究。旧时，通常请算命先生挑选黄道吉日，尤其讲究“冬不搬，腊不移”“月头不打灶，月尾不搬家”“辰时搬，巳时发”“亮时搬家，越搬越发”。搬家时，亲朋邻里要给主人送贺礼、喜联，燃放鞭炮，同主人一起搬家。先搬一盆火，意味日子越过越红火；后搬一乘梯，寓意步步高升；再弄一个簸箕等物，全家推着走进屋子，寓意全家团圆，财源滚滚。有的还拿着扫把在门口向内扫，意味着扫财进门；在窗边用扫把向外扫，意味着扫走晦气。

社交 张谷英境内各项日常礼节较多。清末，男子见面双手作揖问好，女子见面道万福。民国初期，男子仍拱手作揖，女子含笑问好。新中国成立后，同性相见握手寒暄，农村多点头招呼。异性见面彼此问好，也有握手问好的。一般说“哪里来”“哪里去”“吃饭了吗”“做什么事”之类的问话。

客人进屋，主人起身，请坐，递烟，敬茶（茶毕接杯）。热天或远道而来，主人倒水递给客人洗手洗脸，寒暄。行人问路，或指明方向，或带路相送。

路遇拉车挑担老人，上前推车或顺路带担，提携。客人进门道福问安，出门说“多谢”“劳烦”。宴请客人时，请坐，宴席按辈分长幼有序编席，餐饮席间有敬菜的习惯，先告退宴席者要招呼别人“慢吃”。饭后，主人倒水送给客人洗手洗脸。送客说“慢走”“欢迎下次再来”“有空再来”。

村中邻里凡有喜事前往送恭贺，如结婚、乔迁送贺匾，生孩子送“号匾”；丧事都去吊唁、送“挽幛”；逢灾难、重大疾病，亲朋邻里要去探望、安慰，有的解囊相助。

方言土语

方言

张谷英镇境内的方言属于岳阳县的东部方言，受江西方言的影响较大。从语音上分析，有声母 18 个、韵母 50 个；声调中去声字较多，许多普通话中的阴平、阳平、上声字在境内方言中转换成了去声。从语法上分析，境内方言中的一些助词、代词与普通话差别很大。

助词 “嗒（dà）”字与普通话中的助词“了”字意义相同。如：我呷嗒饭（我吃了饭），天亮嗒要起床（天亮了要起床）。“倒（dào）”字与普通话中的助词“着”意义相同。如：他对倒我笑（他对着我笑），你坐倒慢慢说（你坐着慢慢说）。“嘎（gā）”字与普通话中的助词“的”意义差不多。如：这本书是我嘎（这本书是我的），张谷英镇嘎人口有 4 万多（张谷英镇的人口有 4 万多），坐在后面嘎都到前面来（坐在后面的都到前面来）。

代词 指示代词“这、那”，在境内方言中用“夷（yí）、既（jì）”代替。如：夷样搞不行（这样搞不行），夷个妹子很漂亮（这个妹子很漂亮），我到既里去（我到那里去），既个人很凶（那个人很凶）。疑问代词“哪里”，在境内方言中用“念（niǎn）”字代替。如：你到念里去呀（你到哪里去呀），夷好嘎人念里有（这样好的人哪里有）。

介词 介词“让”，在境内方言中往往用“紧”表示。如：紧他打、紧他骂，天会报应的（让他打、让他骂，天会报应的）。

后缀词 名词后缀词“子”，在境内方言中用“崽”字代替。如：桌子、盘子、坛子、房子、车子，在方言中称桌崽、盘崽、坛崽、房崽、车崽，显得亲切，拟人修辞一般。

境内方言很多，不胜枚举，以下选取使用频率高、词性和发音都较特殊的词语，包括天文、时间、称谓、生活、情态等。

张谷英镇天文类方言与普通话对照表

表 10

张谷英话	普通话	张谷英话	普通话
麻风细雨	毛毛细雨	天晴光光里	天气晴朗、万里无云
凌杠、下凌	冰块、冰冻	救急风	旋风
打雷公	打雷	采雨	淋雨
扯恶闪	闪电	遭干	干旱

张谷英镇时间类方言与普通话对照表

表 11

张谷英话	普通话	张谷英话	普通话
大数困静	夜深时	当昼	中午
夜夕的	傍晚时分	上昼	上午
断黑	天黑	挨后日	后 3 天
么时机	什么时候	细细的、细大的	小时候
一哈的	一会儿	一夜天光	整晚
一世人	一辈子	堪堪	刚刚
扯长	经常、常常	嘎势	开始

张谷英镇生物类方言与普通话对照表

表 12

张谷英话	普通话	张谷英话	普通话
扁毛畜生	禽鸟类动物	彭狗、彭猪	公狗、公猪
抱鸡婆	孵小鸡的母鸡	草猪	雌性猪
婆鸭	母鸭	老哇	乌鸦
蠓虫	蚊子、苍蝇	癞子蛤蟆	蟾蜍
菌	蘑菇	脚猪	种猪
郎猪	公猪	才鱼	乌鲤
飞毛里	蝴蝶	扎米官	啄木鸟
雄鸡	公鸡	臭虱婆	臭虫
土狗崽	蝼蛄	盐咪老鼠	蝙蝠
面狠	蚯蚓	干鸭	旱鸭子
丫鹊	喜鹊	尿西婆	动物膀胱
发草	猪、狗、猫发情	枞树	松树
渡种	做种以繁殖	莽里	植物新芽
杵里公	去了枝叶的树	高笋	茭白
豆豇	豆角	寡蛋	孵不出小鸡的蛋

张谷英镇称谓类方言与普通话对照表

表 13

张谷英话	普通话	张谷英话	普通话
嗡妈	母亲	叔的	叔父
爹	祖父或男性老人	婶的	叔母
崽	儿子	阿公	外祖父
郎	女婿	爷	父亲
亲爷（娘）	岳父（母）	内眷	妻子
细爹	祖母	老妹	妹妹
阿婆	外祖母	媳妇	儿子的妻子
老华	同名字的人	老庚	同年出生的人

张谷英镇生活类方言与普通话对照表

表 14

张谷英话	普通话	张谷英话	普通话
扳本	挽回损失	柞火	烤火
抛数	放宽计量	歇趟	休息一会儿
魔星	受折磨的日子	呷眼浅	眼红
满禄	指不能吃东西了	缴用	泛指费用
卖丑	丢人现眼	惯伺	过分迁就
打伴	做伴	难为	谢谢了
打转身	返回	认生	小孩惧怕生人
驼肚、坐喜	怀孕	动猪	杀猪
作干	浪费	脱符	没有关系了
吵烦	打扰	剃头	理发
耍性	贪玩的习性	戳漏眼	找人毛病
恰亮	眼睛怕光	讲古	讲故事
抱耳风	腮腺炎	经事	耐用
被窝	被子	喊壶	烧水的壶
把缸	有把手的搪瓷杯	小衣	短裤
皮箩	用篾编成的箩筐	线车	自行车
闹药	毒药	桌崽	桌子

张谷英镇情态类方言与普通话对照表

表 15

张谷英话	普通话	张谷英话	普通话
揨	两物相撞	摘叶	见效
拍满	很满	干罄嗒	非常干净
既奥	冰凉	顾细	周到、细致
白录嗒	非常白	拐场	糟糕、坏了
浦	溅或沸腾而溢出	呤光	精光
摸	做事手脚慢	敷人	哄骗人
木寸	不灵活、不敏锐	打戚戚	说悄悄话
服嗒周	受够了	打野	注意力分散
放让	让步	团符	妥当
枯照	狠心	不清场	糊涂
怪悟	聪明	朽	骄傲、自鸣得意
强旺	恃强	朝住	因嫉妒而盯住不放
欠起	思念、牵挂	止本	守规矩
后底	后面	静办	清静
泻里泻夫	不讲卫生	捏坨子	握拳头

张谷英镇其他方言与普通话对照表

表 16

张谷英话	普通话	张谷英话	普通话
冇	没有	教懒的	无关紧要的
么哩	什么	现只	本来就
念个	哪个	栽得	活该
得家	幸亏	是么里	无论什么
头一	一定要	夷个	这个
亘亘	整整	一砣	一起、全部
紧	被、让	哦里	怎么
只嗒事	不要紧、没关系	冇哈数	①很多很多；②不懂事

俗语

九月重阳，移火进房。

头八无雨二八休，三八无雨望立秋。

热在三伏，冷在三九。

立夏不下，犁耙高挂（下：下雨，谓干旱）。

今日不住点，明日晒破脸（点：雨点）。

清明断雪，谷雨断霜。

春寒至雨，冬寒至晴。

先打雷，后落雨，当不得一场大露水。

上怕初三雨，下怕十六阴。

早晨起雾，等水烧茶，夜夕得起霞，干死蛤蟆。

三月三，蛇出关，九月九，蛇进土。

盐罐回潮，大雨难逃。

雨交雪，半个月。

不冷不热，五谷不结。

宁种一日迟，不种一日湿。

东一线，西一线，二十五日饭相见。

县官不如现管，心计不如墨记。

湿柴怕莽火。

野鸡顾头不顾尾。

七个栾心八个肚里。

井里蛤蟆井里好。

桥做桥，路做路。

牛怕栏里水，马怕满天星。

人不求人一样大，水不流动一样平。

家鸡打得团团转，野鸡打得满天飞。

一个木匠，三个捉匠（捉：扶，需要多人来帮忙）。

一双手只能捉一个鱼。

一个鸡蛋吃不饱，一个名声讲到老。

一开山子劈不出一个阳神菩萨（开山子：斧头）。

有盐同咸，无盐同淡。

有道理讲得汗出来。

衣少加根带，饭少加把菜。

有钱钱打发，冇钱话打发。

低头剁肉，抬头看人。

天干无露水，老来无人情。

讨米莫同路。

捏倒鼻子敷自家。

人不亏地皮，地不亏肚皮。

树叶里落下来怕打破脑壳。

早起三朝当日工，免得穷人落下风。

只要话讲得明，牛肉敬得神。

三日不念口生，三年不做手生。

三句好话，当不得一马鞭。

有话不可说尽，有福不享尽。

宁吃百家茶，不吃一家饭。

人闲蓄指甲，心闲蓄头发。

礼多人不怪，油多不坏菜。

男子出门口是路。

娇儿不孝，逗狗上灶。

进门看颜色，出门看天色。

宁可吃个欠，不可吃到厌。

七十莫留宿，八十莫留餐。

饭碗里不碰到，粥碗里会碰到。

饭是一根绳，捆倒一家人。

不当家不晓得柴米贵。

人心隔肚皮，饭热隔甑壁。

禾栽凳，苗栽困（凳：直立；困：倒状）。

宽秧田，窄菜园。

清明早，立夏迟，谷雨种棉正当时。

人多好做，人少好吃。

铁匠无样，边打边像。

禾种下泥百日饭。

人大分家，树大分枝。

衣不差寸，鞋不差分。

屋内不烧火，屋外不冒烟。

盆大刮得粥来。

洗脸洗耳朵，耙田耙田角。

官断不如民评。

当面的锣，对面的鼓。

天干无露水，老来无人情。

人是旧好，衣是新好。

清油炒菜，各自喜爱。

天塌下来有长子顶到。

歇后语

脑壳高的笼袜子——不是脚（角）也是脚（角）

麻雀里啄灰面——糊倒一把嘴

蚂蚁里爬筲箕——千条路，万条路，路径多

桐油灯盏——拨下亮下

罐崽里煨黄鳝——热一节，吃一节

黄瓜打锣——去了大半节

猪油炒白菜——荤不荤，素不素

水脚底赶团鱼——越赶越深

荞麦田里捉乌龟——十拿九稳

白布落到染缸里——洗不清

狗坐轿子——受不得抬举

三个抬芦席——没人承担

叫花子起早床——假忙

竹海　　　　王根良　摄

名人与名镇

张谷英镇，历史悠久，地灵人杰。明清时期，张氏世家享誉巴陵，影响深远。后人秉承张氏文风，声名远播。抗日战争时期和解放战争时期，张谷英镇儿女踊跃参战，不惜流血牺牲；和平建设时期，他们积极投身经济社会建设，在科、教、文、卫等方面均有所建树。

人物传略

张谷英镇自古人文荟萃，在浩荡的历史长河中，从蕞尔之地走出了数十位历史名人。

刘今常（1770—1841） 字微典，号柘溪先生，张谷英镇天龙村人。据碑牒记载，刘今常天性醇笃，颖异超群，操刀舞剑，文武双全，曾游历陕西、河南等地。清嘉庆十八年（1813），他因平息河南起义晋爵，历任六品参军、铁岭知县、奉天知府以及八府巡按等职。因政声卓著，暮年有“民之父母”之赞誉。

李平衡（1835—？） 号权之，荷花园人。清同治二年（1863），投笔从戎，攻台抚台，战功赫赫，钦赐花翎，诰封武显将军，镇守台湾。治理台湾期间，清正廉明，爱民若子，深受民众拥戴。

李绍广（1884—1916） 梅树洞人，小名炳玉，号厚宾，木匠出身。十七八岁开始学武术，身体结实，膂力过人。辛亥革命前，离家从戎，到南京应募新兵将校，任清军二营管带。后因宣传反清思想被人发觉，逃至武昌，加入同盟会。参加保卫武汉的浴血战斗，腿部中弹负伤。后退伍回乡，和姚绍崇、殷子路、吴亚平等人组织“仕义社”，不久又加入中华革命党。

1915 年冬，袁世凯背叛共和，准备称帝。蔡锷在云南首先宣布独立，组织护国军举兵讨袁。李绍广在岳阳县兴兵响应，在东乡的渭洞乡、黄岸市一带组织了一支 200 多人的义军，定名为“湖南护国军”，李绍广任总司令。他待人淳厚，军纪严明，深受百姓爱戴。几个月内，义军发展到四五千人，有枪千余支。率部攻击平江、通城、临湘、汨罗等处的袁军，威震湘北。

1916 年 6 月，袁世凯在湖南的部下汤芗铭见护国军势力日益壮大，派湘军第一师第二旅李佑文部攻占湘北，假以联合组织“湘北护国军”的名义将李绍广诱入岳阳县城。

6 月 11 日，李绍广殉难于岳阳东门操场，时年仅 32 岁。谭延闿督湘后，民众念李绍广护国有功，申请为其昭雪，列遗像入省烈士祠。

冯子愚（1880—1958） 向阳村人，为地方开明绅士，足智多谋，能诗善对，出口成章。

1915 年，李绍广组织“湖南护国军”，冯子愚将自己的一栋大屋卖掉一半，全部捐献给李绍广、殷子路护国军作为经费。20 世纪 20 年代初期，随着中国共产党的成立和马列主义的传播，冯子愚由信仰民主主义转变为信仰共产主义。1926 年，芭蕉乡成立农民协会，冯子愚当选为农协常务委员。1927 年，当选为渭洞区农协会常务委员。领导农民实行减租退押，禁烟禁赌，反对封建迷信，动员妇女放足剪发，并卖掉自家良田创办农民夜校。同年，加入中国共产党。1931 年，任岳阳县苏维埃政府副主席。

在复杂的斗争中，他利用自己的身份和社会影响，救助过许多革命志士，资助过王震、王首道等新中国的开国上将。1931 年，中共地下党员单芝在转移途中因病掉队被捕，冯子愚冒着危险四处活动，找齐 52 个保人把单芝营救出狱，并妥善安排她的生活和工作。1932 年，平江县苏维埃政府负责人罗树仁被反动派追捕逃至渭洞乡，冯子愚便托请当地开明人士张渥潜，将罗树仁送至大峰山，伪装成斋公隐蔽下来。1933 年，湘北特委负责人朱培元到渭洞乡工作，因人地生疏，党组织又遭破坏，一时无法开展工作。冯子愚将其隐藏到单芝家中，帮助他发展共产党员，建立党支部。

1938 年年底，渭洞乡袁松涛、陈孝黄以抗日为名，啸集百余人组成一支土匪队伍危害百姓。岳阳县县长阮湘托人前去招安，却无法接近。冯子愚以绅士身份从中斡旋，使这支队伍掌握在地下党的手中。

1945 年 4 月，王震、王首道率领的八路军南下支队到渭洞乡。在冯子愚的协助下，南下支队夺取了国民党县政府的大批武器和粮食，为部队解决了急需的给养，补充了弹药器械。

新中国成立后，任湖南省军政委员会顾问、湖南省政府参事室参事。1958 年，病逝于长沙。

张渥潜（1887—1951） 又称渥泉，字家驹，自称笔山主人，秀才。出身书香门第，父亲曾任贵阳训导、益州教谕。自幼喜读诗文，才貌出众，被称为“翩翩浊世佳公子，卓卓文坛美少年”。

清宣统二年（1910），从曾祖母之命，在家乡与兄弟共建鼎兴学校，后任校长，教育兴国，不收报酬。1932 年，到岳阳县中任教。日本侵略者侵华时期，岳阳城沦陷，回乡在张谷英大屋笔架山下设馆授徒，其塾馆自命名为“笔山草堂”。曾自撰一联：“龙蛇入笔张癫草，风雨如山杜老堂。”

张渥潜著有数十万字的《三余教育类编》，其中内容“从启蒙而入声律，至论史而究经文”。其手抄本广泛流传民间，后逐渐散失。《诗学易知》为该书中的一卷，为学诗的启蒙读物。

张渥潜还是开明绅士，他顺潮流而动，积极支持新生事物，倾向共产党领导的革命。1944 年 11 月 9 日，王震、王首道率南下支队到渭洞乡后，王震就住在他家，张渥潜与其促膝长谈，并告诫在党部任职的儿子张恕积极向共产党靠拢。

刘威凤（1899—1949） 名玉璧，号文斐。出生于原芭蕉乡细心湾一个农民家庭。先后毕业于巴陵公立中学、两广甲种商业学校、武汉大学法律系，后赴日本留学 3 年。曾追随孙中山参加革命，回国后在黄埔军校任职；后参加北伐，任国民革命军第八军第二师参谋长。

抗日战争时期，刘威凤主张抗日，反对内战，在黄少谷的领导下任国民党扫荡报社社长（少将军衔）。《扫荡报》改为《和平日报》后，报社由重庆迁至汉口，刘威凤仍任社长。抗日战争结束后，追随张治中、程潜等人主张国共和谈，极力反对内战。曾利用自己的身份支持岳阳进步人士杨遗谟竞选湖南省参议员，为湖南和平解放做出了一定的贡献。

1948 年 3 月，当选为第一届国民大会新闻界代表。1949 年 7 月 21 日，病逝于广西桂林，终年 50 岁。

刘斗光（1906—1931） 又名刘耀，天龙村江背屋人，出身于农民家庭。5 岁入私塾读书。1921 年，考入岳阳县桂林高级小学。1924 年，考入岳阳县立中学。1926 年，以教员身份作掩护，回乡参加革命，与邹天益、刘玉竹等在柘港洞建立第四区第九乡农民协会，任宣传委员。他编写有“剪下粑粑头，放开三寸脚，反对旧传统，不受封建约。农会有规矩，谁也难躲过”等顺口溜，使当地剪头、放脚一时成风。1927 年，加入中国共产党。是年，春荒，他动员柘港洞上、下两个地方团的团长邹奇芬、袁来仪拿出 500 担积谷借给农民，不计利息。

“马日事变”后，刘斗光 3 次被捕入狱，受尽酷刑，宁死不屈，经多方营救才获保释。1930 年 9 月，赴平江参加红十六军，先后任七师师部秘书、七师二团政委，随部转战修水、万载、平江、浏阳、通城、宜丰等数县，参加湘鄂赣苏区第一、第二次反“围剿”战斗。1931 年 3 月初，在万载潭埠街后山坡指挥部队与敌作战时，身负重伤，后因伤口恶化而牺牲，年仅 25 岁。

刘星（1914—1932） 原名刘九成。16 岁参加红军，任红十六军第七师二团文化股股长、宣传股股长。1930 年 9 月，加入中国共产党，改名刘星。1931 年，在第二次反“围剿”中，参加江西尚坪、排埠战役，因战功代理红七师政委。1932 年，在第三次反“围剿”中牺牲。

名人与张谷英

方钝与方竹 峰胜洞中有一种十分奇特的小竹子，拇指般粗细，长约 3 米，方方正正，四棱如削；竹节微微外突，带有小刺枝；竹叶青绿狭长，绿影婆娑成塔形。这种竹子称方竹，十分罕见。方竹与明代户部尚书方钝有关。

方钝，号砺庵，岳阳县杨林乡沙陂村人。生于明弘治元年（1488），正德十一年（1516）乡试中举，十五年（1520）登进士，十六年（1521）点为翰林，累官至户部尚书。

方钝的母亲是峰胜洞人，方钝年幼时在外婆家就读，留下了许多脍炙人口的故事。洞中至今仍存其读书遗址。据说，方钝在外婆家读私塾时，一日天降大雨，山路塌方，方钝跌了一跤，眼看要滑进山洪急湍的峡谷，幸亏山腰中有一丛翠绿的小圆竹拦住了他。他当即感激地说：“小竹啊小竹，感谢你救了我一命。”他摸了摸小竹，又感叹道：“你怎么是圆的呢？干脆和我一道姓方吧。”

后来，方钝求学有成。他耿直方正，关心民间疾苦，为百姓做了不少好事。方钝死后，峰胜洞中的那一丛小圆竹竟一夜之间全变得方方正正的，就成了现在的方竹，峰胜洞就成了方竹的故乡。

马龙终老大峰山 张谷英镇大峰山顶西侧百十米处有一个玉泉庵，称下庵里。清初，康熙帝削藩平乱，吴三桂战败后，其部将马龙率部队退入一山头。当时浓雾弥漫，十步不见人影，清兵没有发现，便收兵去攻长沙，马龙脱险。马龙带领残兵败将逃往大峰山，经过傅家洞，马在溪边饮水，留下了马脚石印，至今尤有痕迹。他选择玉泉山头的平底建立玉泉庵。在玉泉庵，他开辟螺丝转顶作为练兵场所，轮流念经拜佛，轮流操戈练武，保护了一方平安。作为玉泉庵的开山祖师，他交朋以信，护徒如子，深为后人敬仰。马龙终老后，后人为他修了一个四方宝塔形式的马将军墓，四方刻有字迹，为十二代僧尼派系。人们感其功绩，有诗赋云："当年鏖战岳城东，巨炮声宏震耳聋。无奈蜈蚣身软弱，哪经金鹗嘴坚锋。大军折戟降清阵，猛将丢盔隐大峰。自古兴衰难定夺，莫将成败论英雄。"

王震率南下支队在渭洞 1945 年 2 月，为争取抗日战争的最后胜利，王震、王首道率领八路军南下支队跨过黄河，渡过长江，击溃了沿途阻击的日军板垣师团，进入鄂南通山县大田畈，消灭日军 600 余人，日军仓皇逃窜。

南下支队进入湖南后，改名为国民革命军湖南人民抗日救国军，大军进驻平江县城，司令部驻天岳书院。南下支队进入湖南时，王震曾给国民党临岳纵队司令王翦波写了一封信，提出借道而过。王翦波得信后，仍然顽固反共，慌忙调集岳、临、平、华 4 个支队于平江、岳阳，妄图歼灭南下支队。

王震、王首道以四支队守平江、五支队驻三眼桥、六支队驻安定桥，然后亲率主力一、二、三支队北进。在平江月形湾歼敌百余人，又在洪源洞歼敌 500 余人，旋即又急行军至岳阳县渭洞乡清水岭、新改港，进逼松树塝，又歼王翦波九、十两支队一大部分，并乘胜攻克芭蕉坳（当时国民党岳阳县政府驻芭蕉坳），消灭了国民党警察队，县长黎自格带印逃走。保卫部队又在当地开明绅士、地下党员冯子愚的帮助下，侦破国民党县政府藏于大王洞的地下仓库，缴获了大批药物和食盐，解决了当时军需药物与民用食盐的困难。

南下支队主力进驻渭洞乡之后，将主力军分守西溪岭、小水岭、清水岭、芭蕉坳等要隘，建立渭洞根据地，开展宣传，发动群众建立地方政权，扩充武装力量，招收爱国青年入伍，壮大抗日队伍。

司令部驻扎在张谷英村学堂塝上屋场，王震在南侧的厢房里办公。他与政委王首道在全福社（现渭洞粮店）召开了群众大会，向群众宣传抗日和共产党的统战政策，并演出了《国民党征兵》等文艺节目。后又在张谷英村召开了群众会，选举了居民组长。

王国雄在梓木坳英勇就义 王国雄（1915—1940），又名王铁，岳阳县康王乡茆山村人。1938年开始，在岳阳县开展抗日救亡宣传工作。同年夏，他按党的指示撤离游击队，带领李开桂、王正道、李辉等人转移到张谷英镇从事抗日救亡活动。在张谷英镇，他派李辉办了一个织袜子的小厂作掩护。创办民众夜校，学校开设语文、算术、音乐、体育等科目，旨在宣传抗日道理，传播革命思想。王国雄任教算术、体育课，妻子李开桂教唱抗日歌曲。他们创办壁报，及时报道抗日消息；组织少年宣传队、叱咤歌咏团深入到饶村、朱公桥、芭蕉坳等地进行演讲、歌唱活动；在渭洞乡袁家庄组织青年“抗敌后援会”，成员由36人发展到近60人，其中有张会春、邹满瑞、赵少春等地下党员；聘请武术教官教练射击、拳击、散打、游击战术等。在杨贞浓的领导下，他们的工作开展得卓有成效。

“六一二”平江惨案后，政局日益恶化。1940年2月下旬，中共湘鄂赣边区特委宣传部部长杨乐如在中共岳阳中心县委紧急会议上，作出了撤退干部的决议。但决定调往新四军的王国雄、李开桂尚未出行时，王翦波（岳阳地区专员）、黎自格就派一股便衣特务于3月31日凌晨将王国雄寓所包围。王国雄与分娩前夕的妻子李开桂被枪杀于梓木坳。

刘润世隐居渭洞 刘润世（1907—1985），原名怡仁，岳阳县潼溪乡刘桂村人。1947年8月，中共福建省委派他回湖南建立湘鄂赣边区根据地。1948年春节前夕到张谷英镇，化装成斋公隐蔽渭洞乡。大王洞、峰胜洞、大明山、桂峰山等均留下了他的革命足迹。1949年春，刘润世离开渭洞乡到长沙策反程潜、陈明仁等上层军政人员起义。

戴咏樵被杀害于六家港大桥 戴咏樵（1895—1931），又名辉棋，化名马化龙，岳阳县蓝田乡西源戴家组人。为便于开展地下工作，他弃俗从佛，手持缘簿到各村化缘，了解民情。1926年夏荒季节，戴咏樵调查到柘港洞的珍珠上、下两团存有1000多担积谷，便邀同邹之谟（地下党员）专程去找管积谷的劣绅刘渭黄，以“觉行圆满”的名义劝他“开仓赈灾”。刘渭黄在佛门行善、农民运动高潮中，只好把积谷悉数分给了农民。

戴咏樵脱下袈裟，住进袁家庄，秘密培养彭礼清、刘斗光等一批青年加入中国共产党，在马嘶洞、柘港洞创建了两个党支部。1930年4月，戴咏樵开始在柘洞港组建农民游击队。他会同岳阳四区苏维埃政府主席邹天翼，在几十名地下党员的配合下，很快组建了一支近300人的队伍。5月，敌军第二次“围剿”湘北苏区，敌十六师攻占了湘阴县蓝家洞。中共湘北特委机关从岳阳特区柘港洞向平江转移，湘北独立团也与红十六军会师。因要挑选一些人指挥地下斗争，戴咏樵即被留下，特委派他带两名干部到临湘县发展党的组织和农民武装。

化名马化龙的戴咏樵一行人至张谷英镇东淇洞的百花台时，碰上铲共义勇队汤用贤带一股枪兵迎面而来，躲闪不及，3 人被捕。后被绑赴六家港大桥沙港边杀害，时年 36 岁。

蓝泽在柘港洞闹革命 蓝泽（1912—1931），女，汨罗市八景乡人。1930 年 6 月，正式加入中国共产党，任湘北特委宣传委员、湘阴县妇女会主任。1930 年冬，湘北特委（红五军第十六团，又称“湘北独立团”）转移至岳阳县张谷英镇竹坪村，建立新的革命根据地。1931 年，蓝泽任岳阳县苏维埃政府妇女会主任、东乡总支书。在张谷英镇期间，她多次率领革命武装打土豪、分田地、攻打挨户团，缴获了一批枪支、弹药，有力地配合红军主力攻打岳阳、华容、湘阴，取得革命的重大胜利。1931 年 5 月 17 日，由于叛徒方金才的出卖，在杨林乡西源村胜先李家屋被捕，就义时年仅 19 岁。

毛致用就读鼎新学校 毛致用，岳阳县筻口镇西冲村人。曾任岳阳县委书记、湖南省委书记、江西省委书记。1998 年，当选为全国政协副主席。是中共第十一届、十二届、十三届、十四届中央委员。

毛致用幼年时曾在张谷英镇张谷英村鼎新学校就读。镇域内的大坳水库、桐木水库的修建都与他密不可分。1966—1968 年，在“文化大革命”中遭受冲击，在渭洞乡境内度过了一段艰辛而又难忘的岁月。

张安蒙慧眼识珠张谷英 1989 年，上海八达影视公司资深的影视工作者张安蒙先后 5 次考察张谷英村，发现张谷英村有着独特的风格，是天下村落建筑中的特殊景观。一个聚族而居的宗族古村落，已繁衍 26 代，全村 2600 多人同宗同姓，同住一片屋檐下，实为罕见，令世人瞩目。影视公司抓拍了一些珍贵的镜头，制成了《岳阳楼外楼，洞庭天外天》4 集电视专题片。

1991 年，岳阳市委、市政府举行张谷英古建筑考察新闻报告会。会上，播放了《岳阳楼外楼，洞庭天外天》专题片，并请该片顾问，同济大学古建筑专家、教授王绍周作考察报告，专题片由“风水篇”“楼宇篇”“情致篇”“风情篇”组成，充满诗情画意，展示了张谷英村古趣盎然、令人遐想、引人探幽的魅力。随后，中央电视台、湖南电视台、上海电视台、《人民日报》，中国香港及日本等 80 多家电视台、海内外近百家报纸播出或刊登介绍张谷英古建筑群和民俗村的画面和文章。

1991 年,《人民日报》(海外版)分别以《繁衍二十六代，建筑保存至今——明代村落被发现》《一个宗族古村落》为题，两次报道介绍;《文汇报》报道《独特的文化现象张谷英》;《解放日报》刊登消息《荧屏展现传统民居的瑰宝》与访问记《朴素清雅、别有洞天》;《电影时代》发表长篇通讯《寻觅古老村落的踪迹》;《中国建设报》刊登王绍周考察后的学术论文《聚族而居的古建筑群》。

勤政好学公仆张治雄 张治雄，1946 年 4 月出生，岳阳县张谷英镇人，大学文化，中共党员。

张治雄在担任地委、市委组织部副部长时分管党建工作，经常深入农村、企业、学校、街道调查研究。1987—1988 年，组织全市部分乡镇开展“从严治党、处置不合格党员”试点工作，取得了不少经验。1988 年 6 月，作为特邀代表参加中央在北京召开的全国组织工作会议，并在大会上发言，介绍岳阳“处置不合格党员”的经验。1988 年 7 月，被中共湖南省委授予“优秀党务工作者”光荣称号。在岳阳市南区任区委书记期间，班子团结，社会和谐，经济稳步发展，城区治安状况明显好转，被省委、省政府评为双文明建设先进单位。1994 年 5 月，担任岳阳市纪委书记，认真贯彻中央关于反腐败的方针、政策，围绕中心服务大局、标本兼治、综合治理，取得明显成效，写成了《反腐败的理论思考和实践探索》一书，于 2003 年 6 月由湖南人民出版社出版发行。

张治雄自幼爱好书法，参加工作之后兴趣不减，余暇时间研究历代碑帖，临池不辍，持之以恒。先学魏碑、唐楷，后临二王行草，书法艺术有很深功底。2001 年，被湖南省书法家协会吸收为会员。曾多次参加全国、全省书法大赛并获奖。《人民日报》《书法报》《团结报》《中国纪检监察报》《人民政协报》等全国性报纸上曾刊发过不少他的书法作品，岳阳楼、屈子祠等多处名胜古迹都有他的作品镌刻于石。

戏剧文学与陈亚先 陈亚先，1948 年出生，东山村人。湖南省文联副主席，国家一级编剧、国务院特殊津贴专家、文化部优秀专家、湖南省特等劳动模范。

1988 年，创作的历史剧《曹操与杨修》曾获曹禺戏剧文学奖、中国戏剧学会奖、文化部优秀编剧奖、第四届全国优秀剧本奖“程长庚”金奖、首届中国戏曲学会金奖。1996 年，创作的历史剧《胡笳》获文化部文华新剧目奖；花鼓戏《市长夫人》获田汉大奖。1999—2000 年，创作的京剧连台本戏《宰相刘罗锅》获中宣部“五个一工程奖”、第六届中国艺术节金奖、文华新剧目奖，并被评为国家舞台艺术精品工程、首批十大精品榜首。后又创作了《武则天》《屈原》《唐太宗与魏征》《阎罗梦》《宰相刘罗锅》（第二本、第三本）及电视剧《乾隆王朝》《天地一秀才》《曹操与陈宫》等20余部剧本。

陈亚先是我国剧坛上一位成绩卓著而又笔耕不辍的著名剧作家，其剧本人物形象丰满，表现力强；语言富于个性，结构严谨，深受各界好评。部分作品被译成英、法、俄文介绍到国外，并曾在苏联、新加坡演出。有《当代湖南戏剧作家选集——陈亚先卷》与理论专著《戏曲编剧浅读》等书问世。

全国“五一劳动奖章”获得者刘汉黄 刘汉黄，1953年出生，张谷英镇一心村人。1973年参加工作，先后在农机站、乡政府、工商所、税务所做过临时工。1993年，应聘到张谷英镇林业站当护林员。他20年如一日，一个人守护着张谷英镇与县公田镇、月田镇交界处超过15000亩的林地。他积极带领附近村民植树造林，栽树近万株。他日复一日，坚持每天走10多千米路巡山，30多次受到野猪、毒蛇的攻击，20多次被盗猎者、偷伐人恐吓，但他从未退缩。他在实践中摸索了一套独特的给竹子根部注射药物的治蝗方法，使15000亩林地免受蝗疫灾害。护林21年，他的管护区未发生过一起火灾与乱砍滥伐事件。2013年，刘汉黄本应退休，但因当时管护区位置偏僻，无人接管，他又义无反顾地留下来继续工作了两年。《岳阳晚报》《湖南日报》等媒体多次报道他的护林事迹。2009年，被评为湖南省劳动模范，并获全国“五一劳动奖章”，受到党和国家领导人的接见。

全国模范教师黄亚飞 黄亚飞，1957年3月出生，张谷英镇居公完小教师，全国模范教师。2岁烤火时发生意外，全身大面积烧伤，他顽强地挣脱了死神的锁链。他的左手5根手指全无、右手只剩3根不足常人手指一半长的残指，但仍勤学苦练毛笔字和钢笔字，他的书法作品在张谷英镇有名。

1974年，黄亚飞先后在4个乡村小学任教，无论是破旧的“仓库学校”，还是偏远的复式教学点，他都一直坚守着自己的教育理想，坚守着学生的未来之梦。

工作的前10多年里，山区贫穷落后，一些家长不愿意送适龄儿童入学。每逢开学初，黄亚飞便起早贪黑，沿着陡峭的盘山小道，踏进家家户户动员家长送子女上学。他踏遍大峰山下的每一寸土地，家访1700余人次，行走山路3万多千米，劝回学生90余人，累计垫付学费约3680元，还给学生买笔、本子等学习用品。

他有200多项教研成果、教研论文获国家、省、市、县级奖励或公开发表。黄亚飞担任43年班主任，培养了3000多名学生，其中有49人考上重点大学、7人考上研究生、

4 人取得博士学位。43 年中，在黄亚飞的考勤档案里没有一次事假、病假记录，也没有一次迟到、旷工记录。2014 年，黄亚飞被评为全国模范教师，在北京人民大会堂受到习近平、李克强的接见和颁奖。2018 年 9 月 8 日，被评为“四有好老师”启功教师奖，他的优秀事迹先后被《光明日报》、新华社、《中国教育报》、中国教育新闻网等报纸、网站报道转载。

刘望龙在张谷英镇发展芭蕉扇业 刘望龙，1959 年出生，张谷英镇人。岳阳县芭蕉扇业有限责任公司总经理、岳州扇传统技艺代表性传承人。在继承传统扇艺的精髓上，带领团队不断改良升级制扇工艺，开启了“岳州扇”的新篇章。

张谷英镇盛产楠竹，自清朝起就聚集着许多扇骨加工作坊，岳阳县芭蕉扇厂坐落于张谷英镇。20 世纪 90 年代，受国外潮流文化和电器市场冲击，折扇开始远离人们生活，芭蕉扇业一度面临停产危机，很多手艺人转行。

1999 年，身为企业办主任、芭蕉扇厂厂长的刘望龙不忍这门老手艺就此凋零，主动筹资收购厂子。他查阅书籍、奔赴大城市考察市场，带领工人们夜以继日地研发新产品。结合市场需求与“岳州扇”的工艺特点，经过 3 个多月的摸索和实验，最终研制出既有健身功能，且外形独特精致的“功夫扇”。很快，他们便拿到一笔来自广州的 10 万元“大订单”。

2007 年，折扇市场受到严重的冲击，芭蕉扇业再次遭遇危机，一度 3 个月发不出工资。刘望龙和员工奔赴浙江义乌小商品市场取经学艺。一日，他看见一幅挂在墙面上的油画，觉得十分好看，便决定将这幅油画印制到扇面上。他立即请技术团队专攻数码打印技术。3 个月后，他做出了数码打印扇，将经典油画印制到扇面，再次受到消费者

工艺扇（一）

工艺扇（二）

热捧，产品远销到欧美市场。

此后，刘望龙赶赴苏州、绍兴、德清县等国内知名工艺扇产地学艺，博采众长，还远赴日本、韩国、西班牙等国家考察学习，使产品融入现代工艺技术，更具市场竞争力。通过几十年潜心研制，刘望龙开发了仿牙香扇、书画装饰扇、健身功夫扇、戏剧舞蹈扇、精制女绢扇、百家姓扇、生肖扇、仿檀香拉花扇、木扇等 13 大系列、3000 多个花色品种。每种产品都独具艺术特色和文化内涵，对扇文化的传衍和推广具有积极意义。近年来，岳阳县芭蕉扇业有限责任公司年出口额达到 500 多万美元，产品畅销 32 个国家和地区。

刘望龙牵头成立扇业协会，500 多个农户加入，从事工艺扇加工制作。公司有职工 1200 人，为张谷英镇劳动力就业提供了广阔的空间，是张谷英镇财政收入的主要渠道之一。

丁群芳在张谷英镇开展科技实践 丁群芳，1967 年 4 月出生，张谷英镇中心学校教师。扎根山区小学 30 年，无怨无悔。

2006 年，他接任的班里有 22 名未报到的学生，为了不让这些学生流失，他夜以继日地做工作。有的学生住在百里之外，他连跑了两次。他还多次帮学生垫付医药费。他化疗住院期间，不顾医生的强烈反对，住院 24 天后强行出院。他带病完成学生科技实践活动作品及文档的整理，在湖南省内获奖后，他又向专家、教师请教，直到获全国三等奖。

他始终坚持“从实践中学”的教学理念，把环境保护与科技创新的种子植入学生的心田。从学校门前流过的渭溪河受到污染，他指导学生进行“家乡河流水质及污染情况调查”。他带领指导教师进行方案设计，组织学生开展调查，坐船到水库中央采集水样并送到市里相关部门检测。活动取得了巨大成功，荣获全国第 26 届青少年科技创新大赛一等奖。

他指导学生以家乡资源、乡土特色为对象开展的科技创新和综合实践活动，荣获国家级奖励 6 次、省级奖励 12 次、市级奖励 26 次。他连续多年被评为岳阳市优秀科技教师，还曾获“湖南最可爱的乡村教师”“市第五届道德模范”“湖南省十佳科技教师”等荣誉。丁群芳的妻子患有乳腺癌，他帮妻子按摩、擦洗、更换衣服，陪妻子聊天，直至妻子病逝。2016 年 4 月，在中央文明办发布的“中国好人榜”上，丁群芳登上“敬业奉献好人榜”。

人物表

张谷英籍烈士一览表

表 17

姓名	出生年份	籍贯	牺牲地点及原因
刘斗光	光绪三十二年（1906）	渭洞乡天龙村	在江西省万载县上矮山作战牺牲
朱凡舟	光绪三十二年（1906）	渭洞乡天龙村	在湖北省通城县岳姑山作战牺牲
高有道	光绪二十八年（1902）	渭洞乡天龙村	在湖北省通城县作战牺牲
杨兴发	光绪三十四年（1908）	渭洞乡天龙村	战斗负伤后，在红军医院牺牲
刘聘成	1919 年	渭洞乡天龙村	在渭洞长坪作战牺牲
李日春	光绪二十年（1894）	渭洞乡天龙村	在渭洞因受刑讯牺牲
刘玉竹	光绪二年（1876）	渭洞乡天龙村	在渭洞天龙被杀害
刘翰芬	光绪三十四年（1908）	渭洞乡天龙村	在渭洞天龙被杀害
李旦明	光绪三十年（1904）	渭洞乡天龙村	在渭洞天龙被杀害
刘新阶	光绪三十一年（1905）	渭洞乡天龙村	在渭洞天龙被杀害
李和平	光绪十七年（1891）	渭洞乡天龙村	在渭洞杨家塅被杀害
张继荣	光绪二十九年（1903）	渭洞乡天龙村	在渭洞被杀害
杨红盛	光绪三十三年（1907）	渭洞乡天龙村	在渭洞天龙江背屋被杀害
杨志仁	光绪二十八年（1902）	渭洞乡天龙村	在渭洞鱼子盆被杀害
杨福仁	光绪十九年（1893）	渭洞乡天龙村	在渭洞鱼子盆被杀害
邹天益	光绪十六年（1890）	渭洞乡竹坪村	在江西省南昌市作战牺牲
邹成益	光绪十八年（1892）	渭洞乡竹坪村	在江西省铜鼓县作战牺牲
黄春义	光绪三十年（1904）	渭洞乡竹坪村	在步仙狮子山作战牺牲
邹善初	1912 年	渭洞乡竹坪村	在江西省铜鼓县作战牺牲
邹早生	宣统三年（1911）	渭洞乡竹坪村	在江西省铜鼓县作战牺牲
邹麦秋	1913 年	渭洞乡竹坪村	在江西省铜鼓县作战牺牲
邹桃溪	光绪七年（1881）	渭洞乡竹坪村	在浏阳县作战牺牲
杨长生	光绪十一年（1885）	渭洞乡竹坪村	在饶村洞口湾作战牺牲
刘碧南	宣统元年（1909）	渭洞乡竹坪村	在平江县嘉义作战牺牲
程天望	光绪二十四年（1898）	渭洞乡竹坪村	在渭洞竹坪被杀害
赵宜春	光绪十二年（1886）	渭洞乡竹坪村	在渭洞大桥被杀害
刘锡芳	光绪三十二年（1906）	渭洞乡竹坪村	在芭蕉泉水被杀害
杨成望	—	渭洞乡竹坪村	在渭洞竹坪被杀害

续表 17

姓名	出生年份	籍贯	牺牲地点及原因
邹子华	光绪二十九年（1903）	渭洞乡竹坪村	在渭洞竹坪被杀害
喻先桂	光绪二十九年（1903）	渭洞乡竹坪村	在渭洞天龙被杀害
邹松林	光绪二十八年（1902）	渭洞乡竹坪村	在渭洞竹坪被杀害
兰春秋	1912 年	渭洞乡竹坪村	在平江县嘉义被杀害
杨春华	光绪二十四年（1898）	渭洞乡竹坪村	在饶村莲花坳被杀害
曾国平	光绪三十四年（1908）	渭洞乡竹坪村	在平江县大汪坪被杀害
兰顺清	光绪三十年（1904）	渭洞乡竹坪村	在渭洞竹坪被杀害
邹秋生	宣统三年（1911）	渭洞乡竹坪村	在渭洞竹坪被杀害
曾少林	光绪十一年（1885）	渭洞乡竹坪村	在平江县南江桥被杀害
邹红生	光绪三十四年（1908）	渭洞乡竹坪村	在江西省失踪
王和顺	光绪二十六年（1900）	渭洞乡竹坪村	在江西省失踪
林梓兵	光绪三十四年（1908）	渭洞乡桂峰村	在浏阳县浏阳岭作战牺牲
许克仁	光绪二十一年（1895）	渭洞乡桂峰村	在平江县作战牺牲
陈桂盛	1912 年	渭洞乡桂峰村	在平江县作战牺牲
邹定成	宣统元年（1909）	渭洞乡桂峰村	在渭洞上岭被杀害
邹玉生	光绪三十年（1904）	渭洞乡桂峰村	在渭洞桐木坳被杀害
王吉安	光绪三十年（1904）	渭洞乡桂峰村	在渭洞长坪被杀害
胡习成	1912 年	渭洞乡桂峰村	在渭洞桂峰文安洞被杀害
胡月明	光绪十九年（1893）	渭洞乡桂峰村	在渭洞竹坪被杀害
陈柳清	光绪十七年（1891）	渭洞乡桂峰村	在芭蕉万时敏被杀害
丁怡福	光绪十六年（1890）	渭洞乡桂峰村	在渭洞兰和堡被杀害
肖永兴	光绪十六年（1890）	渭洞乡桂峰村	在渭洞兰和堡被杀害
邹砚卿	光绪二十六年（1900）	渭洞乡桂峰村	在渭洞兰和堡被杀害
邹维新	光绪二十六年（1900）	渭洞乡桂峰村	在平江县谈岑万家里被杀害
吴爱清	同治九年（1870）	渭洞乡桂峰村	在渭洞桂峰被杀害
何厚发	光绪三十一年（1905）	渭洞乡桂峰村	在渭洞桂峰被杀害
林梓春	光绪二十四年（1898）	渭洞乡桂峰村	在渭洞桂峰被杀害
王昌怀	光绪二十四年（1898）	渭洞乡桂峰村	在渭洞长坪被杀害
周长生	光绪三十三年（1907）	渭洞乡桂峰村	在渭洞竹坪被杀害
林奇桢	光绪二十六年（1900）	渭洞乡桂峰村	在渭洞十美兰氏祠堂被杀害
黄洁桂	光绪三十年（1904）	渭洞乡桂峰村	在渭洞兰和堡被杀害
李金满	宣统三年（1910）	渭洞乡桂峰村	在平江县三窍湾被杀害
林少保	宣统三年（1910）	渭洞乡桂峰村	在渭洞兰和堡被杀害
林世元	光绪八年（1882）	渭洞乡桂峰村	在渭洞兰和堡被杀害
周铭德	光绪二十年（1894）	渭洞乡桂峰村	在渭洞桂峰周家屋被杀害
李堂清	光绪二十四年（1898）	渭洞乡桂峰村	在渭洞竹坪被杀害
邹富瑞	光绪三十四年（1908）	渭洞乡桂峰村	在渭洞桂峰被杀害
李功勤	光绪六年（1880）	渭洞乡桂峰村	在渭洞文安洞被杀害

续表 17

姓名	出生年份	籍贯	牺牲地点及原因
何志明	光绪三十年（1904）	渭洞乡杉桥村	在渭洞张谷英被杀害
刘国义	宣统三年（1911）	渭洞乡杉桥村	在湖北省通城县九岭作战牺牲
张昌南	光绪二十七年（1901）	渭洞乡杉桥村	在江西省马坳排埠作战牺牲
刘九成	1914 年	渭洞乡杉桥村	在江西省永新县作战牺牲
张正华	光绪二年（1876）	渭洞乡杉桥村	在杨林街画眉冲被杀害
邹喜太	1913 年	渭洞乡杉桥村	在渭洞大桥被杀害
刘探访	光绪三十二年（1906）	渭洞乡杉桥村	在饶村洞口湾被杀害
邹宗华	光绪二十九年（1903）	渭洞乡杉桥村	在平江县马嘶洞被杀害
刘渭滨	光绪三十二年（1906）	渭洞乡杉桥村	在渭洞天龙山被杀害
万时来	光绪十五年（1889）	渭洞乡杉桥村	在饶村徐家屋被杀害
肖桂荣	光绪十七年（1891）	渭洞乡兰陵村	在汨罗长乐街作战牺牲
毛维成	光绪二十六年（1900）	渭洞乡兰陵村	在渭洞寺湾被杀害
肖汉标	1920 年	渭洞乡兰陵村	在海南岛东方县加吉桥因公牺牲
兰汉春	光绪二十八年（1902）	渭洞乡大王村	在临湘县马井里作战牺牲
丁权和	宣统三年（1911）	渭洞乡大王村	在芭蕉作战牺牲
兰日清	宣统二年（1910）	渭洞乡大王村	在渭洞大王洞被杀害
丁正耀	宣统元年（1909）	渭洞乡大王村	在渭洞铜鼓墩被杀害
丁连元	光绪二年（1876）	渭洞乡大王村	在芭蕉月旁被杀害
兰亚成	1925 年	渭洞乡大王村	在朝鲜作战负伤后，回东北医院牺牲
袁伯凡	光绪三十二年（1906）	渭洞乡长坪村	在饶村徐家港作战牺牲
徐泽民	宣统二年（1910）	渭洞乡长坪村	在饶村洞口湾作战牺牲
刘焰春	光绪三十二年（1906）	渭洞乡长坪村	在平江县岑川燕窝湾作战牺牲
徐泽宜	光绪三十一年（1905）	渭洞乡长坪村	在饶村洞口湾作战牺牲
李书初	光绪三十一年（1905）	渭洞乡长坪村	在渭洞张谷英被杀害
兰玉书	光绪十九年（1893）	渭洞乡长坪村	在渭洞张谷英被杀害
王世顶	光绪二十二年（1896）	渭洞乡长坪村	在渭洞兰和堡被杀害
兰继华	光绪八年（1882）	渭洞乡长坪村	在渭洞兰和堡被杀害
兰桂秋	光绪二十八年（1902）	渭洞乡长坪村	在渭洞兰和堡被杀害
袁太阶	光绪十六年（1890）	渭洞乡长坪村	在渭洞兰和堡被杀害
袁文厚	光绪二十七年（1901）	渭洞乡长坪村	在渭洞雪大门被杀害
兰继荣	光绪七年（1881）	渭洞乡长坪村	在渭洞长坪被杀害
周义成	光绪二十五年（1899）	渭洞乡长坪村	在渭洞张谷英被杀害
何瑞清	光绪三十四年（1908）	渭洞乡长坪村	在渭洞杨家塅被杀害
林雪山	光绪三十一年（1905）	渭洞乡长坪村	在渭洞姜家湾被杀害
兰四竹	光绪二十九年（1903）	渭洞乡长坪村	在渭洞蒋家铺被杀害
罗金安	光绪二十五年（1899）	渭洞乡长坪村	在渭洞张谷英被杀害
丁友义	光绪三十一年（1905）	渭洞乡长坪村	在渭洞天龙山被杀害
丁友会	光绪三十一年（1905）	渭洞乡长坪村	在渭洞桐木坳被杀害

续表 17

姓名	出生年份	籍贯	牺牲地点及原因
张天清	光绪二十九年（1903）	渭洞乡长坪村	在渭洞天龙山被杀害
张界文	光绪二十八年（1902）	渭洞乡长坪村	在渭洞长坪被杀害
林少坤	光绪二十九年（1903）	渭洞乡长坪村	在渭洞排石被杀害
郭定良	宣统三年（1911）	渭洞村大桥村	在渭洞张谷英刘家嘴被杀害
郭旭山	光绪二十一年（1895）	渭洞乡大桥村	在芭蕉万时敏被杀害
张兆韩	宣统二年（1910）	渭洞乡四维村	在柘港洞被杀害
张兆韩	宣统二年（1910）	渭洞乡四维村	在柘港洞被杀害
张曙明	1918 年	渭洞乡四维村	在洛阳附近的川山公路上急行军掉队，被当地反动派杀害
毛寒全	—	渭洞乡	在湘阴县青石桥作战牺牲
丁阳生	光绪十六年（1890）	渭洞乡	在步仙桥罗内被杀害
丁会堂	光绪二十二年（1896）	渭洞乡	在渭洞丁家祠堂被杀害
兰岳诚	光绪六年（1880）	渭洞乡	在渭洞延寿庄被杀害
赵云志	—	渭洞乡	在朝鲜洪川郡兹平里作战牺牲
兰金秋	—	渭洞乡	在朝鲜作战牺牲
张振群	—	渭洞乡	在朝鲜第五次战役中牺牲
刘玉平	光绪十八年（1892）	渭洞乡	在渭洞长坪被杀害
丁月访	光绪二十四年（1898）	渭洞乡	在渭洞张谷英被杀害
张恢先	光绪十二年（1886）	渭洞乡	在凤凰五关万家屋后被杀害
兰南成	光绪八年（1882）	渭洞乡	在渭洞张谷英祠堂前被杀害
冯亚东	光绪三十二年（1906）	芭蕉乡向阳村	在湖北省洪湖县作战牺牲
兰加其	光绪二十八年（1902）	芭蕉乡向阳村	在平江横差作战牺牲
冯庭帮	光绪十五年（1889）	芭蕉乡向阳村	在渭洞长坪蒋家铺子被杀害
兰泽泰	光绪三十一年（1905）	芭蕉乡向阳村	在渭洞大王洞被杀害
刘勤傅	光绪二十八年（1902）	芭蕉乡向阳村	在渭洞大桥兰氏祠堂被杀害
刘康贤	光绪三十二年（1906）	芭蕉乡向阳村	在湖北省武昌市被杀害
李会明	光绪二十一年（1885）	芭蕉乡向阳村	在芭蕉坳被杀害
李德宜	光绪二十五年（1899）	芭蕉乡向阳村	在饶村东山被杀害
李书桥	光绪二十三年（1897）	芭蕉乡向阳村	在渭洞胡家坳被杀害
钟荣明	光绪十七年（1891）	芭蕉乡向阳村	在饶村牛皮塅被杀害
万林书	光绪三十四年（1908）	芭蕉乡松树村	在渭洞作战牺牲
任志成	光绪二十年（1894）	芭蕉乡松树村	在渭洞作战牺牲
兰西平	宣统三年（1911）	芭蕉乡松树村	在渭洞兰氏碑被杀害
万正南	宣统元年（1909）	芭蕉乡松树村	在渭洞万恒泰被杀害
罗益盛	宣统三年（1911）	芭蕉乡龙洞村	在荣家湾作战牺牲
肖林保	光绪二十五年（1899）	芭蕉乡龙洞村	在平江县钟洞作战牺牲
钟海文	光绪三十年（1900）	芭蕉乡龙洞村	在芭蕉谢家塅被杀害
邹景成	道光十九年（1839）	芭蕉乡龙洞村	在芭蕉龙洞界桥被杀害

续表 17

姓名	出生年份	籍贯	牺牲地点及原因
邹元士	光绪十一年（1885）	芭蕉乡龙洞村	在平江县汪坪被杀害
邹要卿	1914 年	芭蕉村龙洞村	在平江县被杀害
邹元兴	光绪八年（1882）	芭蕉乡龙洞村	在平江县汪坪被杀害
方成竹	光绪三十一年（1905）	芭蕉乡下庄村	在芭蕉龙洞作战牺牲
张奉书	光绪二十四年（1898）	芭蕉乡下庄村	在渭洞佛坳作战牺牲
陈德周	光绪十三年（1887）	芭蕉乡下庄村	在芭蕉作战牺牲
袁国贤	光绪十六年（1890）	芭蕉乡下庄村	在芭蕉龙洞界桥被杀害
陈振其	1956 年	芭蕉乡下庄村	在对越自卫反击战中牺牲
毛萼华	光绪三十年（1904）	芭蕉乡陈坪村	在江西省新余县作战牺牲
万绳保	光绪三十一年（1905）	芭蕉乡陈坪村	在平江县板江蛇洞岭作战牺牲
李先四	同治十三年（1874）	芭蕉乡陈坪村	在芭蕉倒溪洞被杀害
李少卿	光绪十六年（1890）	芭蕉乡陈坪村	在平江县南江桥被杀害
赵清华	光绪七年（1881）	芭蕉乡陈坪村	在芭蕉陈家坪被杀害
李兰挺	光绪十五年（1889）	芭蕉乡陈坪村	在芭蕉徐家洞被杀害
李加黄	光绪十六年（1890）	芭蕉乡陈坪村	在渭洞大桥头被杀害
方成贵	光绪三十年（1904）	芭蕉乡陈坪村	在黄岸甘田嘴被杀害
方成副	光绪二十七年（1901）	芭蕉乡陈坪村	在芭蕉大水洞被杀害

艺文杂记

张谷英镇名胜古迹、自然风光与民间生活吸引古今诗人、作家吟咏这片土地，留下一批艺文佳作。张谷英第十七代孙张锦山所作的《劝孝歌》绘声绘色、通俗生动、真挚感人。同时，该篇收录了群众创作的极富地域特色的山歌、夜歌，这些作品如一幅历史长卷，描绘了张谷英镇的古今风貌，呈现了张谷英镇独特的文化特色。

诗词

伤旱

张晦之

彻夜狂风露亦无，大田龟坼稻苗枯。
桔槔挽断长河水，天地蒸成小火炉。
投贴枉从人乞米，败吟时遇吏催租。
腐儒穷饿自由惯，但愿遗黎困早苏。

读书人家（四首）

张渥潜

（一）

户外五株柳，墙头几树花。
路人遥指点，此是读书家。

（二）

入户无尘杂，图书四壁多。
不闻声话谇，但觉语温和。

（三）

每饭惟蔬菜，随时衹布衣。
儿童皆有礼，家训总无违。

（四）

亦有田园乐，鸡豚不外求。
每逢花月好，时与故人游。

种田人家（四首）

（一）

小小村庄屋，纵横挂耒锄。
随时勤检点，亦自爱吾庐。

（二）

计亩栽禾黍，依山种豆棉。
老牛间饭处，鸡犬各欣然。

（三）

农务何时急，先朝卜雨晴。
所需皆自有，只待庆秋成。

（四）

一家安本业，几代长儿孙。
不为供王税，何曾到县门。

乡村农事（十首）

种杉

山家多旷土，随处种杉秧。
此日培萌孽，他年任栋梁。

种棉

此地饶沙质，宜棉胜种麻。
昔闻花结果，今笑果为花。

采茶

田家当谷雨，随处采新茶。
却笑提筐女，蓬头插野花。

秋获

又见新秋至，梧桐叶叶黄。
雨中观打稻，遗穗已生秧。

悯农

打稻声何急，农夫汗雨挥。

可怜戴日出，直至夕阳归。

立冬

几树橙犹绿，一林枫尚红。
小园天气暖，忘却是初冬。

牧童

斜阳在高树，童子跨牛归。
不肯轻鞭叱，经冬也自肥。

采樵

远上寒山去，高歌试采樵。
何人能画我，黄叶一肩挑。

栖鸟

双双白鸟飞，飞到前山上。
远望不分明，疑是梅花放。

梁燕

梁上双双燕，双飞似有情。
年年寻旧垒，不厌主人贫。

渭川五咏

龙珠怪石

先人有敝庐，乃至龙山隅。
何处飞来石，天然作宝珠。

狮山古松

乔木狮山盛，松尤大百围。
每防风雨急，化作老龙飞。

笔峰高阁

文昌曾建阁，朝夕每闻钟。
故老犹传说，书香绕笔峰。

风雨山寺

在昔僧何众，于今佛不灵。

凄凉经梵宇，苔藓逼人青。

小水奇峰

水小山原大，高大迥出群。

每瞻云梦泽，如见洞庭君。

村居即景

张博如

岑南湘北路迢迢，柳暗花明村景描。

山绕一环穿四坳，水流百步过三桥。

仙人石上双痕白，狮子源头万亩乔。

欲画吾乡惭手拙，气挥妙笔写青霄。

大屋抒怀

张飞儒

名冠江南一古庄，民风纯朴俗优良。

耕春织锦农家乐，纵笔游缰翰墨香。

地籍龙形藏旺气，山排笔架主文昌。

从兹改革长开放，好借东风奔小康。

题峰胜洞

佚名

胜境清幽四面山，日光只照午时间。

苍松翠竹喃喃语，别有风光在洞天。

对联

张谷英村牌坊联

古建壮奇观，先祖辛勤留胜迹；

民风称典范，后人努力续新篇。

笔山草堂联

龙蛇入笔张癫草；

风雨如山杜老堂。

张健夫题三保联合唱戏联

三字巧安排，请看三请孔明，三战吕布，三搜刘秀，三考吉平，又添仁贵的三箭，杨滚的三枪，精彩已非常，三次长沙摧暴日。

保民多重任，须知保全国土，保卫人群，保持信念，保存社稷，务必严密之保甲，努力之保长，切莫再唱戏，保留粮食过荒年。

张自衢撰戏台联

妙舞赛梨园，飘长袖，拽轻裾，五色斑斓，权当莱衣溢彩；

新腔翻菊部，弹铜琶，敲铁板，一声清越，遥疑木铎流音。

遗挽冯子愚联

下笔便一二千言，推陈出新，纵教易老冯唐，都道是本色书生，风流才子；

浪迹遍四十八洞，消愁遣兴，漫说多情杜牧，洵无愧山中宰相，陆地神仙。

桂峰山寺联

此庙果峻峭离奇，汇山有势，汇水有声，洞府精华自活现；
为神皆聪明正直，积善必旌，积恶必罚，司曹监察不糊涂。

朱公桥屈原庙联

屈而钓鱼，怀离骚，向天问，三闾沉矣三户在；
原于祖龙，斥上官，讽南后，万民哀之万家钲。

歌谣

劝孝歌（节选）

（一）

劝善书多皆切已，我劝为人从孝起。
堂前父母大如天，须知万善孝为先。
且自亲恩先讲起，父生母鞠成儿体。
十月怀胎苦甚多，母氏日在病中磨。
母氏怀胎十月足，只望孩儿离母腹。
可怜母氏生儿时，损伤筋骨血淋漓。
产后保身虽谨慎，大虚气血常多病。
头晕腹痛又身烧，哀哀母氏最劬劳。
月内孩子多叫哭，常恐孩儿奶不足。
可怜肉瘦脸皮黄，又将膏血与儿尝。
幸喜母亲常有奶，父母心中忧可解。
若夫无奶小人饥，米浆嚼细罐中炊。

等得孩儿睡醒时，米浆冷了又来炊。
日里米浆犹可解，夜深靠得娘身奶。
三更哭到日东升，含悲忍泪好伤心。
儿出啼来母也哭，东头讨到西头屋。
北方无奶转南方，母亲双眼泪汪汪。
倘若孩儿哭得恶，又怕夜啼关发作。
三朝一七眼边黄，脐风将发急爷娘。
爷娘便把医生请，忙问先生稳不稳？
一身灯火断脐风，铺筵设席敬郎中。
又为孩儿多设计，摇窝坐起将儿睡。
叮嘱旁人莫乱摇，恐防惊醒我儿号。
暑月炎天发锦帐，蚊虫赶去将儿放。
打霜落雪恐伤寒，层层衣被盖儿眠。
惟有孩儿屎尿秽，父母心中无厌忌。
一身屎尿一身干，母亲何日得身安。
日间水洗堂前晒，夜里火烘衣与带。
烘干又湿恐儿寒，轻轻换去小儿安。
只要孩儿睡的足，父母何曾敢伸缩。
不湿被窝犹自可，右边如湿将儿左。
两边都湿抱胸前，移干就湿自身眠。
一身干来一身湿，风寒感冒伤筋骨。
筋骨载根痛母身，几人割股救娘亲？
渐渐孩儿能饮食，父母肥甘吞不纳。
口中嚼细与儿尝，何时反哺报爷娘？
慢慢孩儿学话说，口内咿语说不出。
父母般般教子言，和人解语念亲恩？
步步孩儿将试足，父母堂前常倾赴。
担心跌赴受虚惊，轻轻提起便儿行。
孩儿吃得三餐饱，常恐孩儿饥饿了。

孩儿穿得一身安，也疑单薄感风寒。
孩儿本是精神爽，日夜抚摩如痛痒。
孩儿笑哭脸无常，一闻啼哭也惊慌。
孩儿痘疹担烦恼，又想麻痘当种了。
孩儿身热是伤寒，恐慌麻痘送人看。
养得孩儿三五岁，寒暑灾星关也寄。
或是朝山许愿香，或疑福薄拜干娘。
拜了干娘还不足，甘心愿把金来赎。
只有孩儿渐渐安，倾家荡产也心欢。
养得孩儿六七岁，只怕无书身不贵。
或从外傅或延师，一心只想步云梯。
幸喜儿童读性好，又怕书多操坏了。
若夫子弟蠢而痴，担心书理不深知。
养得儿童八九岁，又虑单身须定配。
觅得良家幼女贤，请媒作伐费银钱。
从此开亲对眷起，五月端阳送节礼。
年来心绪乱如麻，又将年礼送亲家。
定得亲来教得读，不觉年将十五六。
儿童爱好重衣冠，自身脱下与儿穿。
犹恐成衣难满意，或勤纺织依时制。

学生吟诵《劝孝歌》　　李桂龙　摄

或剪绫罗锦绣穿，只图儿女壮瞻观。
每为贻谋终发苦，转眼儿童十八九。
男大当婚当结亲，安排轿马接媒人。
接得媒人来到屋，轻言细语将媒嘱。
昔蒙柯斧结婚姻，而今又请去求亲。
亏得媒人会说话，称赞儿郎人已大。
又称令爱一般长，好将织女会牛郎。
亲母开颜方允据，吩咐衣单开起去。
皮夹单纱有几身，钗环首饰要时新，
又选佳期何日接，预修书柬迎宾客。
过度般般样样陈，安排新轿接新人。
新人出阁登新轿，一路旌旗飘坲道。
笙箫鼓乐接归来，人夫轿马要钱开。
新郎新娘堂前拜，公婆欠了周身债。
爷望崽来祖望孙，何年望得产兰荪。
得了孙儿忙酌议，外祖来龙当报喜。
四路亲朋都道喜，家计艰难接不起。
送了三朝要感情，拔贫作富苦双亲。
自此公婆福德好，瓜瓞绵绵接不了。
也要从师也读书，有书不读子孙愚。
还要开亲还对眷，花费银钱难打算。
每个孙儿订处婚，晚年还在为儿孙。
接一代来又一代，不觉令尊年已迈。
眼花齿落耳犹聋，青头变作白头翁。

（二）

怎奈愚人多不孝，昊天罔极无心报。
或与三朋和四友，花街柳巷闲游徂。
父母堂前告诫严，心怀愤怒口强言。
或吃洋烟或好赌，不思父母成家苦。

赌博场中起祸端，牵连父母不安然。
或逞豪强或好酒，是非口角常常有。
赔情服礼苦双亲，怕干国法不容情。
或听妻言谤父母，偏爱他人不爱我。
不思父母至公平，忘淡心事不均匀。
或是挑担靠着父，老母亲身劳井臼。
夫妻睡到日东升，反将不是道双亲。
或是分居兄与弟，不念同胞仁与义。
偶因细故起争端，爷娘受气实难安。
或是自夸算计狠，开言便道爷娘蠢。
或拘轮养不供餐，忍将父母受饥寒。
此等男儿都不少，哪管爷娘年迈了。
不幸老年多病疾，饮食未尝先膈噎。
行坐艰难寝不安，床头咳唾实心寒。
不幸命途贫与贱，百般事件难方便。
早晨愁米晚愁盐，一日如同过一年。
不幸分离鳏与寡，情景凄凉真不假。
独行踽踽与凉凉，不悲伤处也悲伤。
更有凄凉不忍说，今生茹尽来生孽。
一无老伴二无衣，三无饮食腹中饥。
四少姜汤扶老弱，五多疾病医无药。
六少殷勤服侍人，七逢雨雪少柴薪。
八守孤衾寒似铁，九多便溺乍休歇。
十分辛苦最堪怜，感时堕泪泣残年。

（三）

历时劬劳辛苦事，孝心儿女当流泪。
若夫犹不动衷情，又将报应讲分明。
眼见今人儿不孝，忤逆还生忤逆报。
好像檐前水滴时，果然点滴不差移。

若是少年犹自可，最怕老来无结果。
雨雪身寒肚又饥，死于沟壑汉人知。
王四为人不孝父，激发严亲心大怒。
父去鸣官惩不良，逆儿负恶不惊慌。
胆敢持钱三两百，亲身付与严亲说。
助尔鸣官纸笔钱，示儿不怕你徒然。
父果告官官不理，逆儿就逼严亲死。
御史风闻奏帝京，君王发怒下纶音。
朕以仁孝平天下，从无藐法如斯大。
五刑之属例三千，莫如不孝最通天。
逆子凌迟枭了首，又拘亲族参官府。
绅耆干系受拖连，恶名遗臭万斯年。
周振恃才狂且傲，忤逆父亲无孝道。
自称贵子怕何人，且言不是父生身。
阳间作恶冥司怒，梦里拘魂查过薄。
第一为人不孝亲，不说来世转人身。
罚他三世为驴马，磨坊推磨鞭常打。
暂且还魂告世人，醒来自述作驴鸣。
龙游县内徐家子，兄弟分居三十里。
养母轮流各十天，母亲来往实堪怜。
长子供养方八日，两天未满无粮食。
禀请慈亲与弟商，代供两日度饥荒。
退后供餐来补足，莫将老母时枵腹。
老母依言到二房，将兄言语作商量。
次子忘恩不孝母，口称哥事休推我。
一家分作两家人，大哥何少我尤贫。
饭熟之时香得好，母亲闻觉开言讨。
哺乳三年我吃亏，哀求一盏也充饥。
逆子夫妻都诳母，假言饭后无余颗。

并把厨中饭隐藏，被窝紧盖不闻香。
老母心知儿不义，眼中不觉双流泪。
忍泪含悲慢慢行，忽闻天下动雷声。
逆子夫妻同击死，饭甑傍儿犹摆起。
假使夫妻孝养亲，善门端不受雷惊。
报应昭然难说尽，请把良心来自问。
自身养崽自心明，亲恩不报是何情。
试养君身应养亲，惜钱惜米惜精神。
再想当年亲养子，万般劳瘁皆欢喜。
为甚而今子养亲，一经劳苦便生嗔。
可见怜儿不恤老，子心不比亲心好。
谁知乔高异梓低，爱而不敬孝犹亏。
何况忘恩还忤逆，任君爱子终无益。
纵然辛苦养成人，晚年消灭受孤贫。
若尔祖宗曾有德，不该后代儿孙灭。
不敬公姑不孝亲，断然儿媳像君身。
忠言劝尔为人子，万事凭心从孝起。
水有源来木有根，为人要先报亲恩。

归山歌

归山好，归山好，何须在世生烦恼？
人到中年万事休，月到十五光明少。
无男妇，无老少，年年岁岁埋荒草。
叹人生，世事繁华一辈空。
正好归，正好归，往世来今放过谁？
唐虞揖攘三杯酒，汤武征珠一局棋。
无贵贱，无尊卑，难免荒郊土一堆。
叹人生，何必区区恨别离。
好归山，好归山，识破红尘一梦间。

高山还是千年屋，大履犹如借寓船。
无智愚，无圣凡，红颜易到白头斑。
叹人生，须知自古有循环。

男月令

正月晓光新，万象回春，
家家萧鼓闹芳辰，
手捧椒花齐献颂，几个遐龄，
叹人生，须知万事不由人。
二月小桃红，杜鼓冬冬，
一年一度醉花丛，
多少红颜留不住，瞬息成翁。
叹人生，须知世事如春梦。
三月是清明，细雨纷纷，
家家祭扫挂荒坟，
奠酒三杯淋冢上，一滴何存，
叹人生，须知有酒莫停樽。
四月熟黄梅，杜鹃生哀，
春光已去夏初来，
不信东风唤不转，花蕊成堆。
叹人生，须知人夏日相催。
五月属端阳，快酌蒲觞，
龙舟竞渡遍潇湘。
千古忠魂留隐恨，只有名扬，
叹人生，当留姓字与天长。
六月暑难当，风渡银塘，
水晶宫殿碧莲香，
几个清闲居富贵，多少奔忙。
叹人生，须知心静自然凉。

七月挂银河，织女停梭，
牛郎有意问何如?
万古千秋年一会，只隔风波，
叹人生，须知会少别离多。
八月露华清，玉兔盈盈，
几枝丹桂月中生，
惟有嫦娥长不老，分外光明，
叹人生，须知秋露滴金茎。
九月冷金风，秋老梧桐，
几行鸿雁渡遥空，
满地霜花飞落叶，色染丹枫，
叹人生，须知世事类飘蓬。
十月转初冬，律转应钟，
白云风冷晓霜浓，
万卉萧萧皆落叶，只有苍松，
叹人生，须知繁花总是空。
冬月雪漫天，水冷冰坚，
金炉白炭暖华颜，
富贵到头终有恨，谁是神仙，
叹人生，须知世事亦徒然。
腊月一年过，万事回头，
梅花几点破春愁，
暑往寒来成化谢，岁月悠悠，
叹人生，只有芳名万古留。

女月令

正月艳青阳，红紫争芳，
寻花问柳佩叮当，
只恐玉楼人易老，舍馆荒凉，

叹人生，人生难得是春光。
二月晓风和，燕剪莺梭，
佳人拾翠问如何，
但愿红颜长不老，笑画双娥，
叹人生，人生皆在梦中过。
三月竟风花，万事云霞，
秋千院落月光斜，
忽见陌头杨柳暗，断肠天涯，
叹人生，人生容易鬓钗牙。
四月正清和，夏景娑婆，
一年春景泛烟波，
太息玉楼人夜静，欲问嫦娥，
叹人生，人生少年正无多。
五月酌蒲觞，庆贺端阳，
红榴绿艾沐兰汤，
仅有良缘难续命，漫绣鸳鸯，
叹人生，人生谁醒梦黄粱。
六月暑难当，冰罩银床，
困人天气日初长，
一种闲愁推镜照，减却容光，
叹人生，人生逆境最凄凉。
七月耿银河，织女抛梭，
年年七夕一相过，
真是神仙姻眷贵，会少离多，
叹人生，人生好似惯糟磨。
八月露微凉，桂叶清香，
嫦娥端正好容庄，
怎耐秋风人易老，转瞬成霜，
叹人生，人生谁似月里娥。

九月是深秋，万物凋疏，
镜里容颜不自由，
采到菊花因我瘦，珠泪偷流，
叹人生，人生好景去难留。
十月小阳时，梅开一枝，
闺阁精神出绣帐，
忽听一声冬至到，紧缩双眉，
叹人生，人生谁奈岁月寒。
冬月律黄钟，碧沼冰封，
飘飘白雪满遥峰，
恰意青春看皓首，改了玉容，
叹人生，人生谁是不凋松。
腊月一岁终，斗转星穷，
香闺不耐五更风，
愁听白杨风飒飒，埋玉丛丛，
叹人生，人生淑质总是空。

山歌　山里人爱唱山歌，一般是边生产边唱，形式有独唱、对唱或一唱众和。内容有反映生产的，如《采茶歌》《采桑歌》等；但更多的是反映男女爱情生活的，如《望郎》《十劝郎》《恩花姐》，素有“无郎无姐不成歌”之说。随着时代的变迁与劳动方式的改变，年轻人会唱山歌的人数日趋减少，田间地头老年人会唱山歌的仍然大有人在，但山歌不再是一种普及性的群众文艺活动。

山歌大多是即兴而唱的，因情因景而生，但一些具有普遍性内容的山歌，经多名民间山歌手的加工与传唱，渐渐地变成文本流传下来。

收工歌

太阳落水又落坡，大家齐唱收工歌。
清水塘里洗净手，大路旁边穿好衣，掮起锄头回屋里。

十二月修桥

正月是元宵，状元打马要修洛阳桥，修桥要修万丈高。

二月百花开，南京有个下的海，要到龙王屋内请书来。

三月是清明，龙王书信打转身，三月十五下桥墩。

四月四月八，有的桥墩出水面，缺少银钱修不发。

五月是端阳，状元打马跪在桥墩上，修桥不完不归乡。

六月是炎天，观音老母下凡打彩钱，凡人不识女神仙。

七月七月半，桥墩修了一大半，两边又修石罗汉。

八月是中秋，桥墩修了般般有，两边又修狮子滚绣球。

九月是重阳，杀猪宰羊敬龙王，敬了龙王待石匠。

十月小阳春，何仙姑，吕洞宾，洛阳桥上结为婚。

冬月大雪飞，铁拐李，汉钟离，洛阳桥上下象棋。

腊月是一年，状元打马开工钱，开了工钱万万年。

十绣歌

一绣天子臣，天子管万人，又绣世上凡间人。

二绣月里梭，明月照江河，又绣鲤鱼伴江梭。

三绣一树桃，果然绣的高，又绣蜜蜂采仙桃。

四绣笼里鸡，仔鸡笼内飞，又绣仔鸡半夜啼。

五绣一只船，船在河中间，又绣太公稳坐钓鱼船。

六绣一把扇，打开扇半边，又绣十五十六月团圆。

七绣七姊妹，姊妹来相会，又绣花篮手中提。

八绣八条街，街上好买卖，又绣刘备打草鞋。

九绣九度桥，果然绣的高，又绣桥下水漂漂。

十绣绣完了，事事绣得好，又绣天边张果老。

十二月采花歌

一月采花无花采，二月采花花正开。

三月桃花红似火，四月栀子伴墙开。

五月杨梅架上开，六月荷花满池塘。
七月菱角牵藤长，八月里来桂花香。
九月菊花家家有，十月石榴满园红。
冬月芙蓉对牡丹，腊月梅花对雪开。
采花采得心花放，朵朵连根扯起来。

十二月歌

（一月）

岁朝宜黑四边天，大雪纷纷是旱年。
但得立春晴一日，农夫不用力耕田。

（二月）

惊蛰闻雷米似泥，春分有雨病人稀。
月中但得逢三卯，处处棉花豆麦宜。

（三月）

风雨相逢初一头，沿村瘟疫万人忧。
清明风从南方至，定主田禾大有收。

（四月）

立夏东风少病痛，时逢初八果实多。
甲子雷打庚辰日，定有蝗虫损稻禾。

（五月）

端阳有雨是丰年，芒种闻雷米亦然。
夏至风从西北起，瓜菜园里受煎熬。

（六月）

三伏之中无酷热，田中五谷多不结。
此时若不见灾厄，定主三冬多雨雪。

（七月）

立秋无雨甚是忧，万物从头只半收。
处暑若逢下雨天，纵然结实也难留。

（八月）

秋分天气白云多，处处欢声好晚禾。
只怕此时雷电闪，冬来米价值如何。

（九月）

朔逢霜降损农民，重阳无雨一冬晴。
月中赤色人多病，如遇雷鸣米价升。

（十月）

立冬之日怕逢壬，来岁高田枉费心。
明日若逢壬子日，灾殃疾病苦人民。

（十一月）

初一西北盗贼多，若逢大雪有灾魔，
冬至晴天无云色，来年定唱太平歌。

（十二月）

初一冬风六畜灾，若逢大雪旱年来，
但得次日大晴好，叮嘱农家放心怀。

王氏教女

王氏婆婆把话论，乖乖女儿叫一声，
为娘怀你十个月，未曾把儿来看轻。
如今养你二十春，不久要嫁婆家门。
你到婆家为媳妇，一敬父来二敬母，
三敬丈夫如齐眉，一身衣禄应周全。

儿呀你到婆家门，清早起来巧梳妆，
打扮洗脸进厨房，厨房打扫放豪光，
瓢铲刷帚轻轻放，切莫高喊在厨房。
手捧茶水等天亮，灶前搭壶热滚汤。
上房公公起了床，送盆热水去洗脸，
下房婆婆起了床，打盆婆婆去梳妆。

香茶热水不为敬，手拿鸡蛋进厨房，
公公碗里打一对，婆婆碗里打一双。
公婆吃了你的蛋，脚手好来眼放光，
人人都道媳贤良，五湖四海把名扬。

儿呀你到婆家门，叔辈婶母坐高堂，
有说有笑有商量，纺纱织布去帮忙，
强中更有强中手，切莫一人逞刚强。
墙内说话墙外听，莫道人家短和长，
好人听了犹自可，歹人听了是非殃。
要学劝人有善意，切莫两头把事唆，
大事与人化小事，小事化为无事样。

儿呀你到婆家门，好人好客坐堂前，
必要筛茶去装烟，客走你要送出门。
行人吃了你的茶，十人行路九人夸，
夸你婆贤媳也贤，好似荷花结好莲。

儿呀你到婆家门，有句话来听分明。
堂前椅子轮流坐，媳妇也有做婆时，
你敬公婆十六两，后来子孙还一斤，
在生要把父母敬，强如死后哭亡灵。

夜歌　夜歌是人死后的第一个晚上，村里人聚集到死者的棺椁前所唱的歌。有锣、鼓、唢呐伴奏，歌词通俗、押韵，有固定的格式、固定的腔板。每歌 4 句，每句 7 个字（不算衬字），两两押韵，先仄韵后平韵。起唱时，往往带有一个很长的拖音，尾音也拉得很长，因为有很多歌是因人制宜即兴创作的，一边唱，一边在思索。当一个歌手唱完以后，锣鼓师便按一定的节奏打闹一阵，等待第二个歌手开腔。

一般的成年人都会唱夜歌，唱得出众的就成了歌师。他们有着丰富的人生阅历和对生命的体验，也有着很高的口头创作水平。每个自然村落里都有一两个出色的歌师，人们称为“夜才子”。夜歌的内容与程序：

首先是开堂歌。村里人围坐着，中间是一堆熊熊的柴火。堂屋里三通鼓响，人们开始唱。歌师用歌的形式致“开场白”。接着，村里人便一首接一首地唱起来，以死者生前的事迹为中心，以怀念哀悼为基调，想唱的都可以唱，有时争先恐后，像比赛一样。这个过程大概可以持续 1 ～ 2 个小时。

其次，主要由歌师来唱。一般 3 ～ 4 人，他们要负责唱到天亮。内容很丰富，正本有《封神榜》《三国演义》《董永行孝》《云贵征东》等。唱传时，两个歌师一人一首接唱，像对歌一样。如唱关云长过五关斩六将时，一个歌师用韵文唱“关云长用的什么刀，斩了谁的头”，另一个歌师就唱“关云长用青龙偃月刀，东岭关斩了孔秀的头”。如果觉得传记单调，歌师之间就用歌的形式相互盘问、打趣，俗称“杂口溜”。持续一阵子后，歌师之间达成了某种默契，重新唱传记。这个过程持续时间最长，是夜歌的主体部分。

天快亮时，夜歌进入结尾部分，歌师联唱“辞丧歌”。意思是死者已经永远不来了，辞别了生前的一切，包括天地、房屋、亲朋、园圃、儿孙等，歌师按顺序一项一项地唱。

杂记

李氏初修谱序

〔明〕李绍阳

谱以训睦也，亦志核也。不睦其弊为忌轧，为睽离；不核其弊为攀附，为溢美。不睦者什五，不核者什七，不睦且不核者十二。若是，安望谱之必传。即然我李氏之谱，予不虑其有不睦不核，而独虑其无以为谱重何者。

谱以人重，重益所以永其传也。倘其家有德行纯备，事业炳良，处则冥冥，出则荦

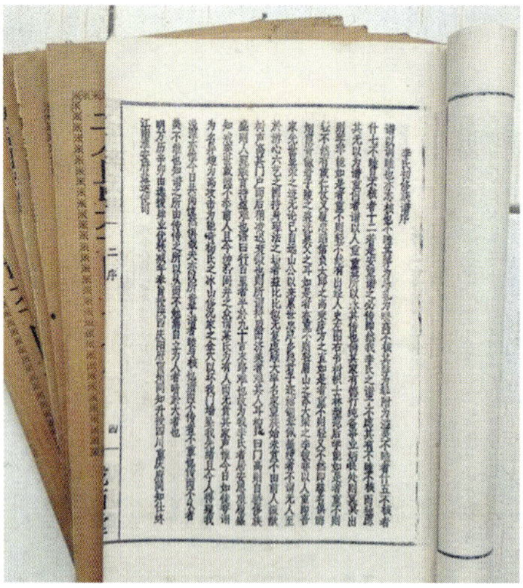

李氏初修谱序

荦，能如是者重，不则轻；不然有出经入史，左图右书，树帜士林，型范后学，能如是者重，不则轻；不然有戴仁仗义，覆忠蹈信，负太邱之高，秉彦方之直，如是者重，不则轻；又不然即馨名俱晦，烟霞寄傲，着子陵之裘，洗巢父之耳，如是者亦重，不则轻。眉山之苏，大梁之李，彼非以人重。即吾家先世显荣之迹，无论已自远山公以来，累世忠厚，多隐君子，迩绾铜章、佩墨绶者不谓无人，至于游心六艺之圃、持身理法之场者益比比，似无复虑。

顾大凡名家望族始，未赏不由。前人振猷树声，高其门户，而后稍凌迟衰微也。则所谓持盟而济美者，难其人耳。柳玭曰“门高则自骄侈，族盛则人窥嫉”，言持盈难也。语曰“行百里者半于九十”，言末路难也。故为我李氏者，居安思艰，履盛知戒，奕世载德不忝前人，且今绅衿闾井之众，谓某氏为有人而无贵，其家声惟今日如徒夸诩名异趣为高，攻击为能，奇杨氏之冰山，侈况家之金穴，以坏我门墙，坠我先绪，且今人得窥我浅深，亦惟今日共尚，悚然惧哉！夫亦以所贵乎？

谱者，睦与核也。谱而不传者不重也，传而不从者美不继也。知谱之所由传，传之所以从而不勉焉。自立为人者，暗于大者也。明万历辛卯稽首谨书。

徐氏族谱修谱序

〔清〕徐介景　徐席珍

谱之一书何为乎？所以志丘墓、定派讳、序昭穆、而亲九族也。遥溯吾祖发源，系出嬴姓，伯益子若木生调，封于徐，历虞夏商周为诸侯，后以国为姓。其在历朝显荣，当时以功业名世者有之；其笃志经史，以文章词赋名世者有之；其旷怀高蹈、潜隐山庄、超然物外者，亦无不有之；诸体叙及谱，不能说且悉也。

吾祖安贞公，身居右相，避乱南游，居平江下台。越数十传，后启高公迁东陵饶溪之石庙山。传四世，福兴公移迁上屋。历七世，省吾公遂迁金陂大屋西而居之。由是昌炽愈隆，根深枝茂。若使无谱以载之，不几使丘墓湮灭、派讳凌乱、昭穆无以序、亲族无以笃乎?

余怀此志久矣，恨力不能及。岁在癸丑，与席弟不辞钝拙，无惮劳苦，纂辑家乘，付梓刊刷，以垂不朽。倘后贤继起，肖子仁人，观斯集略，亦可为木本水源之微尔。清乾隆五十八年癸丑仲冬。

张登宇公墓铭

张家驹

公讳宗魁，字登宇，明指挥使谷英公九世孙也。祖南岩公，父思南公。生公兄弟三人，公序居长。谱载思南公由石桥冲迁居大屋后嗣基业始宏，而南岩公山场尖牙交错数十里，则公富厚之余所以发扬光大者可想也。子姓之盛，科目之隆，至今为全族冠。是穴之卜，闻地师感公仁厚 致意焉，斯亦福地福人之征已。

自公殁后，明祚终移，流贼之乱，所过残毁。公长子拱凡，拒贼蒙难，孙妇邱氏，同时死义。幸公次子治武，三子良甫，均才气过人，洞达时务。良公则豫藏谷种，族用保全，人尤感颂。伟矣哉！公之遗烈也。

公生于明万历五年丁丑十月初八日戌时，殁于清顺治二年乙酉十一月十三日戌时，享寿六十又九。原配瞿夫人，继配曹夫人，瞿葬黄沙坳，曹葬石桥冲，公葬箭冲首，壬趾丙域，左右皆古墓。公曾孙妇陈氏祔焉，后公五世孙乘殷、如宾终祔焉。讵今民国二十七年戊寅，裔孙等以旧碣漫漶、规制隘卑，不足以彰先德，合力重建，而督余铭。

嗟夫，今者中日战祸较明季尤烈，而公新阡适成，又何幸也。公所以克承先业遗谋之远，则予后所以护卫宗族益绵世泽者，益宗宜何如哉。铭曰：山高水长，以公名坡。葬于箭冲，遗冢巍峨。子孙蕃衍，拾紫掇科。唯公盛德，蒙福则那。山房鼎峙，玉树交科。培植兹大，厥理无讹。民国二十七年戊寅古十月立。

陡石亭记

陈炳光

刘备洞中，古有凉亭，崎岖路险，陡石而名。上倚千重壁峭，下临百尺渊深。宛若汉川之栈道，往来平岳之行人。古道石径，历历车痕，先踪留胜迹，层岩累世尘。昔因人烟稀少，此地孤僻阴森，曾有强人出没，传闻古木成精。故此修亭设户，日供茶水，夜放天灯，以壮行人之胆，以利商旅之行。而时世沧桑，亭经千秋风雨，几度废兴。如今平坦大道，绕山而过，物流商旅，铁马飞奔，古老峡谷，人迹罕经。亭舍多年废置，天灯荡然无存。噫吁兮，亭之境遇，亦如人也，与世共浮沉。

寒天过，暖风临，眠蛙重噪峪，枯木又逢春。科学发展，柳暗花明。倡旅游，建新亭，顶装彩绘，楹刻联文，联曰："古道烟霞凝叠嶂；小亭幽趣寓深林"。寻幽境，许问津，溪头望瀑垂素绢，潺潺流水动弦音。涧上飞桥横彩练，荡荡纲绳系激情。隔岸茶楼相印，傍溪石姑有灵，善男信女，谟拜虔诚。关帝庙近，钟鼓时闻，游人至此，旷性怡神。饮甘泉，滋衷可口；听鸟语，悦耳清心。快哉！观献彩之芳树，穿滴翠之繁荫，赏清风与明月，踏雪玉和冰晶，四时有乐，百感抒真。入亭小憩，得意忘形。觅趣游人皆欲醉，纵情骚客发狂吟。疑是桃源，岂不销魂?

于是乎，吾尝坐亭而思之，虽命里风光有限，而门前山水无穷，难以观光于远胜，却能得趣于近邻。颂自然之大雅，品幽韵之芳馨。来斯既易，常赏常新。

大明山记

佚名

大明山，虎踞岳平交界，远眺三省五县，揽九天之云霞，开一目之千里，源渭水而发汨江，南洞庭而北幕阜。虽无泰山之雄、庐山之秀、华山之险、黄山之奇，但亦峰峦若浪，山势若奔，修竹如海，苍松如盖，鸣虫飞鸟蒙蒙，走兽龙蛇隐隐。大唐进士、御史中丞、忠靖王、爱国将领张巡（即张大元帅）之纪念寺——大明山寺即立于此。

山本无名，或曰：有白袍飞降此峰，上书"大明山张大元帅"，此乃大明山之由来也。叱权奸，拒安贼，守睢阳，名臣节，撑江淮之半壁，成将帅之典范。张将军英烈千古，老百姓景仰为神，铭之于心，载之于史，勒之于石，供之于寺。

大明山寺始建于清咸丰十年，历浩劫而沧桑不败，当地民众增其旧制，是年，又同心协力，修通公路至大明山顶，求神拜佛者络绎不绝，观光游览者心旷神怡。寺耶、佛耶、神耶、人耶，皆因太平而盛。戊寅秋，国务院列本寺为“宗教活动场所”，巴陵之香火，于斯为盛矣！

“山不在高，有仙则名；水不在深，有龙则灵”。大明山因忠靖王而名、而圣、而灵，此乃山之幸也。是以为记。辛巳岁七月十三日。

男人张谷英

李颖

张谷英本是明朝一个男人的名字，三百年后，却将它交给了大地上一脉相承的山峦与流水，交给了无数无言的来者去者，交给了逝去和未来的光与阴，重新给了这片土地一个山谷般朴素的姓氏。几座旧院和无数黑瓦的背景里，剥蚀的长墙下鸡鸣犬吠。我就在这样的人间烟火中，以一个老农的习惯进入了张谷英遗下的村庄，祭祖、锄地，弯腰拾起一根稻穗，坐在门槛上打量这个祖祖父父的屋场。

长长的青色古瓦之下，祖先的神像端坐在堂屋的正中，满面肃穆与持重。我甚至看得见他嘴角一丝不易觉察的温暖笑意，注视着后人，永远介入了子子孙孙的日常生活。暗红的瓷器之上鲜红的祭果泛着新鲜的光泽，艾香袅袅传递着乡间植物的气息。斗笠和蓑衣早已挂上西墙，人们的神色间有一种难以表述的自得与自足。或许，只有他们才真正懂得家族、宗法和土地的秩序。

男人张谷英和村庄张谷英风干了太多往事。张谷英是智慧的，每一个生活片断都是张谷英建大屋场时想过的场景。在无数青灰的檐壁垒起之后，他能想见后世的悲与喜。牵一头牛走过田畴，像一幅油画一样经过张谷英的大屋场。这条斜斜的小径，鸡犬走过，老人孩子走过，出嫁的女儿忧伤而又甜蜜地走过。绣楼是不堪回首的。

绣楼尘封在大屋的顶层，蒙尘的黯淡的窗格下再也没有少女的温婉与嬉笑，没有美丽鲜活的容颜。从明代一直走来的少女们，怀着相同的憧憬生活在这个壁垒森严的家族里，望着天井上一线蓝蓝的天，在傍晚轻掩了她们羞涩的门。晨起的慵懒和梳妆，月夜的心跳和轻轻的脚步，这一切都已经逝去，绣楼成为少女们永远也回不去的一个梦，掩映了流传在民间的三月和爱情。

天井是亲人们联系最紧密的地方，从每间屋子里泼出来的水浇在那块青石板上，转眼就消逝了。天井收藏光线和雨丝，收藏往事和回忆，收藏着来者去者的脚印和梦魇，并从地下隐秘地流经。没有人告诉我它的流向，这是关于建筑的另一课程。在祖先的大屋深处，土地上沉积了二十多代人的疲倦、劳作，新婚的喜悦、分娩的挣扎和垂死的安宁，一切厚重与喘息都从天井那里消失得无影无踪。一个古铜色的老人坐在一间厢房，透过门缝的一线光亮看一卷沾满尘土的焦黄书页。书没有封面，记载着秦始皇统一度量衡的旧事。老人看得那么专注那么认真，他和书和那间昏暗的厢房都像从墓地里翻出来一样陈旧而沉寂，无声无息。我将门轻轻推开一些，这扇破旧的门发出久未开启的吱呀声，老人却头也不抬。我满怀敬畏离开老人，他手中的书始终没有翻动。张谷英的老人，您已坐了好久了吗？是从明代一直坐在这里看书的吗？

在风水和废墟之上，张谷英公墓色青青，祖先的青春刻在石板上，爱情如新，逝光复在，许多文字和叙述在这一丈墓地上隐约地记录了张谷英的来历和过往。作为一个村庄，它的辉煌一去不返，作为一个传奇人物的张谷英，他的风韵却在民间秘密地耳语般传播。

夜来了，我从沿溪而建的长廊返回，脚下的水流似有若无。在那一刻，我突然感到自己已被张谷英洗劫一空，将全部的爱情和灵魂从此掩埋在了这个村庄。也在那一刻，我终于看清，满天的星宿都是祖先为我掌起的灯盏。

大事纪略

该篇收录了张谷英镇历史上的大事，分别为：1925年珍珠团“平粜”运动；抗日战争时期岳郡联中、联师迁至延寿庄；山林经营制度的变革与完善；1963年修筑大坳水库与饶村改田；芭蕉扇厂的发展与变迁；2003年竹林大规模灭蝗虫；2017年“8·12”特大山洪。

1925年珍珠团“平粜”运动

1925年，张谷英镇柘港洞珍珠团遭受了历史上罕见的特大旱灾。5月中旬，山民趁着下了点小雨，补种了一些秧苗。可是，直到9月上旬，滴雨未下。庄稼干枯，颗粒无收。饥饿的山民到珍珠团团绅邹谷容面前，纷纷请求领贴逃荒。面对饥民的请求，团绅却无计可施，虽有济贫之心，但团内积谷早已支付一空，若允诺领贴外去逃荒，又怕影响不好，败坏团誉。邹谷容只好把当地能人请来磋商，共同分析珍珠团范围内的大户和殷实家存积粮和钱物的情况，决定从大户和殷实之家实行“平粜”。

邹谷容打出关贴（类似古代的“关文”，是官府间或社会上层的平行文书），大户、殷实家应邀到团绅家中，团绅设酒宴招待后提出“天灾当头，民生危急，君等应以民生为重，施布贫穷，修善积德”，并详细说明了“平粜”的具体办法：一是平粜粮主杂不限，但必须加工防烂，可直接烹食，并送到团部，团部组织按户发放到人；二是价格每升180个铜圆（时价每升300个铜圆），无利息，灾荒过后偿还原本；三是无粮者出钱，派人外出购粮。

当时团绅权大，虽是动员，即成命令。第二天、第三天，开明人士就纷纷将大米、豌豆、苞谷等送到了团部。邹春林、杨坤华、曾少林等人分头到各户摸底造册，核定可享受平籴的名单，并发给他们用竹片制成的平籴证，让灾民定期定量到各户长处领粮度荒。标准为每人每天半升米、半升豌豆。全团有1800多人，其中1200多人享受平籴，饥荒局面得到缓解。

抗日战争时期岳郡联中、联师迁至延寿庄

岳郡联中创立于清光绪二十九年（1903），由清末岳州府进士吴獬发起，创建于岳阳文庙，时称岳州府中学堂。1913年，岳州府中学堂改名为湖南省第三联合中学，由几个县联合成立。1931年，改名为湖南岳郡联立中学，由岳阳、临湘、平江、华容4个县联合推选李航寰为校长。

日本侵华战争全面爆发以后，岳阳沦陷，岳郡联中于1939年迁至平江县钟洞杨源洞继续办学。从1939年起至1942年的4年中，由于战局反复，岳郡联中不停地疏散、复课、再疏散、再复课。1944年5月，日军再次进驻平江，侵占平江县城。岳郡联中搬到平江与修水接界的龙门边界土龙源九眼塘。初中部平江籍学生编成双数班级（当时是52班、54班等），随本部和高中部一起在土龙源九眼塘办学。岳阳、临湘、华容籍的初中部学生编成单数班级（51班、53班、55班等）办成分校，在岳阳县渭洞乡延寿庄办学，为岳郡联中分校。

岳郡联师，原名为岳郡联立简易乡村师范学校，由岳阳、平江、临湘、华容4个县共同创办，招收这4个县的学生就读，学制4年。1935年后，改称岳郡联师，设立于乾明寺。

1938年秋岳阳沦陷，岳郡联师在炮火中辗转迁移。1939年，迁至渭洞乡张谷英村。因战乱影响，交通阻塞，华容、临湘沦陷区的学生到校不易，而各县经费筹拨更为困难，不久便告停办。1940年，教导主任易鹤龄接任校长，着手复校，与岳郡联中同时迁往平江县钟洞杨源洞。

1945年日本侵略者投降，但乾明寺原址被夷为平地，无力重建。1946年10月，岳郡联师再迁至渭洞乡延寿庄，师资、教务均附在岳郡联中初中部，廖荣悫任校长兼任联中初中部主任。这时，学校改名为岳郡联立高级师范学校，学制3年，招生50人。

新中国成立后，岳郡联中、岳郡联师、十一中合并，更名为岳阳建设中学，后又更

名为岳阳市第一中学。

山林经营制度的变革与完善

新中国成立前，境内的山林同土地一样，为封建地主所有制。地主占有大部分山林，而大部分贫农、雇农没有山林或只有极少山林。

新中国成立初期，进行土地改革，广大农民按人口都分得了山林，并由县人民政府发了土地证。土地证中均写明了面积、四至，明确了山林所有权。有了自己的山林和山地，广大农民造林护林的积极性大大提高。

土地改革结束后，1954 年开始对农业进行社会主义改造，兴办初级农业生产合作社，入社农户实行山林作价按股入社，统一经营，记分到户。1956 年转为高级农业生产合作社，山林折价入社，分期偿还。入社后山林归集体所有，统一经营。各村根据森林资源情况留给社员一定数量的自留山、自留树。

1958 年人民公社成立后，山林无偿归公社所有。1961 年，公社实行以生产队为基本核算单位的公社、生产大队、生产队三级所有制，山林权属按中共中央、国务院颁发的关于确定林权、保护山林和发展林业的若干政策规定（即“林业 18 条”），以及省委、省人民政府的补充规定。除社、队、林场和水源山外，按原有基础重新划分到生产队，由生产队统一经营管理，并允许社员在房前屋后种植少量竹木、果树，收入归社员个人所有。

1976 年，各县学习怀集县经验，许多公社、生产大队开办采育场。采育场有组织劳动力从事林副业生产的指挥权、山地生产规划权、森林资源开发利用权和山林收益资金管理权、分配权。

1982 年，随着农村土地联产承包责任制到户的实施，原区、乡公社克服来自内部的多种顾虑，冲破重重阻力，将山林实行责任制到户，与农户订立承包合同书，实现了林业生产由集体经营向个体经营的历史性大转变。

2003 年，由张谷英镇政府申报，国家立项，将汨罗江水系 10 个村规划为国家级公益林保护区。湖南省将新墙河水系的 18 个村划为省级公益林保护区，分别由国家和湖南省财政拨款补助林农，以维护森林植被覆盖，确保生态不受破坏。同年 12 月底，全镇退耕还林 333.33 公顷，占镇造林面积的 60%。

2004 年，镇政府为使林业站更好地配合乡、村建立和完善山林责任制承包经营，进行森林资源科学管理，林业站工作人员增至 15 人。投资 360 万元新建了办公楼，林业管理工作日臻完善。

2006 年，镇政府继续推进“十万亩楠竹基地”建设，镇干部下村联点、督战楠竹修山，重点在桂峰、竹坪、金鸡、大水等村新造楠竹林 133.33 公顷，改造低产林 33.33 公顷，如桂峰、竹坪、天龙、红卫、一心等村的楠竹幼林长势喜人。仁义、龙洞、豪坑、新改等村改造垦修 3666.67 公顷生态林，治理库区植被达到了良好的效果。

2009 年，全县林权制度改革试点在张谷英镇进行，将林权制度进一步明晰。镇林业站派专业技术人员到农户的每个山头一一落实林块地界，勾图标记，编制小班号，四界叙述分明，并与相邻户主逐一核对认可并签字，做到图文一致后，颁发中华人民共和国林权证书，并将承包年限权属延长到 70 年不变。这是林政管理上又一次历史性的重大改革。

1963 年修筑大坳水库与饶村改田

在地理地形上，饶村四面环着低矮的小山，中间平坦，一条自大坳而来的河流将饶村分为两半。河东分布着徐家、饶村、中流、东山等屋场，河西分布着江南、伍相、金西等村落。

芭蕉乡、渭洞乡方圆 100 多平方千米的绝大部分水源均从大坳出饶村，然后经饶港入新墙河。因此，饶村河的水流量很大，每到丰水期就两岸泛滥，造成大片平旷之地成

饶村的耕地　　李桂龙　摄

为滩头、河洲，未及利用。每到水少年份或者枯水季节，河中的水又成了两岸百姓争夺的资源。河东与河西经常为争夺水源发生争执。

1963 年，岳阳县政府决定修筑大坳水库，积蓄渭洞山区的水灌溉饶村、兰田、杨林、柏墙、步仙等乡镇的 3333.33 公顷农田。大坝坐落在大坳村境内，坝高 37 米，坝长 128.75 米，面宽 5.5 米，集雨面积 83.6 平方千米，总库容 1162 万立方米，防汛运行水位 109.8 米。共调集 8000 余名劳动力，历时 3 年建成。

水库淹没的是渭洞乡的田地，修筑水库的是兰田与杨林的劳动力，受益最大的却是饶村的百姓。水库建成后，饶村河两岸的滩头与洼地被改造成了千亩良田，成为鱼米之乡。“文化大革命”时期，饶村公社革委会主任易仲初又率领两岸群众改造饶村河的河道。继任主任袁混初绿化堤岸，饶村河成了饶村的一道风景线。

芭蕉扇厂的发展与变迁

岳阳县芭蕉扇厂成立于 1972 年，最初利用本地的楠竹资源加工竹骨纸扇，为集体所有制企业。1985 年，杨和村的刘抗强担任芭蕉扇厂厂长，在管理上进行了大胆改革，他采取生产责任承包的方式，使处于停顿状态的扇厂恢复了生机，该厂全面进入正常生产。产品以竹骨纸扇为主，销售市场开始从国内向国外延伸，远销到美国、泰国、马来西亚、印度尼西亚。

1993年，一心村的刘望龙继任厂长，在原有产品基础上新开发了羽毛扇、书画大扇，产品以外销为主，外销市场达到16个国家和地区。

2001年企业改制，芭蕉扇厂一改厂长责任制为股份制企业。以刘望龙为首，兰红标、李向齐等4个股东集资买下芭蕉扇厂，成立芭蕉扇业有限责任公司。改制现代企业后，公司注入了新的发展动力，产品品种花色大幅度攀升，开发了日本女扇、韩国民俗扇、冲花绢扇、特殊绘画扇等13个系列、3000个花色品种。2003年，芭蕉扇业有限责任公司引进江苏舜天集团投资800万元的设备，扩大出口工艺扇生产线。

公司在改革的大潮中得到飞速发展。厂区建筑面积扩大到5400平方米，年产值达5000万元，上缴税金360万元。公司先后被评为“湖南省农业优化龙头企业”“湖南省推进新农村建设领头企业”“岳阳市民营企业纳税五十强”“新农村建设十佳企业”“岳阳市纳税先进单位”“文明建设先进单位”“出口创汇先进单位”。

2006年，芭蕉扇业有限责任公司进驻岳阳县工业园。公司占地面积4公顷，建筑面积2.16万平方米。产品被评为湖南省名牌产品，产品商标被评为湖南省著名商标，公司被湖南银行评为“守信用企业”。产品远销30多个国家和地区。

2011年，实现销售额21775万元，出口创汇3040万美元。办事分支机构不断向外延伸，公司设有岳阳毅昌工艺品进出口有限公司和驻浙江义乌市办事处。至2017年年底，有员工1200多人，总资产14872万元。

2003年竹林大规模灭蝗虫

张谷英镇13333.33公顷森林中有6666.67公顷为楠竹林，对竹林危害最大的是蝗虫灾害。每当蝗灾发生，成片的竹林被啃食，竹林一片焦黄，损失惨重。

境内蝗灾屡有发生，其中以2003年夏秋之际的蝗灾最为严重。凡有竹蝗危害的村组，可谓全家出动灭蝗虫。部分村民将钾胺磷注射到竹竿上，让蝗虫食叶中毒而死。乡、村两级政府曾定价收集群众拾来的死蝗虫统一销毁，死蝗虫多得要用拖车拉。尽管如此，危害范围仍在不断扩大。蝗灾从芭蕉洞的几个村经与柘港洞毗邻的大埂上蔓延到长坪、竹坪、桂峰等村，其势异常凶猛。

岳阳县政府、县林业局派人下乡、村督战灭蝗，将筹资、拨款引进来的竹蝗专用农药钾胺磷烟雾剂发放给群众，全民上山放药点火，统一鸣枪为点火信号。霎时，烟雾漫天，效果惊人，不到1个小时，薰烟所到之处地面上撒满了厚厚的一层死蝗虫。控制度达90%以上，蝗灾得到了有效遏制。

2017年“8·12”特大山洪

张谷英镇地处岳阳县东部山区，水患主要为降雨造成的山洪暴发。2017年8月12日，张谷英镇内普降大雨，降水量达255毫米，其中7：30—10：00降水达187毫米。

由于陡降暴雨，山塘、水库水位迅速上涨，镇域内防汛形势全线告急。大坳水库超历史最高水位，达到110.6米。肖家洞的烟冲山塘溢洪道上部山体出现滑坡，将溢洪道堵塞，导致洪水浸坝。坝体出现长10米的溃口，洪水迅速下泄，造成41户房屋进水，1栋闲置房、6户偏房倒塌，近百亩农田被水冲沙压，下游群众400余人被紧急转移。受灾群众38040人，直接经济损失达3.6亿元。全镇因灾受损房屋634户959间，其中全倒户21户84间、受损严重户145户367间、一般受损户468户508间，损失8200万元。

渭桂线、城芭线、梅城线芭蕉段等主要交通干道和村组道路出现山体滑坡和路基塌方520多处、3万多立方米，道路中断48处、3400多米，影响天龙、大明山、倒溪、芭蕉等村共10760人的安全出行。全镇有10座桥梁被冲毁、15座桥梁不同程度受损，损失6500万元。

洪水中受损的房屋　　　　　　　　　　　　　李桂龙　摄

洪水冲毁变压器6台，高压电线杆倒塌126根、低压电线杆157根，集镇电力中断12小时，损失3400万元。873.33公顷农田被淹，绝收340公顷。大坳水库下游的饶村河由于泄洪量大（530立方米/秒），河堤毁坏严重，冲垮塌方32处1670米，其中严重受损26处520米，损失8200万元。通信线路损坏100多千米，18个移动基站、12个联通设备受损，信号中断，损失600多万元。

张谷英景区村民农田全部被淹，倒房13处，67户民居墙体开裂、房屋受损，家用电器基本被浸毁，居民财产损失5500多万元。张谷英古建筑群受洪水浸泡长达8个小时，景区基础设施和公共设施损失3600万元。

附录

保护规划与村规民约

张谷英村传统村落保护发展规划（2014—2030）

第一章　总则

第 1.01 条　为了保护张谷英传统村落历史文化遗产，继承和发扬优秀的历史文化传统，科学指导村落历史文化保护和利用、村落人居环境的建设，使村庄的保护与发展取得协调，特制定本规划。

第 1.02 条　规划依据

1.《中华人民共和国城乡规划法》。

2.《中华人民共和国文物保护法》。

3.《中华人民共和国非物质文化遗产法》。

4.《村庄和集镇规划建设管理条例》。

5.《城市规划编制办法》。

6.《历史文化名城名镇名村保护条例》。

7.《湖南省文物保护条例》。

8.《传统村落保护发展规划编制基本要求（试行）》。

9.《张谷英镇总体规划》。

10.《湖南省张谷英历史文化名村保护规划》。

第 1.03 条　规划原则

保护为主、兼顾发展，尊重传统、活态传承，符合实际、农民主体。

第 1.04 条　指导思想

从实际出发，从保护和利用历史文化遗产、发展精品旅游、提高居民生活环境入手，在全面保护张谷英古村风貌和历史建筑的前提下，发挥张谷英古村的优势，突出特色，充分利用现存的历史遗产、人文资源、历史环境要素，综合发展旅游事业，发展地方经济，提高居民生活水平。

第 1.05 条 规划范围

本次规划的范围包括张谷英村域范围（504.4 公顷）和张谷英村外围一定协调区（380.6 公顷），共计 885 公顷。重点以张谷英村为研究对象。

第 1.06 条 规划期限

规划期限：近期为 2014—2016 年，中期为 2017—2020 年，远期为 2021—2030 年。

第二章 保护规划

第 2.01 条 保护价值

1. 历史价值

张谷英村为张氏家族 600 多年聚族而居之地，是现存建造格局颇具中国传统血缘宗亲制特色、保存较为完整的中国南方明清传统民居建筑群。且其历史环境记载了明清时期当地的物质生产、生活方式、思想观念、风俗习惯、社会风尚等重要的湘楚聚落文化历史信息，具有弥足珍贵的历史价值。

2. 艺术价值

张谷英村的村落选址和建筑群体格局，与自然环境高度协调统一，反映出中国传统风水理论指导下的乡村聚落择址模式。古建筑群记载了明清时期当地的建筑技术和建筑工艺等建筑历史信息，反映了地方性建筑文化和建筑艺术成就。

3. 科学价值

张谷英村古建筑群独特的院落组合模式，体现了受中国传统血缘宗亲制度支配的家族聚居生活文化，具有重大的人类学和社会学研究价值。古建筑群的院落群体布置，采用独特的主轴与次轴垂直，支次轴又与次轴垂直的模式，在群体空间组合上具有重大的建筑学研究价值。

4. 社会价值

张谷英村古建筑群因其独特的历史文化价值成为岳阳市文化资源的重要组成部分，是历史、文物、艺术、民俗等知识的教育场所，有益于提高公众的文物保护意识和艺术鉴赏水平。古建筑群及其整体环境的合理利用及充分展示，将对地方的文化、经济发展和生态保护产生积极的促进作用。

第 2.02 条 保护目标

保护和传承张谷英古村的历史文化，保护好自然、历史文化资源，保护和恢复古村自然人文特色和历史文化环境，促进古村社会经济文化可持续发展。

1. 近期目标：保护和抢救面临破坏的文物古迹、历史地段，搬迁不合理占用文物古迹的机关和单位。为古村保护总目标的实现奠定基础。

2. 中期目标：完善古村格局，适当整治古村风貌，形成古村特色，严格执行文物古迹的保护要求，协调保护与利用的关系，使张谷英古村保护与农村经济建设协调发展。

3. 远期目标：全面的整治改造，保护和恢复古村自然人文特色和历史文化环境，促进古村社会经济文化可持续发展。充分挖掘古村文化内涵，成为展示我国湘楚明清时期文化的融合地，张谷英民俗风情大舞台的传统村落。

第 2.03 条 保护内容

包括各级文物保护单位的保护，历史建筑、历史村落的保护，古村整体风貌保护，古村山水空间格局保护，居住环境整治，古村传统文化的继承与传统经济的发展等。

第 2.04 条 保护框架

1. 保护框架的构成要素

张谷英村保护构成要素表

附表 1

环境类型	类别	具体内容
人工环境	文保单位	张谷英村民俗馆、湘北特委旧址、王震办公地旧址、张谷英村碾米房、龙珠石、长寿井与龙涎井、龟蛇出洞、百步三桥、古寨防御工事、古驿道、梓木关、张谷英古墓
	历史建筑	当大门、王家塅、上新屋、何风塅
自然环境	溪水	渭溪河、玉带河
	山体	龙形山、螺蛳吐眼、雨头嘴、笔架山、旭峰尖
人文环境	涉及人物	张谷英、张公点、张公泰、张瑶、张湟、张仁、张大鹏、张云衢、张晦之、张渥潜、冯子愚、王震
	民俗节庆	儒家礼仪下的过年、祭祖活动，如清明节、十月初十谷英公生日和九月初九良甫公生日纪念及其礼仪
	民俗活动	婚礼由“启椟礼、存诚礼（匙箸礼）、燎脂礼、酾酒礼”等 21 项，丧礼由“通礼”和“礼生”（主持仪式的长老们）吟唱几十首颂歌和悼歌、祭祖活动，如清明节、十月初十谷英公生日和九月初九良甫公生日纪念及其礼仪、元宵扎火龙、与儒家文化紧密相连的礼仪歌
	民间工艺	雕花木床、雕花窗棂、雕花木门
	风味小吃	张谷英油豆腐、古村落腊肉、烟竹笋、茄茴丝、野菜山味，如马齿苋、蕨菜、野兔、斑鸠、野鸡、野猪等。张谷英村年夜饭饭俗、张谷英村茶俗

2. 保护框架的空间构成

“前对笔架群峰，后靠龙形山脉。大屋卧于其中，尽显古村精华”。

3. 保护框架的主题

· 主题一：湘楚明清历史文化融合地

保护现保存较好的当大门、王家塅和上新屋三大片典型明清古旧民居群，保护张谷英历史上各具特色、气势恢宏的历史建筑。

保护古村传统的古村落格局，如千年青石板古驿道、传统街巷空间。

保护文化遗址和古墓葬群，如中共湘北特委遗址，张谷英古墓葬群等。

保护古村丰富多彩的民间艺术与土特物产以及多姿多彩的饮食和茶文化。

· 主题二：张谷英民俗风情的大舞台

保护匠心独具的各式雕刻工艺。

保护历史上丰富的宗教文化以及独特的宗教祭祀活动。

保护丰富多彩民俗文化，如除夕辞年活动、丧葬民俗及夜歌等。

第 2.05 条　保护区划

1. 核心保护区

北起皇帝冲，沿龙形山东北坡向东南，经东头岸、何风塅至与渭溪河汇合的拱桥处；南由拱桥沿渭溪河西岸向西北，经当大门、西头岸、聚龙湾、王家塅、上新屋、长沙塅、庙里至皇帝冲，总面积 25.46 公顷。其保护要求如下：

（1）严格保护文物保护建筑的空间布局，群体组合、结构形式、色彩、材料和门窗细部，使用者不得擅自拆除、改建或者扩建。

（2）针对文物保护建筑部分破损的修缮中必须按照原风貌以“修旧如旧”的原则进行，由文物管理部门组织专业人员进行修缮复原。

（3）保护范围内不得进行新建、扩建活动。但是，新建、扩建必要的基础设施和公共服务设施除外。

（4）范围内的建筑允许按照原规模和高度进行维修，不得扩建和加高。拆除文物保护建筑以外的建筑物、构筑物或者其他设施的，应当经县任命政府城乡规划主管部门及文物主管部门批准。

（5）范围内已有新建的其他建筑应尽量拆除，难以拆除的应进行风貌整治改造，与文物保护建筑风貌相协调。

（6）在核心保护区的入口广场设置中国传统村落标志牌，文保单位每栋建筑设置标志牌，任何单位和个人不得擅自移动、涂改或损毁标志牌。

2. 建设控制地带

北以皇帝冲—独沙尖山脊沿线为界，东北及东面以后峦水库西岸山脊沿线为界，东南以雨头嘴、螺丝吐眼东南坡为界，西面及西南以梅城线西扩 250 米为界，总面积 154.4 公顷。其保护要求如下：

（1）不得开展污染、损害文物保护建筑的活动。对存在的不利因素进行排除。

（2）不得进行任何有损村落景观及生态的行为。

（3）在建设控制地带除新建、扩建基础设施、公共服务设施外，不得进行新建、扩建其他构筑物。改建的建筑，要与核心保护区的整体风貌相协调。

（4）进行工程建设时，应符合以下要求：建设规模以现有规模为准，不得加大；体量宜小不宜大，要与周边文物保护建筑及环境协调；建筑材料、色彩及细部的处理，通过提炼运用湘东南传统民居特点，展示地域文化特色。

3. 外围环境协调区

北至凤形水库—曾家湾—样家里沿线山谷，西至笔架山山脊，南至旭峰尖山脊，东至丁家冲—新塘年—油铺—杨家里沿线山谷，总面积 705.5 公顷。其中村域内 324.54 公顷、村域外围 380.96 公顷。其保护要求如下：

（1）严禁对现有植物乱砍滥伐及对山体大的填挖方；保证视线通畅；保证湿地、水体生态健康；严格控制对其风貌有不良影响和破坏的建设项目，保护范围内不得修建与旅游景观无关的任何建构筑物。

（2）在此范围内的新建建筑或更新改造建筑，应在建筑高度和建筑体量方面进行控制，其建筑形式在不破坏村落风貌的前提下，可适当放宽。建筑设计可部分采用传统符号，具有文物保护建筑的特色。

第 2.06 条　环境保护规划

1. 自然环境保护

· 山体：保护山体形貌，不得进行取土、采石、深翻土地等破坏山体形貌的行为；拆迁龙形山、螺蛳吐眼、雨头嘴、笔架山上的建筑物和构筑物，取消建设用地，修复山形和植被；部分因修建过境乡镇公路梅城线而破坏的山丘和植被，要求维护现状山体形态，防治水尘土流失，进行修补性的植被恢复和培护，植被选用当地生长周期较短的品种。

·水系：不得随意变更原岸线。

·植物：村内历史性植被均属保护对象，由文物管理处登记管理，未经许可，任何人不得随意砍伐；植被品种形象和种植方式保持地方性、传统性、自然性要求、避免出现现代园林手法，不符合要求的植被品种方式均应列入环境整治目标。

2. 生态保护

·水体：保持现有河流、水渠、水塘等水体规模，不得随意缩小。

·山林：妥善养护和管理保护区域内的山林绿地。保护区域内丘陵地按照风景名胜区的相关保护标准实施养护和管理。

·水源涵养：禁止在水源涵养区新建、扩建与供水设施和保护水源无关的建设项目；禁止向水域排放污水，已设置的排污设施必须拆除；禁止堆置和存放工业废渣、城市垃圾、粪便和其他废弃物；禁止设置油库；禁止可能污染水源的旅游活动和其他活动。

·水土保持：保护地质土层，防治水土流失，植被覆盖率在暴雨季节（6—7 月）应达到 90%以上；岗地丘陵一带应实施有组织排水，防治地面径流的冲刷作用。

·生态建设：根据可持续发展要求，保护范围内的各类建筑应提倡引入生态建设设计；保护区划内新农居的规划与设计应参照可持续的建筑设计细则进行专项委托研究与设计，使居民生活改善与生态环境保护形成和谐发展。

3. 环境质量保护

·保护区域内环境质量标准符合《村集规划标准》的相关规定和生态示范区标准，具体要求见表。

生态环境质量标准表

附表 2

环境目标	达标值
大气环境质量	符合国家《环境空气质量标准》（GB3095-2012）中规定的一类区一级标准
水环境质量	地面水环境质量应达到国家《地表水环境质量标准》（GB3838-2002）中规定的 I 类标准，生活饮用水标准应符合国家《生活饮用水卫生标准》（GB5749-2006）中的规定
土壤环境质量	符合国家《土壤环境质量标准》（GB15618-1995）中规定的有关标准
噪声状况	室外低于国家《声环境质量标准》（GB3096-2008）中规定的“特别住宅区”的环境噪声标准值
放射防护标准	应符合 GBJ8-74 中规定的有关标准
企事业单位污染治理达标率（%）	＞ 90

续附表 2

环境目标	达标值
化肥农药递减率（%）	10 ～ 15
农膜回收率（%）	＞ 80
畜禽粪便处理率（%）（综合利用率）	100
固体废物处置率（综合利用率）	＞ 80
生物防治推广率（%）	＞ 40
农村新能源比例（%）	＞ 25
自来水普及率（%）	＞ 60

· 规划要求整个保护区划范围内不得建设污染环境的工业生产设施；建设其他设施，其污染物排放不得超过规定的排放标准。凡是污染物排放超过规定的排放标准的已建成工业生产设施，位于保护范围和建设控制地带内的列为近期搬迁对象，迁出建设控制地带；位于环境控制的应纳入乡镇规划、限期治理。

第 2.07 条　绿地系统及空间景观规划

1. 绿化系统规划

· 自然绿化区：规划沿渭溪河和玉带河形成带形滨江绿化，保护周围现有农田，规范新的建设，形成开放型景观绿地。

· 人工绿化区与庭院绿化：建设各种休闲活动设施，主要是为居民、游客提供优质的生活所必需的公共绿化及活动空间，同时也可体验张谷英古村的庭院生活氛围。

· 植物景观规划：保护利用相结合，保护为主，适地适树，突出基调树种，多样性和统一性相结合，自然式布局，以点带线，点、线、面相结合，而营造空间特色各异的景观区域。

2. 空间景观规划控制

· 空间结构规划："一轴两带五区"。

"一轴"：以当大门、王家塅和上新屋等古建筑为纽带的人文景观轴。

"两带"：渭溪河风光带和玉带河风光带。

"五区"：综合服务区，历史观览区，农耕体验区，田园生态区，生态绿化景观区。

· 景观轴线控制

人文景观轴：以渭溪河和古驿道为轴线，沿线串联了当大门、王家塅及其路南地区、上新屋及谷英公祭祀堂 3 个主要节点。

人文、自然景观轴：连接了当大门入口与后峦水库，从大屋密集建成区到自然山林地区的过渡地带。

自然景观轴：沿北侧山林新辟游路展开，沿路连接石屋，并有次要游路连接可观赏冲沟地貌的若干观景点。

3. 绿化轴线规划

规划沿渭溪河和玉带河建设绿化轴线，滨江绿化景观轴线由南至北贯穿于张谷英古村，衬托古村的景观风貌更具特色。

4. 绿化节点规划

因地制宜布置街头绿地，结合周边环境条件创造适宜的环境，充分利用借景、对景。提高居民的生态意识，提倡居民对各自的庭院进行自赏绿化布置，为街区内部的老屋旧街增添绿色的生机。

5. 制高点与视觉走廊保持

建立文物景观点和自然景观点之间以及自然景观点和自然景观点之间的呼应关系，使古村与其自然环境互相协调并统一为一体，构筑方向指认系统并增强地标识别性。

6. 古村景观环境营造

采取保护环境烘托古村、保护肌理展示风貌、恢复界面完整形象、改造周边打造特色和保护、营造重点景观等措施，营造完整的古村景观环境。

7. 街道与巷弄景观控制

· 街巷宽度与建筑物高度的比例不超过 1/2，同时严格控制其立面形式、新建及改建建筑材料及街巷尺度，必须保持其连续性与丰富性的界面特征。

· 重要街巷历史界面不允许为商业目的及其他目的的任意改建，在新建筑的加建中，特别要注意控制新建筑的体量与尺度，在细节的整理与缝合中要注意维护历史界面的丰富性和连续性。

· 保留街道与巷弄的曲折、多变的线形，保护街道巷弄中的广场等节点，保持古村整体景观风貌特色。

· 原有电线杆、电视天线等有碍观瞻之物应取掉，铺地应该符合古村特色街道小品（如果皮箱、公厕、标牌、广告、招牌、路灯等）需具有地方特色，且尺度宜小。

· 商业街道上的各处商业铺面的店招与室内装饰等应精心设计严格审批，鼓励具有历史感、地方性的设计及有意境的新设计，但必须满足界面协调性与统一性的根本要求。

第 2.08 条 传统建（构）筑物的保护

1. 建筑高度控制

将规划区建筑高度划分为 3 个等级来控制：第一级（核心保护区）为建筑高度 5 米以下；第二级（建设控制区）为建筑高度 8 米以下；第三级（环境协调区）为建筑高度 11 ~ 14 米以下。

2. 建筑风貌控制

· 核心保护区：按照历史原貌控制，尽量恢复其古村风貌。

· 建筑风貌控制区：充分利用保留下来历史建筑和传统街巷组织街区风貌，新形成的正街符合传统肌理，建筑布局应以院落为单位，建筑形式以当地清代传统民居形象为参考依据，灰瓦、坡顶、白、灰或土黄色墙，整体形象应与传统村落历史文化气氛和谐。

· 建筑风貌协调区：主要以景观控制和风貌协调为主要目的，应在建筑色彩、墙面材料、立面及屋顶形式等方面与传统古村风貌协调，同时维护该区域内山体和水系等自然地貌，使得历史与现代，人文与自然有机融合。

3. 各类历史建筑保护措施

· 保护项目：待定的各级文物保护单位、典型特色民居、重要历史建筑、建筑物及构筑物遗址等。

· 保护措施

产权性质：应逐步由县政府收回建筑产权。

建筑形式：严格遵守《中华人民共和国文物保护法》和其他有关法令、法规所要求的程序进行。

高度控制：四至界限范围内应维持现状高度或根据原状恢复。建设控制地带内应参照建筑高度控制有关规定。

4. 单体建筑细部保护与整治标准

（1）门

M1：风貌很好，即具有地方传统特色、传统构件及典型细部装饰，采用地方传统材料（如传统木板门、格扇门、腰门等），符合风貌保护要求的，且质量均很好或较好。

措施：完全保存或仅略加修缮，并进行日常维修及定时修理。

M2：风貌尚好，即具有传统尺度、比例、材料和色彩，保留有一定的传统构件和细部痕迹，符合风貌保护要求；或其风貌很好但质量一般或较差，如结构松动、表面破损、色彩脱落，局部被破坏等。

措施：按照风貌保护要求，保留框架，加固结构，补刷油漆、修补破旧部分。

M3：风貌尚好或一般，但质量较差，如门扇残缺、构件损坏很严重，几乎不能再使用的。

措施：考虑整体风貌协调要求，根据现存框架、构件痕迹，尽量进行原样修复；也可根据实际情况，按风貌要求，重新设计。

M4：风貌一般，即其形式、材料、色彩等做了较大的改变（如钢卷帘门、铁门、玻璃门等），已不具有地方传统特征，不能体现地方传统特色，但由于其质量比较好，位于非重点地段、部位，对建筑立面及周围环境风貌影响较小的。

措施：近期保留暂不拆除，或进行局部整饰，使之与传统风貌协调；远期可考虑改造或更新。

M5：风貌较差，即其形式、材料、色彩已被任意改动，不具有地方传统特征，完全不符合风貌要求，且位于重点保护地段，严重影响建筑立面形式和周围环境风貌的。

措施：拆除，按照风貌保护协调要求，重新进行设计。

（2）窗

C1：采用地方传统的材料（如木材、石材等），具有地方传统特色的构件、细部与装饰，其窗线、窗楣、窗台等部位线脚、花饰保存较好，符合风貌保护要求，能很好地体现地方传统建筑特征，且窗体质量完好或大部分完好。

措施：完全保存或仅略加修缮，并进行日常维护及定时修理。

C2：风貌尚好，即具有地方传统窗户的比例、尺度及材料，符合风貌保护要求，但质量稍差，如结构有些松动；表面、装饰细部、构件等局部破损；色彩脱落等。

措施：按照风貌保护要求，框架保留，进行结构加固，修缮破旧部分，补刷油漆。

C3：风貌尚好或一般，但窗体质量破坏严重，结构破坏，大部分构件破损，几乎不能再利用。

措施：考虑整体风貌协调要求，根据现存框架、构件痕迹，尽量进行原样修复，也可根据实际情况，按风貌要求，重新设计。

C4：风貌一般，即窗体形式、材料、尺度比例及开启方式已作较大改动，不能反映地方传统特色，整体不符合风貌要求，但其质量较好且位于非重点地段，对建筑整体立面和周围环境风貌影响不大。

措施：近期保留暂不拆除，或进行局部整饰，使之与传统风貌协调；远期可考虑改造或更新。

C5：风貌较差，即其形式、材料、色彩等均不具有地方传统特征（如铝合金、大玻璃窗等），完全不符合风貌要求，且位于重点保护地段，严重破坏建筑整体立面和周围环境风貌。

措施：拆除，按照风貌保护协调要求，对窗体全面进行更新设计。

（3）墙体

Q1：具有地方传统特色、传统构件及典型细部，立面线条、线脚、花饰等装饰细部丰富，能很好地体现建筑原有风貌和反映地方传统特色，且质量保存较好，符合风貌保护要求的。

措施：完全保存或仅略加修缮，并进行日常维护及定时修理。

Q2：风貌尚好，即具有一定的地方传统特色、构件及细部，符合风貌保护要求的，但质量稍差，墙体部分破损，或局部已被改动，表面粉刷层、色彩脱落，结构松动等。

措施：框架不动，结构进行加固；按照风貌保护要求，尽量按原样修缮破旧部分，补刷油漆、涂料。

Q3：风貌尚好或一般，但墙体质量很差，破坏十分严重，如墙体倾斜、出现裂缝；部分被拆除更改等。

措施：考虑整体风貌协调要求，保留结构框架、并根据现存构件细部痕迹，尽量进行原样修复：也可根据实际情况，按风貌要求，重新设计。

Q4：风貌一般，即墙体形式、材料、色彩等已被重修改动，不具有地方传统特征，不能体现地方传统特色，但由于其建造时间较近，质量比较好，且位于非重点地段、对周围环境风貌影响较小。

措施：近期保留暂不拆除，或进行局部整饰，增加立面装饰，使之协调：远期可考虑改造或更新。

Q5：风貌较差，即其形式、材料、色彩不具有地方传统特征，完全不符合风貌要求，且位于重点保护地段，严重影响周围环境风貌的。

措施：拆除，按照风貌保护协调要求，对墙体重新进行设计。

（4）屋顶（包括马头墙、檐口）

W1：保存较好，具有传统及地方特色的坡屋顶及檐口、女儿墙及其他类型的符合风貌保护要求的屋顶。

措施：完全保存或仅略加修缮，并进行日常维护及定时修理。

W2：具有传统或地方特色的屋顶，但已有部分破损，如少量瓦片松散、檐口局部破损，部分构件损坏等。

措施：框架不动，结构进行加固；按照风貌保护要求，尽量按原样修缮破旧部分。

W3：破坏严重几乎不能利用，如檐口、屋脊大部分破损，屋面陷漏的，结构松散。

措施：考虑整体风貌协调要求，保留结构框架、并根据现存构件细部痕迹，尽量进行原样修复；也可根据实际情况，按风貌要求，重新设计。

W4：风貌一般的现代结构屋顶（如平屋顶），不具有地方传统特征，不能体现地方传统特色，但由于其建造时间较近，质量比较好，且位于非重点地段、对周围环境风貌影响较小。

措施：近期保留，或进行局部整饰协调；远期可考虑改造或更新。

W5：风貌一般、质量较差、损坏严重难以使用的屋顶，或严重影响风貌的现代结构屋顶。

措施：拆除，按照风貌保护协调要求，对屋顶重新进行设计。

（5）其他（门楼、立面装饰、柱饰及特色构件等）

T1：风貌与质量均很好或较好，保留有一定传统尺度、传统构件及典型细部，符合风貌保护要求。

措施：完全保存或仅略加修缮。

T2：风貌较好，保留有一定传统尺度、传统构件及典型细部，符合风貌保护要求，但已有部分破损，质量稍差的。

措施：修缮破旧部分，按照风貌保护要求加以油漆或补涂涂料。

T3：风貌较好，质量较差，结构框架已有较大松动；或被任意改动的，原有风貌形式、空间尺度被破坏。

措施：考虑整体风貌协调要求，保留结构框架、并根据现存构件细部痕迹，尽量进行原样修复：也可根据实际情况，按风貌要求，重新设计。

T4：风貌一般，不能体现地方传统特色，但由于其建造时间较近，质量比较好，较难拆除，且位于非重点地段、对周围环境风貌影响较小。

措施：近期保留，或进行局部整饰协调：远期可考虑改造或更新。

T5：完全不符合风貌要求，破坏了传统的空间和尺度。

措施：拆除，按照风貌保护协调要求，更新材料、形式或重新进行设计。新的一切建设活动均应经规划部门批准、审核后方能进行。

第 2.09 条　非物质文化遗产的保护

1. 保护与传承方式

· 博物馆保护方式：考虑把张谷英村民俗馆改张谷英历史文化博物馆。

· 家庭传承方式：规划在引景区地段规划一条个体技艺展示一条街，集中展示张谷英古村的特色技艺。

· 长效保护机制方式：由政府部门对重要非物质文化遗产进行认定、统一编号的激励措施，并记录在案，公之于世。

· 整体人文生态保护：尽可能地保护与其相关的生态元素，使其成为地方文化遗产的一项代表作。

· 数字化与网络传承方式：利用数字化、网络化进行保护与传播，实现全球超越时间空间的资源共享。

2. 展示空间规划（见表附 3）

第 2.10 条　分期保护内容及投资估算

非物质文化展示空间规划一览表

附表 3

<table>
<tr><th>展示分区</th><th>展示地点</th><th>展示主题</th><th>陈列院落</th></tr>
<tr><td rowspan="9">展示 A 区</td><td>龙珠石</td><td>村落选址文化展</td><td>—</td></tr>
<tr><td rowspan="4">当大门</td><td rowspan="4">建筑形貌与建造工艺展、院落格局与宗亲结构的对应关系展、民俗用品陈设展、族谱等历史资料及文物说明资料陈列展、庆典和祭祖活动表演</td><td>主轴</td></tr>
<tr><td>西 3 横轴（接官厅）</td></tr>
<tr><td>西 4 横轴（八骏图）</td></tr>
<tr><td>青云楼</td></tr>
<tr><td rowspan="2">泮溪廊、议事厅</td><td rowspan="2">民间书画、工艺品、书刊等文化作品展</td><td>泮溪廊</td></tr>
<tr><td>议事厅</td></tr>
<tr><td>聚龙湾西</td><td>民间手工艺品制作工序展、地方特色食品制作工序展</td><td>规划编号 ZS01、ZS02 院落、展示棚</td></tr>
<tr><td>石大门</td><td>药鼓戏、皮影戏表演</td><td>规划编号 ZS03 院落</td></tr>
</table>

续附表 3

展示分区	展示地点	展示主题	陈列院落
展示 A 区	王家塅	建筑形貌与建造工艺展、院落格局与宗亲结构的对应关系展、居民生活方式展	—
	上新屋	建筑形貌与建造工艺展、院落格局与宗亲结构的对应关系展、农居生活体验	—
展示 B 区	古建筑群西面岗地农田	本地品种、观赏性强、经济效益高的农林作物生态园区展	—
	王家塅至上新屋之间渭溪河沿岸观景带	沿河植被、自然景观展、游客休憩点	—
	最佳观景点	张谷英古建筑群整体格局展、地形地貌展、村落全貌展	—
	旅游服务中心	售票、接待、宣传介绍材料、纪念品、小食品销售、卫生配套设施	下新屋、北侧民居改建

1. 近期规划

· 古村基础设施的建设和改造。将景区入口地段作为建设重点，搬迁镇政府，改造汽车站，完成旅游综合服务功能区的建设。整治规划停车场至王家塅展示路线沿线的一般建筑，拆迁龙形山上的建筑物，整治规划停车场至王家塅展示路线沿线的环境景观。编制张谷英村古建筑群展示详细规划：实施近期重点展示当大门、王家塅、上新屋文物建筑院落的整修、装饰、展陈布置工程；实施游客服务中心等服务设施建设工程；实施规划停车场至王家塅展示道路调整、修建工程。启动滨水风光带的建设，进行古村环境卫生的整治。

· 本次项目需求 51 项，总投资估算为 14744.30 万元，其中申请中央相关补助资金 10048.67 万元、地方财政支出 1214.00 万元、村集体和村民投入 284.93 万元、其他社会投入 3193.71 万元。

2. 中远期规划

· 中期对规划确定的全部优秀历史建筑进行保护与修缮；对古村范围内具有价值的传统居民进行整治修缮；在上新屋地段规划恢复重建的古戏台，改善周边的环境景观，以提高居民的居住生活质量；完成滨江风光带的建设，进一步保护修复原河街；完成民俗活动场所的建设；完善古村落的绿化建设和公共服务设施的建设。

· 远期完成工业用地的置换，完成传统工艺品、加工作坊展示区的建设；对古村内的其他地段、街巷进行全面整治改造，对古村范围内障碍建筑，应当拆除建筑进行拆除，完成古村的居住、旅游及其配套设施的全面改善和建设，实现整个古村的保护和居民生活及旅游发展的整体系统完善，最后将张谷英古村塑造成能够接待游客，展现历史文化风貌，为新区提供综合服务的历史古村形象。

附表 4

中远期保护、整治改造项目汇总表

规划期限	建设类型	建设工程
中期（2017—2020 年）	建筑工程	上新屋古戏台的恢复重建
		传统民居的整治修缮
	环境工程	滨江风光带的建设
		原河街的修复
		民俗活动场所的建设
		村落绿化和公共服务设施建设
远期（2021—2030 年）	建筑工程	工业用地的置换
		传统工艺品、加工作坊展示区的建设
	环境工程	街巷进行全面整治改造
		古村居住、旅游及配套的全变改善与建设

第三章　发展规划

第 3.01 条　发展定位

本着“保护文物建筑，延续村落风貌、整治历史环境、改善生活条件、促进旅游发展”的保护与发展思路，从历史性、完整性、系统性的角度出发，使古村文化遗产得到保护的同时，能优化古村人居环境和旅游环境，推动古村文物保护、旅游开发与经济社会的协调发展，达到人、自然、村庄三者之间和谐共处的目的。

第 3.02 条　土地利用规划

1. 土地功能分区

历史观览展示区：依托古建筑、古驿道等历史建筑，特色风貌，打造为特色旅游观光的功能街区。

综合服务区：规划利用新规划的张谷英引景区和汽车站等设施，集中设置宾馆饭店等旅游接待设施。

生态绿化景观区：利用张谷英村所管辖区域内的自然山地地形及良好的树木丛生的生态环境，打造让人们感受自然、回归自然的户外活动。

农耕体验区：利用村内的大片农田，形成一个原始乡土气息浓厚的片区。

田园生态区：利用村内自然梯田景观，以及龙形山的自然植被，形成一个以自然植被和梯田农业为主的田园生态区。

2. 土地利用规划

规划前人口为 2140 人，人均建设用地 138 平方米 / 人；规划后人口为 2894 人，人均建设用地 130 平方米 / 人，其中常住人口 2384 人、流动人口 510 人。规划面积以张谷英村行政区划进行统计。

第 3.03 条　人居环境规划

1. 新建筑的建造控制

· 在文物保护单位保护范围内严禁新建建筑物、构筑物。

· 在文物保护单位建设控制地带内新建、扩建、改建建筑物、构筑物的，应当在使用性质、高度、体量、结构、立面、材料、色彩等方面与文物保护单位相协调，并且不得影响文物保护单位的正常使用。

· 在历史村域保护范围内的新建建筑的体积不得大于 500 平方米。层数为 1 ～ 2 层，檐口高度小于 8 米。

· 建筑形式为张谷英地方民居体系，应以院落为中心组织平面，各处院落之间应以回廊或者通道相互联系。

· 庭院式民居建筑山墙必须采用原色土石墙体及抹灰粉白的砖墙体、木或仿木结构。带有弧线的坡屋面，并以小青瓦铺砌。

· 庭院式民居可采用传统式样门楼作为主要入口，院落赤砂石铺地、门窗、格扇及梁架等应采用传统样式，不允许使用现代材料。

· 历史村域内商业街立面为仿木板，木门窗装修，开设铺面位置应严格按照整治规划实施。

2. 重点地段整治规划

（1）当大门地段

· 文物保护范围内不得进行任何新的建设活动。部分调整须相关部门协调后方可进行。

· 伴溪走廊两侧拆除部分质量较差建筑，形成完整的步行通道。新建建筑后退村内主路 2 米，退河流 2 米。

· 水面附近设置亲水平台。

· 花圃利用原有地形分割，种植整块色彩的观赏性花卉。

· 广场铺地形式以大块石材为主。

·区域内与古建筑风格不相符的建筑或整治或拆除。

·文物建筑保护范围内不得进行任何新的建设活动，建筑内部的修缮必须得到相关部门的协调后方可进行，建筑后退村内主要道路 2 米，退河流 2 米。

（2）王家塅地段

·区域内与古建筑风格不相符的建筑或整治或拆除。

·文物建筑保护范围内不得进行任何新的建设活动，建筑内部的修缮必须得到相关部门的协调后方可进行。

·建筑后退村内主要道路 2 米，退河流 2 米。

·恢复梯田的耕种，设置农耕体验区。

·沿溪两侧利用菜地、空地设置体验型活动，利用农宅农舍设置农家乐和农家餐厅。

·保存完整的典型建筑，建议调整为传统工艺作坊和商店。

·渭溪河两岸均设置步行环道。

·渭溪河局部地段设置亲水平台。

（3）上新屋地段

·地段内现有建筑外墙风格与古建风格不符的，应对其立面整体修整。

·控制居民新建住宅，且建筑风格要与周边现有建筑相协调。

·建筑檐口高度控制为 6 米，后退村间道路 1.5 米，退河流 2 米。

·沿河道两侧种植五彩花卉，改善原有的单调的景致，村托古建筑群的古朴风貌，建议采用杜鹃、鸢尾、丁香等。

·作为对景的独具特色的农业景观带。沿道路两侧种植的桂树和香樟。

·结合休闲广场戏台设置的露天茶座。

·规划恢复重建的古戏台。

3. 沿渭溪公共环境整治

·通过人工手段增加水量，调整水位，改善水面景观。

·通过污水截流，改善水质。

·对北侧河段的河床、驳岸、岸边步道等精心修整。

·保持百步三桥景观，提高河溪走廊河段水位。

·对入口至百步三桥河段，结合入口广场和停车场整治工程精心整改，创造宜人尺度。

·对下游河段，近期与入口河段一起整改，远期拆除建在河上房屋，恢复下游河段。

第 3.04 条 公共服务设施规划

公共服务设施规划是指为当地居民服务设施，为游客服务的设施详见旅游规划。

为适应张谷英的远景发展需要，规划远期将张谷英镇政府搬迁，其他办公用地予以保留。

张谷英村域目前办有小学一所，根据岳阳县教育发展规划，对全县教育资源进行整合，撤销村小学，并入镇完小。

文化娱乐设施，村域居民的大型群众娱乐活动可利用当大门面前的公共活动广场；按照古村功能调整的要求，保留张谷英村卫生院，作为村内主要医疗点，为村内居民提供日常的医疗卫生服务和给外来游客提供急救服务。

第 3.05 条 旅游发展规划

1. 发展定位

·功能定位：以民俗文化与古建筑观赏为中心，以古迹和近现代历史陈迹寻访，自然风光与生态旅游为辅助的综合性旅游区。

·市场定位：以长沙、武汉和就近城市为主要近程客源地；以中南城市群包括广州、深圳、香港和长江上游地区城市群为主要中程客源地；以北京为首的沿渤海城市群和以上海为首的长江下游城市群为主要远程客源地。以近中程城市游客为主要客源层。

·旅游产品定位：以聚落民俗与古建筑文化为主要产品，以休闲自然观光、历史遗迹寻访、生态旅游为辅助产品。

2. 区域功能定位

·核心游览区：核心游览区范围主要在核心保护区内，为游人提供集展示、体验、参与为一体全方位的游览服务。其设施包括展示类的文物保护单位、古老院落、会馆、博物馆、传统商铺、古街巷、传统游乐设施、参与类的加工展示作坊、集会广场等。

·自然生态旅游区：自然生态旅游区范围主要在建筑控制区内，为游人提供自然山地地形及良好的树木丛生的生态环境，将该区打造成为游客提供丰富、有趣的户外活动（如爬山、野营）的场所，让人们感受自然、回归自然。

·引景区：引景区即综合服务区，为游人提供适应不同旅游需求和档次的配套服务。其设施包括商店、宾馆、娱乐城、酒楼，大众的家庭旅馆、餐饮娱乐街、停车场等，以及满足休闲需求的广场、绿地等。

3. 服务功能定位

· 自然风光游览包括龙形、笔架山、螺丝吐眼等的参观以及古村周围群山景色、田园风光的欣赏。

· 人文景观游览包括村内古建筑群及古驿道、伴溪走廊等特色巷道参观。

· 民俗文化游览包括张谷英民族节庆时的民俗活动及地方风俗与民间礼仪、演艺的展示。

· 特色饮食——张谷英油豆腐、古村腊肉、烟竹笋、茴粉丝、野菜山味，如马齿苋、蕨菜、野兔、斑鸠、野鸡、野猪以及张谷英村年夜饭饭俗、张谷英村茶俗等。

· 住——包括对各种档次的旅馆、民居旅馆、小型度假村的管理与开发。

· 推出具有浓郁张谷英地方特色与民族风情的土特产商品，推出有关张谷英名人的小型纪念品，恢复一些富有生活情趣的传统工艺店与传统作坊。

4. 游览交通组织

· 设立一个旅游服务中心：在现有管理处旁边设置游客服务中心。

· 设立三个旅游服务站：规划在张谷英村民俗馆、当大门广场附近以及历史村域中心位置布置旅游服务站。

· 组织步行游览线：步行游览线主要线路为张谷英牌楼至皇帝冲，次要游览线路为龙吐珠景点处经张谷英墓再到西头岸景点。

· 旅游服务设施：规划在引景区内设一处游客接待处及一处旅游管理处。旅游接待处主要用于大型旅游节及会议安排。旅游管理处与游客服务中心和设，主要负责景区现场管理、票务活动及器材租赁业务，安排专职人员为游客提供信息咨询和游客投诉服务。规划在张谷英传统村落主要道路及重要景点，设置若干游路标识、景点介绍、信息指示牌，方便游客及时获得信息，任何单位和个人不得擅自设置、移动、涂改或者损毁标志牌。

第 3.06 条　道路交通规划

1. 村外道路交通规划

根据张谷英村现状情况，张谷英村对外交通公路主要为岳阳县至平江县的梅城线。汽车站规划在原址扩建改造，位于梅城线旁，方便人流和物流的来往。

2. 村内道路交通规划

· 对外交通组织

长沙市—京珠高速路—梅城线（县级）—张谷英村。

岳阳市—巴陵大道（省级）—京珠高速路—梅城线（县级）—张谷英村。

岳阳县—荣公公路—梅城线（县级）—张谷英村。

汽车站：规划引景区左侧新建一汽车站，占地面积 0.15 公顷。

·对内交通

全线维修张谷英牌楼至皇帝冲段的村级公路，路宽 10 米作为村域南北向联系的主要通道。完善其他村路的交通功能，拓宽改建环村路，路宽 6 米作为村域内环村通道。规划在核心保护区范围内历史街区和古建筑群片区为步行区域，实行交通管制。村域内古巷保持原有尺度、比例和步行方式，严格限制现代交通工具如摩托车、自行车的使用。

·静态交通

公共停车场的设置：规划在游客集散中心设置旅游客车停车场。总用地面积 0.82 公顷，容量为大客车 39 辆、小客车 143 辆。

在各历史建筑前设置入口小广场，在王家塅建设休闲及民俗活动场所，渭溪河边、古驿道旁设置数处步行休闲广场。

3. 道路保护整治

·对于保护区内的主要传统风貌街巷，路面铺砌的原有风貌已经不存，但尺度和格局保存较好的，要根据当地的传统做法进行适当的恢复和整治。

·对街巷边各种石板台阶，不得进行任意改变。

第 3.07 条　给水工程规划

1. 水源：接张谷英镇城镇给水管网引入，沿村内两条主干路敷设，管径为 DN200 向全村供水。

2. 用水标准：生活用水定额以每日 350 升 / 人。

公共建筑用水：每日 10 升 / 平方米。

消防、其他用水及未预见用水：按总用水量的 10% 计算。

总用水量为 150 万升 / 日。

3. 管网布置：采用树枝状管网形式，主干管 DN400、次干管 DN300。

第 3.08 条　排水工程规划

1. 排水体制：采用雨污分流，雨水就近排入周边水系（渭溪河、玉带河），污水向南排入污水主管，进入张谷英镇污水管网。

2. 污水量：规划区污水量按总用水量的 80% 考虑，日产污水量为 120 万升。

3. 污水处理：生活污水经化粪池初级处理后，由污水管汇集排入镇区污水系统，送往镇区污水处理场集中处理。

4. 管网布置：规划采用雨污分流排水体制，原有道路边沟排水改造为雨水盖板明渠，就近排放至渭溪河、玉带河。结合道路改造，新建污水管道系统，通过污水主干管（牌楼至皇帝冲）接入镇污水管网。

第 3.09 条　电力工程规划

1. 电源

本区电源来自镇内 10 千伏电力线接村内 10 千伏开闭所供电。本村内负荷由 10 千伏变电站负担，该变电站位于文新塔北侧。

2. 用电负荷：村内用电负荷为 8770 千瓦。

3. 管线设施

· 村内设 10 千伏开闭所 1 处，开闭所内兼有配电所。

· 10 千伏电缆由镇区东侧引入；10 千伏线路沿本区主干道铺设。

第 3.10 条　电信工程规划

1. 电话量

规划村内电话总量约为 2000 号线。另外，村内住宅按每户 2 个五类线端口和 2 个有线电视端口考虑网络和有线电视需要。

2. 管线设施

· 村内电信线路由南侧引入，电话模块设置于镇内，容量为 1 万门。沿村内主干道敷设 12 孔电信管道，沿村内支路敷设 8 孔电信管，管内为各通信公司的通信光缆、有线电视光缆留有管孔。

· 规划在村内设邮政支局 1 处，位于村内集镇入口处，为村内提供邮政服务。

第 3.11 条　燃气工程规划

住宅燃气规划采用管道天然气。天然气由市政天然气中压管道从各村民点入口引入，在张谷英入口处设置调压站，调压后低压进户。天然气管道敷设于道路北侧非机动车道下，管材采用热镀锌钢管。住宅每户设 2.5 立方米 / 时天然气表一只，总用气量为 260 立方米 / 时。

第 3.12 条 防灾减灾规划

1. 消防规划

· 设置消防水池及水泵房：在文物建筑附近设置消防水池及水泵房；消防水池容量要求≥ 144 立方米／个；水泵房内设置消防栓加压泵一组及消防稳压装置一套；消防栓加压泵流量 20 升／秒，扬程 50 米，功率为 18.5 千瓦；日常消防栓栓口压力保证不低于 0.3 兆帕，火灾时可自动及手动启动消防栓加压泵。

· 设置消防管道及消防栓：在文物建筑周围设置消防管道并布置室外地上式消防栓，消防栓保护半径为 35 米，配 25 米水龙带及 19 毫米水枪；室外消防栓用水量为 20 升／秒，火灾延续时间为 2 小时。

· 配置灭火器：保护范围内的所有建筑必须全部配置手提式灭火器。灭火器为磷酸铵盐干粉，灭火器为 2 公斤／具，两具一组，每组灭火器的保护半径为 10 米；文物建筑内的厨房等使用明火处应加设水缸，沙堆等紧急灭火设施。

· 设备用消防水源：清淤、修整当大门、王家塅原有的烟火塘，作为消防备用水源。

2. 森林消防规划

· 加强防火宣传，设置防火护林宣传牌，提高全民的防火意识。

· 建立全村护林防火指挥部，统一安排和指挥全村护林防火工作。

· 建立群众性与专业性相结合的护林组织。

· 沿林区山脊开辟防火带，建立防火林带。

· 严格控制火源，严肃用火纪律。

· 加强日常防火巡护，设立护林岗哨，建立瞭望塔、气象观测站等，加强防火监测设施建设。

3. 防震规划

按照岳阳地区的防震等级七度标准设防。开展地震安全性评价和地震区划工作，开辟防震疏散通道、疏散场地，设外部救援通道，按可能的地震危险程度对规划区土地进行相关规划。

4. 防洪规划

防洪标准为 100 年一遇，同时疏通河道、修建截洪沟、加固水库等措施，确保古村落的安全。

5. 防地质灾害规划

·避让措施：避让比较简单，就是将滑坡体上和滑坡前缘及地裂缝开裂附近的居民搬迁到安全地带。当然这些居民户数一般比较少，搬迁费用要比工程治理费用少，或者无法用工程治理，才采取避让的方法。

·生物措施：结合规划区实施退耕还林、改善生态环境的同时，在滑坡体上植树种草、实行绿化，但栽植的树苗一般要选用主根要粗扎得比较深的品种，才能起到水土保持和抗滑作用，切勿种植竹类。同时要严禁乱采滥伐，破坏地质环境、生态环境，以达到保护环境促进经济发展。特别是在有山洪暴发的隐患地点，在加强植树造林的同时，应避免在其下游的开发建设。

·土地复垦：对沉陷区及其影响范围内，因地面开裂，水资源破坏、地下水位下降，地表水源枯竭、山塘水库漏水干枯，大量土地抛荒、植被破坏、生态环境逆向演替，形成矿山荒漠化。根据农田、旱地损害、荒鞠的原因，农田大小形状，应采取不同的措施进行综合治理。

·工程措施：对无法搬迁或生物措施效果不佳，以及用工程治理经济合算的滑坡隐患体，必须进行工程治理。工程治理的方法一般采用填平裂缝、削方减载、挖排水沟、砌挡墙、抗滑桩支挡等。但在治理时要尽量选择投资少、见效快的简易工程措施，做到既经济又可行。

·监测预警：对所有地质灾害隐患点都要进行监测预警，特点是近期治理的重要隐患点，更应警惕，以免发生灾害。

第 3.13 条　环卫设施规划

·生活垃圾收集点的服务半径不超过 70 米，供居民直接倾倒的小型垃圾转运站收集服务半径不超过 200 米。

·配备中型垃圾车一辆，每日收集一次，做到日收日清。

·建立有效的环卫工作体制，靠旅游开发收入扶持环卫工作，以环卫工作促进旅游开发，两者相互促进。

·规划街道公共厕所的服务半径为 150 米，居民区为 250 米。

·垃圾收集站点和公共厕所的形式应与周围相协调。

·街区应全天巡回保洁，必须有较高的保洁度，以保持良好的古村环境。

第四章　规划实施与建议

第 4.01 条　制度建设

理顺规划管理体制、突出工作重点，成立专门的传统村落保护与建设管理机构。规划执行过程中加强立法，在规划获得批准后，由张谷英镇规划行政主管部门根据本规划制定实施细则与管理办法，在本规划的基础上进一步编制的控制性详细规划和建设规划。

第 4.02 条 资金筹措

各级政府要列支传统村落的各项保护与建设资金。要建立社会投资机制，鼓励社会力量以多种投资方式，参与古村落的保护与发展工作。在资金筹集中，坚持“科学规划、严格保护、合理开发、永续利用”的方针，建立多渠道的社会投资机制，调动民间资本投资的积极性，用资源利用所得，办资源保护与开发之事，走资源永续利用之路。

第 4.03 条 公共参与

各村应召开村民代表大会，对规划的内容予以宣传，对村内重大建设项目和村民共同遵守规则共同决策，形成行动计划和村民公约。在日常规划管理过程中，鼓励全体居民积极参加传统村落保护与发展事业。建议村里成立由县（镇）相关技术人员、村干部、村内工匠、村民代表组成的质量监督小组，通过现场查看、施工验收等手段对村内的公共建设项目建设和管理进行监督，保证项目资金专款专用、建设质量达标。

第 4.04 条 日常维护

建立由管理层逐层至村民的各层检查和报告制度，及时掌握规划实施过程出现的新情况、新问题，以便根据规定程序进行必要修订完善。制定相应年度计划，注意动态调整，抓紧落实。

第五章 附则

第 5.01 条 本规划由规划文本、图纸和附件（规划说明和基础资料汇编）三部分组成，规划文本和图纸具有同等法律效力。

第 5.02 条 本规划按法定程序批准后，成为张谷英村保护建设和管理的依据。

第 5.03 条 本规划自湖南省人民政府批准之日起执行。本规划由岳阳县人民政府实施，张谷英村管委会负责执行和解释。

张谷英镇张谷英村村规民约

为推进村民自治，实现村民自我教育、自我管理、自我服务、自我监督、自我约束，更好地建设社会主义新农村，根据《中华人民共和国村民委员会组织法》及相关法律法规、国家政策的规定，结合我村实际，特制订本村村规民约。

第一条 坚持四项基本原则，坚持以经济建设为中心，坚持改革开放，热爱集体，热爱劳动。

第二条 规范执行国家政策，依法按时缴纳税收，认真履行各项义务。

第三条 遵纪守法，遵守社会公德，不偷盗。不赌博，不打架斗殴，加强治安防范，积极同一切违法犯罪行为作斗争，自觉维护社会公平正义，凡是有下列行为之一者且情节较轻的，处50元以上、200元以下的罚款，情节严重者报送公安、司法部门处理。

1. 扰乱党支部、村委会、学校、机关、企事业单位以及其他公共场所正常秩序的；

2. 打架斗殴，无理取闹，酗酒闹事及其他扰乱社会治安综合治理的；

3. 小商小贩不按划定区城经营，私设摊外摊、店外店，乱占街道及其他公共场所的，总之，摆摊设点遵循“入户经管、定点经营”八字方针；

4. 餐饮经管者不准尾随游客及在公共场合招揽生意，公共场所未经村支“两委”允许，不准摆设餐桌；

5. 对公益宣传拍摄乱收费的；

6. 破坏水利、交通、电力等公共设施的；

7. 小偷小摸，骗取、抢夺，敲诈公私财物的；

8. 偷砍或乱砍滥伐少量树木的，私收乱购树木的；

9. 侮辱、刁难、殴打游客的；

第四条 自觉保护张谷英历史文化名村，自觉维护环境卫生，为创建优质景区做出应有努力。凡是有下列行为之一者且情节较轻的，处以50元以上、200元以下的罚款，情节严重者报送有关都门追究其责任：

1. 违反法律、法规，毁坏古建筑、水系、河道、树木等；

2. 未经批准，擅自在村内、本宅内拆房、建房、添门加窗、乱搭乱建；

3. 在核心景区内安装太阳能热水器、灯箱广告；不按照统一标准制作悬挂广告标牌的；

4. 房屋修缮建筑材料未整齐堆放在指定地点，或未设置围挡遮挡，或占用河道、道路，未保持料场整洁的，损坏公共设施，必须按原貌恢复，否则从本户旅游分红中扣回损失；

5. 在河道中起砂石但未按要求及时转运的；

6. 在渭溪河中倾倒或直排粪便、洗浴水等严重影响水质的污水；

7. 房前屋后堆放杂物的（如泡沫、纸盒、酒瓶、破布、煤球、灰渣等）；门前垃级未及时清扫的；门前柴火堆未整齐堆放的；

8. 旅游线路衣服晾晒未按要求在指定地点的；未保持房屋外立面整洁、胡乱张贴的；门联、对联等破损后未及时自行清除的；通知布告未在指定区域张贴或破损后未及时清除的；

9. 门前三包区域未及时清扫，三包路段、河段存在塑料袋、烟头、果皮纸屑等杂物的；

10. 不配合消防安全检查，发现重要隐患后未及时整改到位的；出现人为火险事故的；

第五条 建立垃圾分散收集，集中处理机制。凡是在本村的住户，生活垃圾全部入垃圾池，建筑垃圾自行运走处理。

第六条 讲文明、讲卫生、搞好环境绿化和村容村貌建设，学文化、懂科学、移风易俗，反对迷信，反对宗族和封建家长制，树立良好社会风尚，婚事新办，丧事从俭。

第七条 讲礼貌、尊老爱幼、团结互助，帮助五保户、困难户，不得歧视、虐待、残害妇女、老人、儿童，禁止弃婴、溺婴，建立和谐的社会主义新型人际关系，建立文明幸福家庭。

第八条 认真遵守《中华人民共和国义务教育法》，确保子女完成九年义务教育的义务。

第九条 自觉遵守计划生育政策、法律法规，主动落实避孕节育措施，积极参加环孕及生殖健康检查。不配合村支"两委"计划生育工作，未及时落实"三查四术"，该户当年不再享受旅游分成款。本村出嫁女，一律在男方所在地领取子女生育证。

第十条 房屋修缮、拆建必须严格按照审批程序办理相关手续，必须严格遵守《中华人民共和国土地管理法》《中华人民共和国文物保护法》《中华人民共和国城乡规划法》及县有关政策等。

第十一条 积极参加兴修水利、修桥、修路等各种公益事业、公益活动，积极参与做好消防安全工作。

第十二条 凡在本村的外村居住户、经营户视同本村村民管理，应自觉遵守本公约，受公约约束，对违反本公约情节严重者，将会同相关部门取消其在本村的居住、经营权利。

以上十二条希望全村村民、各经营户互相监督，共同遵守，违者必究。

地名由来与地名故事

四维村

据出土文物记载，张谷英集镇一带（包括张谷英、四维、刘家）原为渭水村，因渭水贯流之故。“四维”这个地名大约诞生于民国初年。据说，四维从渭水村中析出而独立成村时，当地人以“四维”命名，寓意“忠孝仁义”。2016 年，四维、刘家与延寿合并为渭洞村。

望夫岭

位于大明山村豪坑片。新改、豪坑一带袁姓居多，明洪武年间（1368—1398），袁姓祖先袁单柏在永州祁阳县为县令，家眷未与其同往，袁单柏之妻因思夫心切，常登该岭盼望丈夫，因而得名。望夫岭位于瓦窑坡出口交会处，该处先前是平江通往岳州的交通要道，历史悠久。

钟家湾老屋

位于风水村寺湾片。该处大约于清嘉庆十五年（1810）建有一大片连体民居，坐北朝南 200 米，东西宽 90 米，总建筑面积 18000 平方米，规模宏大，古色古香，故称钟家大屋。居住者为钟姓族人，元末明初自江西迁至该地定居。如今，钟家湾老屋大部分被毁坏，但从残存建筑中可见昔日的规模与家族的兴隆。

石凉亭

位于大明山村豪坑片。石凉亭凭传统技艺，纯手工将上千斤重的青石块雕刻建筑成半月形拱门石凉亭，上下为青石铺成，因此名为石凉亭。该石凉亭为平江、张谷英两地过往客商停歇、纳凉使用，后由两地人民重修加固，至今完好。

刘家大屋

位于莲花湖村。明末清初，该地刘姓先祖刘璋沿山脉走向行至悯港洞，见一开阔地，四面环山，中间盆地较为宽广，可耕可种，便选择在该地开荒造田。其后，子孙繁衍，人口大增，并集中居住在一个大屋场，故称刘家大屋。1958 年，刘家大屋被划为悯港大队，分老屋生产队和新屋生产队。1983 年，更名为悯港村老屋组、新屋组。

朱公桥

元泰定二年（1325），饶村朱姓先祖朱应昇从平江岑川先迁至双石黄，后迁至朱公桥。因朱应昇在该处修建了一座精致的石拱桥，方便行人过往，后人便将该桥命名为朱公拱桥。因“公”与“拱”的读音仅有音调的区别，连缀而念，感觉多余，便省略其中一个字，称朱拱桥（或朱公桥）。其后，村名也以该桥为名，称朱公村。1938 年，国民党岳阳县政府迁驻朱公桥。

蒋家桥

位于松树村向阳片。据传，清乾隆年间（1736—1795），蒋氏父子看到该地是流水出口处，把上通平江、下达岳州的来往大道隔开，十分不便。他们父子倾尽家产，用时一年修建了这座石拱桥。后人为纪念蒋氏父子的善举，称该桥为蒋家桥，并且把这一带的地名称蒋家桥，村称为蒋家桥村。新中国成立后，更名为向阳村。至今，人们还是习惯称蒋家桥。

徐家大屋

位于莲花湖村。元朝末年，徐安贞第二十一世孙徐启离因时局兵荒马乱，于明洪武十年（1377）携带家眷由平江逃荒至饶溪石庙山。他见该地山清水秀，便开荒定居。至 2017 年，共有 800 多名徐氏族人居住在一个屋场，故称徐家大屋。

李汉冲

位于饶村李汉村。明洪武年间（1368—1398），李必富之子李伏瑰，字德元，号华峰，携夫人陈氏迁居峰下安居乐业。清康熙年间（1662—1722），该地提名为李汉冲。乾隆年间（1736—1795），李凝翰修造上下五重四横堂屋建筑群，面积约 6000 平方米，流传有 48 个天井、36 个鼓眼纱窗、24 条巷道、12 副朝门石。新中国成立后，成立人民公社，该地域行政单位名称为李汉大队。1982 年建制改革，变更为李汉村。

太学第

位于饶村村。清嘉庆年间（1796—1820），李凝翰次子李相兴，字诗城，号竹岩，为进士，嘉庆帝一块赐“太学第”金字匾高悬于大门之上。后人为弘扬先辈进取精神，故将该屋场称太学第。新中国成立后，因建制改革，该屋场改为李汉大队太学生产队。1982 年，变更为李汉村太学组。

五指抓印

位于天龙村李家湾。李家湾后面有 5 个山头，酷似 5 根手指，山前面有一个“月形地”，称“七星伴月”。当时，那里有几块大石头垒在土坝上，形状就像皇帝印，旁边还长了一株枫树。把两者结合起来，就是“五指抓印”。后来“五指抓印”被人为破坏。

王家铺子

位于风水村十美片。明崇祯十三年（1640），有一个姓王的人在该地开了一家店铺，生意兴隆，逐渐该地便称王家铺子。后由于该处人口过多，便按水流方向有上铺、下铺之分。至 1957 年，划分为上铺生产队、下铺生产队。1982 年，更名为上铺组、下铺组。

张丰绵

位于松树村金鸡洞片。清朝，张谷英后裔张丰绵自渭洞乡迁至该地繁衍生息，其子孙后代为了纪念先祖，地以人名，便将居住地取名张丰绵。

金西村

位于张谷英镇大峰村。明朝末年，陈姓祖先迁居该地。村西边有一条小溪，溪水有沙金，故名金溪。又因金溪在饶村的西边，1958 年更名为金西大队。1982 年，更名为金西村。

高田塝

位于饶村大峰村。因屋场所有的水田都在山边或山塝上，故名高田塝。1961 年前，称高田塝。1982 年，更名为高田组，沿用至今。

地名歌

君山岛，洞庭湖，古城岳州故事多；
渭洞水，牵线流，九港直入新墙河。
大峰山，陡石口，刘备下马把路走；
道教地，天子山，玄德题写雷音殿。
芭蕉洞，倒溪洞，洞洞相连如仙境；
古木多，溪水清，竹海连天好舒心。
小水尖，猫脚尖，神仙挑石把庙建；
风胜洞，方竹林，尚书求学留绝联。
削坡尖，独石尖，两山比高冲破天；
玉皇知，下圣旨，雷公电婆打破山。
桂峰山，赤兔印，关王大帝显威灵；
柘江洞，天龙观，观音率众救苦难。
渭洞地，胜景多，桂峰佛地胜少林；
小溪河，大瀑布，向阳河中有漂流。
三大姓，刘张李，各显技能传千里；
不赛财，互交流，四十八洞把名留。

张谷英村地名歌

张谷英，风水兴，狮象把门发人丁；
四高山，四小坳，屯兵守寨好要道。
游古村，谈美景，四十八景从上起；
何家坳，人人夸，美女常来献鲜花。
石嘴头，麻坡里，凤凰天天常摆尾；
精瑕缺，燕子坳，燕水深处好洗澡。

黄帝桥，黄帝井，乾隆连夸好胜景；
精公庙，似椅形，民国军长拜庙会。
梓木坳，善乐亭，牵动不少行善人；
犁头尖，夹板桥，猪肝吊胆好逼真。
落星池，在山冲，一颗巨石埋田中；
新屋前，陈仙屋，狮象把门石象破。
破象形，三年半，倒挂金钩埋宝藏；
欧家冲，枫树塅，围子大丘石猪圈。
新屋下，美景在，边鱼上水无上占；
太平桥，王家塅，古屋保存最完善。
长寿井，矿泉水，游客饮了健身体；
石大门，文武齐，改作览馆观古迹。
铺门口，买卖忙，聚龙湾亭作商量；
港坳上，大丘园，百步三桥技艺扬。
岳平道，屋中过，十里长廊故事多；
义捐亭，义茶馆，行人遇难众人捐。
五重殿，当大门，屋后山上一龙形；
龙眼美，八字须，水似玉带抱主体。
谷英墓，金牛形，子孙发了六千人；
勤耕读，重礼义，孝友家风传万里。
长岭上，喻家嘴，三龙抱珠留美景；
仙人石，大堰塅，文塔天灯文革坏。
张氏祠，全福社，满堂神圣威灵在；
急盼后裔齐动手，美化古村兴家园。

谢家烧僧众

桂峰的云安洞分为上庵与下庵，据传该处曾是明清古道场，有僧尼数百，香火炽盛。桂峰古僧墓塔群便大多密集于此。

上庵山背面有个叫谢家里的地方（隶属松树村管辖），至今留有一块巨大的石碑，其上刻有一篇明朝中叶的《庆寿庵记》，记载了上庵寺庙里供奉的关帝圣君庆寿时的盛况：僧道云集，民众络绎，香火道场，数日不绝。

据传，清朝，上庵寺庙香火极盛，声名远播，僧众达100余人。这就难免鱼龙混杂，四方流寇也有假扮僧人混迹其间者，时有骚扰当地民众之事发生。先前，上庵山背的谢家里居住着一大群谢姓族人。因谢家屋场与上庵寺毗邻，常有僧人偷出山门之外，骚扰谢家妇女。谢家男女惧其僧众淫威，隐声不敢发作。至大年前夜，谢家族人集体约邀上庵僧人斋食，十分丰盛。僧人放开肚皮吃喝，一个个酩酊大醉，呼呼大睡。这时，谢家族人怒从心中起，将僧人集中于一屋后，屋四周堆满了干柴，点燃一把烈火，又举火烧了上庵寺。

从此，上庵寺便消失了。随后，谢家人也衰败了，只留下了这块地名称谢家里。

许胜除孽龙

许真君俗名叫许胜，是玉洞天仙下凡。许胜自幼出家为僧，诚心修行练道，周游天下名山。一日，许胜带着母亲与一名道友到桂峰山，在下庵回龙寺中住下。寺中住持是一名得道高僧，两人一见如故。许胜与同来的道友均不忍离去，想在该地修炼。两人散步至溪边沐浴，道友发现水中有一颗红珠子，爱不释手，遂将珠子吞到腹内。那道友刹那间变成了一条红色的孽龙，张牙舞爪，目露凶光，扬言要将湖广一带捣成汪洋大海……

许胜疾言相劝，可那道友哪里还听得进去，遂腾空而去。许胜将母亲安顿于桂峰山下的一民舍后，拔腿追赶孽龙。

云安洞下庵附近溪边至今还留有一个龙潭。完整的青石潭壁上有龙身绕过的背部印迹，栩栩如生。潭边岩石还有龙爪印，如水牛蹄大小，深一尺有余。许胜的母亲寄居的屋场仍在，称寄母嘴。在寄母嘴屋侧的山坡中，还有一方酷似棺材的巨石横卧在山坡上，人们称为石棺材。传说许母死后，便殓殡在这石棺材中。后人为了纪念许母，在寄母嘴修了一座石庙，寄母娘娘像位于庙中，以便敬奉。直至1958年，石庙遭毁，神像被焚，庙石用于庙前江中大堰筑堤。

许胜追孽龙至桂峰山东面的龙洞村时，差点擒住孽龙，可惜连放数箭未中，孽龙走拖船坳逃之夭夭。龙洞村路旁的石壁上留下了许多试箭石。其后，许胜途经湖广、江浙等地，将孽龙一直赶到了江西铁树观，在观音菩萨的帮助下收服了孽龙。

主要参考文献

湖南乡镇简志编纂委员会编:《湖南乡镇简志》，黄山出版社，1995 年。

岳阳市地方志编纂委员会编:《岳阳市志》，中央文献出版社，2004 年。

岳阳县地方志编纂委员会编:《岳阳县志》，湖南人民出版社，1997 年。

岳阳县委党史地方志办公室编:《岳阳县年鉴》，方志出版社，2017 年。

岳阳县委组织部编:《湖南省岳阳县组织史资料（1922—1990）》，中共党史出版社，1991 年。

岳阳县人民革命史编纂委员会编:《巴陵烽火》，中共党史出版社，1995 年。

王玉德编:《中国民间相宅》，中国戏剧出版社，1991 年。

肖自力、张自雄编:《古村风韵》，湖南文艺出版社，1997 年。

王绍周:《聚族而居的古建筑群——湖南岳阳县张谷英村》,《中国建设报》，1989 年。

余振东编:《张谷英风物史话》，甘肃文化出版社，2004 年。

何林福、李望生编:《张谷英村》，江苏教育出版社，2005 年。

潭唤岳:《张谷英村聚落景观的风水学研究》，中南林业科技大学硕士论文，2013 年。

唐海源:《张谷英村堂屋文化的意象探微》，中南林业科技大学硕士论文，2014 年。

张昉:《以岳阳张谷英村为例探讨湘北民居风水》,《山西建筑》，2006 年第 12 期。

刘继德编:《湖山秀景》，现代出版社，2016 年。

湖南省建筑设计院编:《张谷英村传统村落保护发展规划》，2014 年。

张谷英村《张氏族谱》（六修），1990 年。

渭洞《刘氏族谱》（十三修），2017 年。

天岳《李氏族谱》（九修），1992 年。

饶村《徐氏族谱》（四修），2016 年。

编纂始末

2016 年年初,《张谷英镇志》被列入“全国名镇志”丛书出版计划。同年 9 月，县委史志办在张谷英镇党委、镇政府的大力支持下，组建了张谷英镇志编纂委员会，开始编纂《张谷英镇志》。

为编写好本镇志，编写人员采访知情人士，踏勘境内山川，考察名胜古迹，并多次到镇、村、企业、部门等查阅资料。全书 30 余万字、100 余幅图片。该书特色鲜明，重点记叙了自新中国成立以来特别是改革开放以来至 2017 年年底，张谷英镇在各方面取得的伟大成就。诸多内容均是首次撰写，填补了镇史空白。

该书基本遵循亮点突出，不面面俱到；语言生动不失端庄；结构灵活，不循旧例等原则，较传统意义上的志书是一种突破与创新。全书五易其稿，特别是 2018 年全国名镇志（名村志）业务培训会召开后，编辑按专家意见对篇目进行了更科学的设置，同时补充了大量的专业图片，使镇志特色更加鲜明，可读性更强。2019 年 11 月,《张谷英镇志》正式送审。2020 年 2 月，正值新冠疫情暴发，多地封城封路，物流停运。在不能收到修改稿的特殊情况下，张谷英镇志编纂小组的同志克服重重困难，利用微信等现代工具，对部分篇目进行再调整，对文稿进行再压缩，语言文字进行再提炼，图片进行再补充。2020 年 3 月，书稿正式进入出版流程。

该书的修编，自始至终在丛书编委会指导下进行。湖南省地方志编纂委员会隆清华处长亲自协助调整篇目，提出了十分中肯的修改意见。岳阳县委、县人民政府对编修工作给予热情支持和鼓励。肖自力、张胜利、邹行舟、陈光辉、刘迟归、刘继德、丁群芳、钟皓、萧新祠等同志，为本志的编写提供了不少宝贵的资料，李桂龙同志进行了文字统稿。借此，一并致以诚挚的谢意。

由于参考资料和借鉴经验较少，难免有错漏之处，恳请专家及读者批评指正。

编　者

2020 年 3 月